《IQ는 아버지 EQ는 어머니 몫이다》 총서 ⑨ : 쉐마교육 시리즈 4

잃어버린 구약의 지상명령
쉐마

전 3권

IQ·EQ 박사 **현용수** 지음

제2권: 제2부 제4장~제4부 제2장

2009년
쉐마

IQ·EQ 박사 현용수의 유대인의 자녀교육
《IQ는 아버지 EQ는 어머니 몫이다》 총서 ⑩ : 쉐마교육 시리즈 5

잃어버린 구약의 지상명령 쉐마 2 (전3권)

초판	1쇄(2006년 7월 13일)
	3쇄(2007년 2월 10일)
수정증보판	1쇄 2009년 6월 19일)
	3쇄(2017년 7월 25일)
지은이	현용수
펴낸이	현용수
펴낸곳	도서출판 쉐마
등록	2004년 10월 27일
	제315-2006-000033호
주소	서울시 강서구 공항대로71길 54
	(염창동, 태진한솔아파트 상가동 3층)
전화	(02) 3662-6567
팩스	(02) 2659-6567
이메일	shemaiqeq@naver.com
홈페이지	http://www.shemaiqeq.com
총판	한국출판협동조합(일반)
	생명의 말씀사(기독교)

Copyright ⓒ 현용수(Yong Soo Hyun), 2009
본서에 실린 자료는 저자의 서면 허가 없이 복제를 금합니다.
Duplication of any forms can't be published without written permission.

ISBN 978-89-91663-09-1 04230

값 15,000원

도서출판 쉐마는 무너진 교육을 세우기 위한 대안으로
인성교육과 쉐마교육의 원리와 실제를 연구하여 보급합니다.

유대인의 성년식을 '바 미쯔바'라고 하는데, '율법 맡은 자', 즉 '말씀 맡은 자'(롬 3:2)란 뜻이다. 성년식을 치른 유대인 소년은 하루에 세 번 기도해야 할 특권과 의무가 있다.
(사진: 성년식을 치른 유대인 소년이 새벽기도를 준비하기 위해 기도복을 두르고 이마와 팔에 경문을 매고 있다.)

유대인은 현재도 시내산 언약을 지키기 위해 토라를
경외하며 매일 성경 연구에 몰두한다.
(사진: 새벽기도 시간에 토라를 읽는 정통파 유대인들)

유대인은 아직도 서기관 랍비가 쉐마 말씀을
양피지에 필사하고 있다.
[사진: 쉐마지도자들이 참관한 자리에서 서기관
랍비 Kraft씨가 경문(테필린) 속에 넣을 쉐마 말
씀을 양피지에 필사하고 있다.]

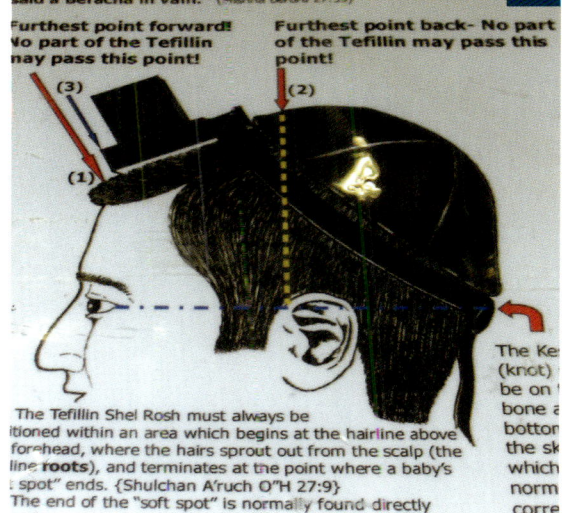

유대인은 성년식을 준비하면서 경문 매는 법을 배운다. 사진은 이마에 경문 매는 위치를 설명하는 모습.

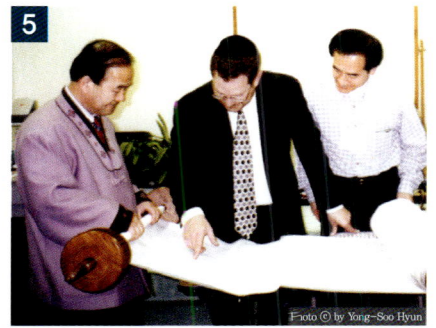 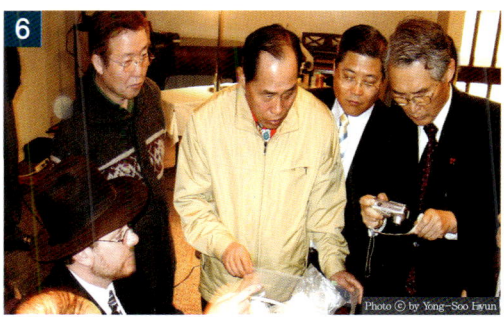

이방 기독교인에게 누가 하나님의 말씀을 전수했는가? 유대계 기독교인이다(예: 바울). 유대인은 구약의 말씀을 맡은 자다.

좌: 쉐마지도자클리닉에서 유대인 서기관이 이광 기독교인(저자와 이한의 목사)에게 갈씀을 가르치는 모습.

우: 유대인 서기관 랍비가 쓴 쉐마를 이방 기독교인이 살펴 보는 모습. 우측부터 이남인 목사 소강석 목사 소화춘 감독 장세택 교수.

쉐마언약의 표식들 중 하나가 613개의 율법을 상징하는 '찌찌트'다.
(사진: 한 유대인 어린이가 '술 단 저고리'를 입고 '찌찌트'를 보이는 모습. 정통파 유대인 남자는 이 '찌찌트'를 입어 허리 밑에 하얀 술들이 늘어져 있다.)

쉐마언약의 표식들 중 하나가 쉐마 말씀을 넣은 테필린 상자(경문)다.
테필린 상자와 손등에 전능하신 하나님의 이름, '쉐다이'를 뜻하는 '쉰(ש)'자를 표시한다.
[사진: '쉐마지도자클리닉'에서 저자가 테필린을 손목에 맬 때 손등에 맨 '쉰(ש)'자를 설명하고 있다.]

Biblical Jewish Shema Educational Theology Series 4

The Forgotten Great Commission in the Old Testament, Shema
– The Educational Theology Perspective on Gen. 18:19 and the Shema –

Vol. Two
Part 2 Chapter 5~Part 4 Chapter 2

By
Dr. Yong Soo Hyun (Ph.D.)

Presenting
Christian Education Problems
and It's Solution

2009 (Second Edition)

Shema Books
Seoul, Korea

차례

화보
수정증보판 서문: 수정증보판 전3권을 내면서 · 15
서평
　기독교교육학적 입장
　　• 신·구약 지상명령의 연결은 부모들의 책임임을 발견 · 18
　　　- 데니스 덕스(미국 탈봇신학대학원 대학원장, 기독교교육학)
　구약신학적 입장
　　• 탁월한 기독교 미래 교육에 대한 혜안 · 20
　　　- 김의원 박사(전 총신대학교 총장, 백석대학교 부총장, 구약학)
　신약신학적 입장
　　• 이제 신·구약 지상명령의 균형을 연구 할 때다 · 23
　　　- 김상복 박사(횃불트리니티신학대학원대학교 총장, 신약학)
저자 서문: 《잃어버린 구약의 지상명령, 쉐마》를 펴내며 · 27
IQ-EQ 총서를 발간하면서: 무너진 교육의 혁명적 대안을 찾아서 · 33

제2부
하나님이 아브라함에게 주신 지상명령

제5장 결론과 적용

　I. 요약 및 결론 · 41
　II. 신약의 기독교인은 이렇게 적용하라 · 50
　　　1. 가정과 교회의 균형: 한국교회와 유대인 회당의 차이 · 50
　　　2. 북미주 한인 교회의 1세대와 2세대 예배 주보 광고의 차이 · 56
　　　3. 구약과 신약의 지상 명령을 지켜 행하는 방법 · 60
　　　4. 왜 잃어버렸던 구약의 지상명령이 이제야 밝혀졌는가 · 64

제3부
왜 기독교교육에 유대인 자녀교육이 필요한가
(바울의 참감람나무(유대인)와 가지(이방 기독교인)의 이론)

서론: 유대인 자녀교육에 대한 기독교인의 비판은 옳은가 · 68

제1장 유대인과 이방 기독교인과의 관계:
유대인에게 접붙임 받은 이방 기독교인

I. 하나님은 이방의 구원을 위해 유대인을 버리셔야 했다 · 71
II. 유대인은 참감람나무이고 이방 기독교인은 그 가지다 · 74

제2장 뿌리(유대인)와 가지(이방 기독교인)의 관계:
무엇이 접붙임 받은 가지(이방 기독교인)를 보전하는가

I. 뿌리에 접붙임 받은 가지의 신분 변화:
   유대인의 뒤를 이어 유업을 이을 자다 · 78
II. 뿌리(유대인)에 무엇이 있어 거룩한가:
   뿌리의 진액은 '하나님의 말씀'이다 · 82
  1. 유대인 중 뿌리와 가지는 각각 누구인가 · 82
  2. 유대인의 뿌리 안에 무엇이 있어 거룩한가: 진액의 의미 · 86
III. 뿌리의 진액을 공급받은 가지는 어떻게 변하는가 · 89
  1. 내적 변화와 외적 변화 · 89
  2. 왜 돌감람나무(기독교인)가 참감람나무(유대인)를 닮아야 하는가 · 93
    [유대인의 성경과 유산이 기독교인의 소유가 된다]

제3장 쉐마의 입장에서 본 유대계 기독교인과
이방 기독교인의 차이

I. 누가 이방 기독교인에게 말씀을 전수했는가 · 101
II. 한글 구약성경도 유대계 기독교인이 번역했다 · 107

III. 전도 방법도 유대인이냐, 이방인이냐에 따라 다르다 · 111

제4장 유대인(뿌리)이 2,000년간 진액(말씀)을 자손에게 전수한 비밀이 쉐마다

I. 아브라함의 나무는 어떻게 크고 무성한 가지(이스라엘 국가)를 갖게 되었는가 · 117
II. 가정과 국가의 우선 순위: '땅의 모든 족속'과 '천하 만민'의 차이 · 122
III. 신약시대에 유대인의 구원 문제 · 126

제5장 결론: 이방 기독교인이 신앙의 가문을 영원히 이을 수 있는 방법: 유대인(뿌리)의 쉐마를 배우고 실천해야 한다

I. 초대교회의 영적 양식은 왜 구약성경뿐인가 · 131
II. 초대교회가 살아남지 못한 이유와 그 대안은 · 134

제4부
하나님이 유대민족에게 주신 지상명령, 쉐마

제1장 유대인 쉐마의 성경적 배경

I. 쉐마(שְׁמַע, Shema)와 모세오경 · 143
II. 쉐마의 성경적 배경: 시내산 언약 · 146
　1. 하나님이 강림하시어 십계명(율법)을 주시는 장엄한 장면 · 146
　2. 하나님이 이스라엘 백성과 언약을 체결하시다 · 154
III. 시내산 언약과 쉐마의 관계 · 159
　1. 쉐마는 시내산 언약의 조건을 지키는 방법이다 · 159
　　A. 언약의 두 가지 조건에 따른 복과 저주 · 159
　　B. 유대인의 역사에 나타난 언약의 결과 · 164
　　　1) 언약을 지켰을 경우 복과 생명 · 164

2) 언약 파기의 결과는 하나님의 징계 · 168
3) 이스라엘 백성이 받은 하나님의 징계의 고통 · 171
C. 시내산 언약의 원리는 기독교인에게도 적용된다 · 177
2. 쉐마의 입장에서 본 축복의 그리심 산과 저주의 에발 산 · 182
A. 3대가 참여하는 체험 학습 프로그램 · 182
B. 유대인은 이방의 빛이 되기 위해 율법을 지켜 행한다 · 189

제2장 유대민족이 받은 지상명령, 쉐마의 내용

I. 쉐마의 서론: 시내산 언약을 지키기 위한 방법 · 196
  1. 가나안에 들어가 행할 생활 지침(신 6:1~3) · 196
  2. 쉐마(שְׁמַע)란 무엇인가 · 202
      A. 쉐마의 정의 · 202
      B. '들으라(쉐마)'와 '귀'의 관계 · 204
      C. 쉐마는 모든 유대인의 유언이다 · 211

II. 쉐마(신 6:4~9) 강해: 하나님이 부모에게 주신 특권이며 의무 · 220
  1. '하나님은 오직 한 분'의 세 가지 뜻(신 6:4) · 222
  2. 하나님이 명하신 성도의 의무(신 6:5~7a) · 227
      A. 이스라엘 백성이 하나님께 해야 할 도리는 무엇인가(신 6:5) · 227
      B. 이스라엘 백성이 자녀에게 해야 할 으뜸 도리(신 6:6~9) · 231
          1) 왜 말씀을 마음에 새겨야 하는가 · 231
          2) 누가 자녀에게 말씀을 가르쳐야 하는가 236
  3. 쉐마교육을 하는 때(신 6:7b) · 243
      A. 언제 자녀에게 말씀을 가르쳐야 하는가 · 243
      B. 인간의 구성 요소와 성장 방법: 어느 목사가 열받은 이유 · 246
  4. 쉐마교육의 방법: 율법에 기초한 시청각 교육 · 250
      A. 쉐마 언약의 표식들: 테필린, 메주사, 찌찌트 · 250
      B. 네 손의 기호와 네 미간의 표를 삼아라: 테필린 · 257
      C. 유대인의 기도복: 탈릿 · 266
          1) 언제 탈릿을 사용는가 · 266
          2) 누가 탈릿을 사용할 자격이 있는가 · 267
      D. 유대인의 기도 방법 · 269
          1) 유대인은 하루 중 언제 쉐마를 음송하는가 · 269

2) 유대인의 새벽기도 방법 · 273
　　　　　a. 새벽기도 준비 · 273
　　　　　b. 새벽기도의 시작 · 277
　　　3) 유대인과 기독교인의 기도 목적의 차이 · 280

부록 1 쉐마지도자클리닉 참석자들의 증언

　구약신학적 입장
　　• 구약학 박사학위 논문을 쓰던 중 두 가지 질문에 대한 해답을 얻었다 · 285
　　　- 이희성 박사(총신대원 구약학 강사, Ph.D.)
　기독교교육학적 입장
　　• 논리적인 대안 제시에 모두 입을 벌리고 놀라움을 금할 수 없었습니다 · 288
　　　- 손성호 교수(미국 크리스챤바이블 신학교 교수, Ph.D. 과정 수료, 기독교교육학)
　목회신학적 입장
　　• 제2의 종교개혁인 쉐마에 눈 뜨게 해주신 현용수박사님께 감사를 · 294
　　　- 얀병만 박사(열방교회, Ph.D., 설교학)
　가정과 교회목회 적용
　　• 일파만파의 파문을 생각하면 가슴이 벅차다 · 299
　　　- 소화춘 목사(충주제일감리교회, D.Min., 목회학)

부록 2 국악 찬양 · 305

참고자료(References) · 312

찾아보기(Index) · 324

랍비의 유머
- 그리스도는 유대인의 친척 · 81
- 복권 기도 · 110
- 하나님 · 188
- 배움의 민족 유대인 · 249
- 하나님이 기뻐하시는 것 · 272
- 신을 독차지하는 사람 · 283

알아두면 유익한 정보
- 토막 상식 · 209
- 시청각 위주의 기독교교육의 문제점과 대안 · 209

랍비의 토막 상식
- 절대의 진리 유대교 · 98
- 유대인이 한 사람을 중요하게 여기는 이유 · 120
- 유대인이 보는 지식과 지혜의 차이 · 218
- 인간 대 하나님 · 226
- 책의 민족 · 242

랍비의 성경 강해
- 단결 · 158

잃어버린 구약의 지상명령 쉐마 제1권의 내용

제1부 서론: 하나님의 인류 구원 계획에 왜 두 가지 지상명령이 필요한가

   Ⅰ. 문제 제기: 왜 초대교회는 2,000년간 살아남지 못했는가
   Ⅱ. 연구를 위한 질문들
   Ⅲ. 하나님의 인류 구원 계획에 왜 두 가지 지상명령이 필요한가
   Ⅳ. 기독교교육의 두 가지 선민교육
   Ⅴ. 신약시대의 기독교인은 왜 구약과 신약의 지상명령을 함께 지켜야 하는가

제2부 하나님이 아브라함에게 주신 지상명령

제1장 아브라함이 받은 지상명령의 성경적 배경

제2장 아브라함이 받은 지상명령의 내용

제3장 아브라함이 지상명령을 실천한 방법
   [3대 가정교육신학의 효시]

제4장 구·신약 지상명령의 균형을 잃은 결과:
   기독교교육의 근본 오류 분석

잃어버린 구약의 지상명령 쉐마 제3권의 내용

제4부 하나님이 유대민족에게 주신 지상명령, 쉐마

제2장 유대민족이 받은 지상명령, 쉐마의 내용

제3장 쉐마와 오순절: 율법과 성령 받은 절기

제5부 쉐마와 유대인 '자녀'의 개념(자녀신학)

제1장 쉐마와 '말씀 맡은 자'(자녀의 정체성)

제2장 쉐마와 유대인의 성년식

제3장 기독교와 쉐마교육선교 전략

제6부 쉐마 연구를 마치며 - 역사적 사명을 찾아서 -

Ⅰ. 구약의 지상명령 쉐마는 하나님의 간절한 소원이다

Ⅱ. 가나안에 들어간 유대인의 타락과 남은 자

Ⅲ. 인성교육학적 분석:
  왜 당시 유대인 2세가 현재 한국인 2세보다 나은가

Ⅳ. 유대인 말씀 전수의 비밀을 캐기 위한 교육신학의 주제들

Ⅴ. 요약 및 결론

수정증보판 서문

수정증보판 전3권을 내면서

초대교회는 왜 살아남지 못 했는가?
- 한국 교회 위기에 대안을 제시하는 구약의 지상명령 쉐마 -

저자가 구약의 지상명령을 세계 최초로 발견한 것은 온전히 하나님의 은혜다. 《IQ는 아버지 EQ는 어머니 몫이다》(국민일보, 1996; 조선일보, 1999; 쉐마, 2005)란 책을 발간한지 10년만이다. 2005년에 처음으로 저자의 저서 《부모여 자녀를 제자삼아라》에 38쪽(pp. 73~111)으로 소개하고, 2006년에 두 권으로 된 《구약의 지상명령 쉐마》란 책을 세상에 내 놓게 되었다.

반응은 먼저 학계에서 나왔다. 구약학계에서는 '탁월한 기독교 미래 교육에 대한 혜안'(김의원, 전 총신대학교 총장), '기독교 역사 2,000년에 나타난 교육의 문제점에 해답 제시'(김진섭, 백석대학교 신학부총장), "'현용수 쉐마학파'의 태동을 알리는 학설"(윤사무엘, 미국 Geneva College 교수)이란 제목으로, 기독교교육학계와 신약학계에서는 '구약의 지상명령은 교육신학의 근본 원리 제시'(고용수, 전 장로회신학대학교 총장), "구약의 지상명령 발견은 '현용수 교육신학'의 기초 공사"(이정근 미주성결대학교 총장), '이제 신·구약 지상명령의 균형을 연구 할 때다'(김상복, 횃불트리니티신학대학원대학교 총장) 등의 제목으로 과분한 서평을 써주셨다.

이 책의 핵심을 한국 기독교교육학회지에 영문 논문으로 발표하자 미국 달라스신학대학원 구약학 석좌교수이며 ETS(복음주의학회)

회장이신 유진 메릴 박사는 '근본적인 성경적 및 신학적 개념을 예리하게 정립했다', 미국 저자의 은사이신 미국 탈봇신학대학원 대학원장 데니스 덕스 박사(기독교교육학 전공)는 '신·구약 지상명령의 연결은 부모들의 책임임을 발견했다', 그리고 유대인 랍비 학자 에들러스테인은 현 박사는 '유대인이 하나님 말씀 전수의 비밀을 정확하게 발견'이라고 서평해 주셨다. 그리고 2008년 미국 ETS 60주년 연차회의에서 발표하게 됐다.

계속 구약성경과 신약성경의 차이를 지상명령적 차원에서 그동안 미진했던 부분들을 연구하자 숨겨졌던 비밀스런 영적 금광에서 기존 분량의 2배가 넘는 황금 같은 보물들이 쏟아져 나와 수정 증보판 3권을 내기에 이르렀다. 아브라함이 구약의 지상명령을 실천한 방법, 교회론적으로 본 가정 성전과 예루살렘 성전의 차이, 3대가정교육신학, 바람직한 부모와 자녀의 유형 그리고 로마서 11장에서 발견한 기독교교육에 유대인 자녀교육이 필요한 이유 등이 증가되었다.

저자가 주관하는 '쉐마지도자클리닉'도 더욱 학문적 탄력을 받게 되어 교계와 학계에 많은 동역자들이 일어나 '쉐마교육학회'도 창립할 예정이다. 이제 쉐마가 각국 언어로 번역되어 세계를 향하여 뻗어 나갈 수 있는 준비를 마쳤다. 부족한 종에게 지혜를 주신 예수님께만 온전히 영광을 돌린다.

2009년 3월 6일
미국 쉐마교육연구실에서 고난 주간을 앞두고
현용수

Book Review

《잃어버린 구약의 지상명령 쉐마》를 읽고
(현용수, 쉐마, 2006, 초판)

편집자 주: 현용수 박사가 창안한 쉐마교육 사상을 이해하기 위해서는 먼저 그의 저서 《잃어버린 구약의 지상명령 쉐마》(쉐마, 2006)를 연구해야 합니다. 본 저서에 대한 학계의 권위 있는 구약학자와 신약학자 및 기독교교육학자들의 서평은 독자들이 쉐마를 이해하는 데 도움이 될 것입니다. 다음은 초판 2권이 출간되었을 때 쓴 서평입니다. 바쁘신 중에도 꼼꼼히 학문적으로 서평을 써주시고, 그간 쉐마 사역을 크게 도와주신 열 분의 학자님들에게 주님의 이름으로 감사드립니다.

기독교교육학적 입장
- 신·구약 지상명령의 연결은 부모들의 책임임을 발견
  - 데니스 덕스 (Ph.D., 미국 탈봇신학대학원 대학원장, 기독교교육학)

구약신학적 입장
- 탁월한 기독교 미래 교육에 대한 혜안
  - 김의원 박사 (Ph.D., 전 총신대학교 총장, 백석대학교 부총장, 구약학)

신약신학적 입장
- 이제 신·구약 지상명령의 균형을 연구 할 때다
  - 김상복 박사 (Ph.D., 횃불트리니티신학대학원대학교 총장, 신약학)

서평

기독교교육학적 입장

현용수의 '구약의 지상명령과 그의 구속사에서의 위치' 논문을 읽고

신·구약 지상명령의 연결은
부모들의 책임임을 발견

데니스 덕스(Ph.D., 기독교교육학)
(미국 탈봇신학대학원 대학원장)

　현용수 박사는 성경의 원리들에 대한 절실하게 필요한 강조를 줍니다. 현 박사는 기독교 지도자들과 부모가 구약에서 하나님의 백성에게 명령하신 바 있는 아버지와 어머니의 책임들에 대해 다시 생각하고 새롭게 실천할 것을 단호하고 명백하게 상기시키고 있습니다.

　그가 이끌어 낸 신약의 예수님의 지상명령과 구약의 지상명령을 연결해 주는 것은 명확하게 역사를 통해 하나님이 주신 장엄하고 일관된 사명 안에 있는 부모들의 책임입니다. 먼 옛날부터 남자와 여자 속에서 하나님의 목적의 성취는 대부분 '쉐마'(신명기 6장)에서 발견되는 지침들에 대한 부모의 신실한 순종에 달렸습니다. 자녀들에게 매일 매일의 삶에서 마음과 정성과 힘을 다하여 하나님을 사랑하라고 가르치는 것만큼 하나님이 주신 사명을 성취하게 됩니다.

　현 박사님의 이러한 교육 원리들이 주는 탁월함은 성경 수위성(首位性)의 반가운 회귀(a welcome return to biblical priorities)이고, 이것은 모든 믿는 자들의 부모들과 그들을 인도하는 기독교 지도자들의 초점이 되어야 합니다.

　따뜻하게 그리고 하나님의 영광을 위하여

　데니스 덕스

TALBOT
SCHOOL OF THEOLOGY

OFFICE OF THE DEAN

April 6, 2009

Dr. Yong Soo Hyun
Shema Education Institute
3446 Barry Avenue
Los Angeles, CA 90066

Re: Article Review
     The Great Commission in the Old Testament and its Place in the History of Redemption
     – The Educational Theology Perspective on Gen. 18:19 and the Shema –

Dr. Yong Soo Hyun gives desperately needed emphasis to biblical principles. Hyun emphatically calls Christian leaders and parents to consider afresh and practice anew the paternal and maternal responsibilities commanded of God's people in the Old Testament.

The connection he draws between Christ's Great Commission in the New Testament and the Old Testament Great Commission places the responsibilities of parents clearly within the grand, overarching mission of God throughout history. The accomplishment of God's purposes among men and women through the ages rests in large measure on the faithful obedience of parents to the instructions found in the 'Shema' (Deuteronomy 6). The degree to which children are instructed carefully to love God with heart, soul, and strength while in the course of daily living is in part the degree to which God's mission is accomplished. The prominence Dr. Hyun gives to these instructions is a welcome return to biblical priorities that should be the focus of all believing parents and the Christian leaders who guide them.

Warmly and for His glory,

Dennis H. Dirks
Dean

DHD:cb

서 평

구약신학적 입장

현용수 저 《잃어버린 구약의 지상명령 쉐마》(쉐마, 2006)를 읽고

탁월한 기독교 미래 교육에 대한 혜안

김의원 박사(Ph.D., 구약학)
(전 총신대학교 총장, 백석대학교 부총장, 전 복음주의학회 회장)

    지난 세기에 한국을 비롯하여 아시아와 아프리카에 선교사들을 파송하였던 유럽과 미국의 교회들도 이미 교인감소로 큰 어려움을 겪었다. 이제 선교하던 나라들이 피선교지로 탈바꿈되어 간다. 그 흐름에서 한국교회도 비껴가지 못하는 것 같다. 왜 이런 현상이 일어나는가?
    현용수 박사는 이런 문제로 오랜 동안 고민을 하면서 기독교교육의 진로를 모색하였고, 그 대안을 유대인들의 '쉐마' 교육에서 발견했다. 그들은 많은 나라에 흩어져 있지만 민족과 신앙을 견실하게 유지하였다. 현 박사는 그들의 삶 속에 들어가 교육철학과 방법을 연구하였고 그 결과를 두 권으로 된 《잃어버린 구약의 지상명령 쉐마》(쉐마, 2006년)에 담아내었다.
    그는 이 책에서 미래 교회교육의 대안을 적절하게 제시하였다. 신약 교회는 수평적 복음 사역을 강조하면서 세계선교를 위해 매진하였지만, 수세기가 흐른 뒤에 복음이 스쳐 지나간 나라들 가운데 교회들이 견실하게 서 있는 곳이 별로 없다. 현 박사는 그 이유를 복음이 수직적 차원에서 가족과 가문을 통해 후손으로 제대로 전수되지 못한데서 찾았고, 그 대안으로 구약성경에 근거한 하나님의 선민 교육철학(쉐마)을 제시하였다.

《잃어버린 구약의 지상명령 쉐마》는 총5부로 구성되었다. 중심 주제를 신약의 지상명령에 상응하는 '구약의 지상명령'에 두었다. 현 박사는 제1부에서 인류 구원 계획에 두 가지 지상명령이 필요한 이유를 다루었다. 그에 의하면 구약의 지상명령은 오실 예수님을 준비하기 위해 부모가 자녀에게 말씀을 자손 대대로 대물림하는 '쉐마'이고, 신약의 지상경령은 오신 예수님의 복음을 열방에게 전파하라는 선교(마 28:18~20)다. 전자를 수직적 선민교육으로 후자를 수평적 전도로 정의하였다.

이 구조에 따라 그는 제2부와 제3부에서 각각 하나님은 개인과 민족, 곧 아브라함과 이스라엘 민족에게 '지상명령'을 주셨다고 보았다. 그는 수직적 선민교육의 방법으로 '쉐마'를 논의하면서 그 기초를 아브라함 언약에서 찾았다. 아브라함 언약의 초점은 "모든 족속이 너를 인하여 복을 얻을 것이니라"(창 12:3)에 있다. 복음이 세상으로 확장해 가는 과정에서 아브라함이 가진 믿음으로 된 의는 외적으로 '할례'로 표시되어(롬 4:11; 참조. 창 15:6; 17:11) 믿음의 가정을 중심하여 후손들로 이어져 갈 뿐 아니라 이를 전수하는 과정에서 하나님은 아브라함에게 그와 그의 자손들이 행할 지침을 주셨다(창 18:19). 현 박사는 이 지침을 교육학적 관점에서 강조하여 '지상명령'으로 명명하였다.

이는 복음이 세상으로 나아가는 전진기지로서의 가정의 중요성을 매우 의미심장하게 본 관점이다. 출애굽 이후 아브라함의 언약은 모세(시내 산) 언약으로 확장되면서(출 20~24장, 신 5장) 가정교육에 대한 구체적 방법이 '쉐마'로 표현되었다(신 6:4~9). 이는 하나님이 이스라엘 민족에게 후손들을 어떻게 가르치라는 구체적인 명령이다. 이런 신학적 배경에서 현 박사는 '쉐마'를 '구약의 지상명령'이라 명명하였다.

그는 제4부에서 쉐마와 유대인의 자녀 개념과의 관계(자녀 신학)를 다룬다. 여호와의 기업인 자녀를 '말씀 맡은 자'(롬 3:2)로 설명하면서 그 의미를 유대인의 '성년식'에서 찾았다. 끝으로 그는 제5부에서 쉐마와 역사적 사명을 논의하면서 구약과 신약의 지상명령의 차이점을 알기 쉽게 대조하였다.

현 박사는 오랜 동안 교회가 수평적 관점에서 온 세상에 복음을 전파하였음에도 불구하고 점점 서구에서 교회가 퇴락해 간 것은 가장 중요한 수직적 관점에서 복음의 내용을 전수하는 가정교육이 깨트려진 데서 문제점을 찾아내었다. 그는 이 문제를 아브라함 언약에서 출발하고 모세 언약에서 구체적으로 밝혀진 교육신학의 근간인 '쉐마'에서 찾아내었다(신 6:49).

그의 '쉐마'를 통한 기독교 미래교육에 대한 혜안은 참으로 탁월하다. '쉐마'의 중심은 가정이란 거룩한 장소에서 이루어지는 부모와 자식간의 교육에 있다. 가정에서 말씀교육이 없다면 복음은 자식세대로 전달되지 않는다. 이 교육에서 강조된 것은 아이들이 어릴 적부터 부모로부터 귀로 듣고 눈으로 보고 배워나가면서 체험하는 신앙의 '렌즈'이다.

그들이 '세상렌즈'를 접하기 전에 부모와 더불어 '성경렌즈'로 무장할 때 그들은 하나님과 동행하는 성숙된 삶을 살 수 있다. 특히 현 박사가 할아버지, 아버지, 아들 삼대로 이어지는 교육을 강조한 부분은 탁월한 성찰이다. 그가 오랜 동안 삶을 이어온 유대인들의 교육을 직접 보고 체험한 결과에서 얻은 것이기에 더욱 값지다. 아들에게 아버지의 역할도 중요하지만 전통의 맥을 잇게 해 주는 할아버지의 역할을 강조한 것은 시사하는 바가 크다.

이를 위해 한국인의 심성에 맞는 전통을 성경적 렌즈에 접목시켜 계발할 필요가 있다. 수많은 예를 찾아 만들어 갈 수 있다. (예: 성인식과 입교 예식, 추석과 추수감사절, 가정에 조부모와 부모의 사진 걸기 운동, 매주 저녁 식사를 대가족이 함께 하는 Sunday Dinner 갖기 운동 등등)

결론적으로 현 박사가 제시한 성경적 교육신학인 '쉐마'는 한국교회뿐만 아니라 전 세계 교회의 가정을 세우는데 탁월한 대안을 제시한다. 많은 목회자들과 성도들이 이 방법에 따라 성경적 가정을 회복하고 부모가 자식들을 하나님 앞에서 말씀을 책임지는 자들 곧 그리스도의 제자로 만들어 갈 때 한국교회의 미래를 꿈꿀 수 있고 더 나아가 세계선교의 일익을 능히 담당하리라 확신한다.

서 평

현용수 저 《잃어버린 구약의 지상명령 쉐마》(쉐마, 2006)를 읽고

이제 신·구약 지상명령의
균형을 연구 할 때다

신약신학적 입장

김상복 박사(Ph.D., 신약학)
(횃불트리니티신학대학원대학교 명예 총장)

    유대인은 전 세계의 경제를 손에 쥐고 있고 몇 명 되지 않는 소수의 민족이 세계 노벨상 수상자의 30%를 내고 있다. 50여 모슬렘 적대국가에 13억의 적들에 둘려 쌓여 있으면서도 600만도 안 되는 이스라엘의 승리는 세계 어디서도 찾기 힘든 독특한 민족이다. 도대체 이들의 우수함과 강인한 힘이 어디서부터 오는 것일까?

    그 대답은 바로 우대인들의 토라사상과 그들의 교육시스템이다. 무엇보다도 가정의 트라교육이다. 이 사실을 현용수 박사가 연구했고 그 해답을 찾아냈다. 《IQ는 아버지, EQ는 어머니 몫이다》탄 베스트셀러 책으로 이미 잘 알려져 있는 현 박사는 유대인들의 강하고 확실한 정체성을 4천년 이상 변함없이 지켜온 그 내막을 누구보다도 자세히 구체적인 예를 통해 제시하고 있다. 얼마 전에는 본인이 섬기는 할렐루야교회에 와서 교육부흥회도 인도했다.

    그런데 현 박사가 유대인 자녀교육서를 쓰게 된 배경은 다른 데 있었다. 눈에 보이는 그들의 파워의 원천도 중요하지만 어떻게 그 원천을 자손대대로 전수하는데 성공했는가에 있었다. 그리고 이를 어떻

게 한계에 부닥친 기존의 기독교교육의 대안으로 제시하느냐에 있었다. 이런 면에서 이번에 새로 출간된 《잃어버린 지상명령 쉐마》(전2권, 2006)는 기존의 그의 저서들을 구속사적 입장에서 총 정리하는 '교육신학'의 원리로 한 알 한 알 진주 같은 비밀을 밝혀낸다.

현 박사의 중심 질문은 이렇게 시작된다. "왜 기독교 2,000년 동안 신약교회는 다른 민족에게 복음을 전하는 세계선교에는 성공했으면서도 자손대대로 말씀을 전수하는 데는 실패했는가? 왜 초대교회는 2,000년 간 살아남지 못했는가? 반면 유대인은 어떻게 아브라함 때부터 현재까지 4,000년간 하나님의 말씀을 자손 대대로 전수하는데 성공했는가?"

현 박사는 유대인이 부모가 자녀에게 말씀을 전수하는 데 성공한 이유를 연구하다가 구약에도 지상명령이 있다는 것을 발견했다고 했다. 그는 제1권 제1부에서 왜 하나님의 인류 구원의 계획에 두 가지 지상명령이 필요한지를 설명한다.

현 박사의 설명에 의하면, 구약의 지상명령은 가정이란 성전에서 부모가 자녀에게 말씀을 전수하여 말씀의 제자 삼는 교육신학의 원리로서, 이는 신약의 지상명령(마 28:18~20)이 교회란 빌딩에서 타인을 제자 삼는 것과 대칭된다. 그 예로서 아브라함은 평생 이삭 한 명만 데리고 목회했다. 이삭도 야곱 한 명만 성공했다. 즉 구약에서는 일부 특수한 경우를 제외하고는 원칙적으로 이방전도라는 것이 없다는 것을 강조한다. 구약에서 유대인의 임무는 오직 "자식과 자손들에게 말씀을 가르쳐서 전수하는 것"(창 18:19)이다. 만약 유대인이 한 세대라도 후손에게 말씀을 전수하는 데 실패한다면 구원자 예수님이 오실 수 없었기 때문이다. 그러므로 부모가 가정에서 자녀에게 말씀을 전수하는 임무는 반드시 실천해야 할 지상명령이다. 따라서 구약의 지상명령이 오실 예수님을 준비하는 수직 전도라면, 신약의 지상명령은 오신 예수님의 복음을 이방에 전하는 수평전도다.

신약교회는 2,000년간 신약의 지상명령만 알았기 때문에 세계선교에는 성공했으나, 구약의 지상명령인 쉐마를 잃어버렸기 때문에 자손 대대로 말씀을 전수하는 데는 실패했다는 탁월한 발견이다. 현 박사는 이 역사적 사실은 한국교회도 비켜가기 힘든 상태에 있다고 경고하고 있다. 그 증거로 이제 한인 2세들이 대학을 졸업하면 10% 미만만 교회에 남는다는 것을 제시했다(Song, 1997, pp. 23~34).

여기에서 신약 학자가 보는 본서의 공헌 몇 가지를 더 말하고 싶다.

1. 현용수 박사는 역사적으로 구약학자들도 발견하지 못한 구약의 지상명령을 최초로 발견했다는 공헌이다. 그간 구약학자들은 구약을 교육신학적 입장에서 보기보다는 구속사적 입장에서 보아왔기 때문일 것이다.

2. 신약학자들이 본서의 교육신학을 어떻게 신약학적으로 더 발전시키느냐 하는 연구 과제를 던져준다.

3. 신약의 초대교회가 사라진 원인은 구약의 지상명령 쉐마를 잃었기 때문이다. 이제 그 이유를 알았은즉, 신약의 지상명령과 잃어버렸던 구약의 지상명령을 어떻게 균형과 조화를 잡아 줄 것인가에 대한 새로운 연구 과제를 던져준다.

4. 본서는 에베소서의 부모에 대한 심각한 책임을 구약에서 찾아 더 확실하게 해석하고 조명해 줄 수 있다는 확신을 심어준다. 본서를 읽으면 왜 신약성경에는 가정 사역의 원리들이 부분적이고 제한적으로 나타나 있나 하는 의문을 풀어준다. 구약의 지상명령 쉐마를 잃어버렸기 때문이다. 현 박사가 이런 전체적인 가정신학을 정통파 유대인을 모델로 정리한 것은 기독교 2천년 만에 있는 역사적인 공로자라 아니 할 수 없다.

5. 이제 신약학자들도 쉐마교육 연구에 참여하여 2천년 동안 잃어버

렸던 자녀의 제자화에 총력을 기우리는 목회 자료를 제공하는데 기여해야 할 것이다.

본서는 구약과 신약 성경을 새로운 관점에서 보게 해주고 있다. 가정생활과 사회생활에 엄청난 혼란을 겪고 있는 한국에 특히 기독교인들에게 거부할 수 없는 영적, 가정적, 교회적, 사회적, 국가적 모델을 보여주며 유대인들의 성공한 삶을 확실하게 보여주고 있다.

유대인들의 생존과 성공은 가정교육에 있다고 주장하는 현용수 박사의 책을 읽고 배우면 이 땅에도 새로운 각오와 헌신과 변화가 나타날 것이다. 특히 가정에 혁명이 나타날 것이다. 모든 신학자들과 교회의 지도자들은 물론 부모들과 자라나는 세대가 반드시 읽고 배워야 할 필독서다.

저자 서문

《잃어버린 구약의 지상명령, 쉐마》를 펴내며
- 교육신학의 근본 원리 -

미국의 젊은 아버지의 한마디.

"기독교 서점에서 자녀 양육에 관한 책을 찾아보았습니다. 그 책들은 모두 '아이의 자존감', '자기 중심적인 편견에 따른 충동적인 욕구', '주의 결핍 장애' 등과 같은 말로 뒤덮여 있습니다……. 성경이 아버지들에게 전하고 있는 구체적인 명령들을 적어 보면 한 반 페이지 정도밖에 되지 않습니다"(MacArthur, *Successful Christian Parenting*, 2001, p. 8).

이것은 부모들이 얼마나 성경에 근거한 자녀교육서에 목말라하고 있는가를 짐작하게 한다. 저자에게도 많은 목사님들이 하소연한다. 교인들에게 성경적 자녀교육을 강의하기 위해 기독교교육학자들이 저술한 책들을 살펴보면 성경 말씀은 거의 없고, 대부분 세상 교육학이나 심리학 용어들로 가득 채워져 있다는 것이다. 그래서 대체적으로 어렵고, 이해하기가 힘들다고 한다. 독회에 도움이 되지 않는다는 것이다. 실제로 저자가 기독교교육학을 전공하며 가졌던 의문도 바로 이런 것이었다.

왜 기독교인은 성경적 자녀교육서를 찾기 힘든가? 가장 큰 이유는 기독교 학자들이 성경적 자녀 양육법을 구약성경에 근거한 하나님의 선민교육인 유대인 자녀교육에서 찾지 않고, 교육적 자료가 극히 빈약한 신약성경에서만 찾기 때문이다. 신약은 구원에 이르는 복음이 중심 주제이고, 구약은 하나님의 선민을 하나님의 형상을 닮도록 양육하기 위한 쉐마교육이 중심 주제다. [자세한 내용은 저자의 《부모여 자녀를 제자 삼아라》(쉐마, 2005), 제1권 참조]

왜 신약시대의 기독교인들이 유대인의 선민교육을 놓쳤을까? 가장 큰 원인은 구약을 주로 구속사적 입장에서 해석하는 데 주력하고 교육신학적인 접근을 하지 않았기 때문이다.

저자는 정통파 유대인 공동체에서 15년 이상 함께 살면서 구약을 교육신학적 입장에서 연구했다. 유대인이 자녀들의 선민교육에 목숨을 거는 현장을 목격하면서 충격을 받았다.

왜 그들은 자녀들의 선민교육에 목숨을 거는가? 저자는 그 이유가 그들이 하나님으로부터 구약의 지상명령, '쉐마'의 사명을 받았기 때문이란 사실을 발견했다. 그들이 아브라함 때부터 현재까지 4,000년간 하나님의 말씀을 자손 대대로 전수하는 데 성공한 비밀도 바로 이 '쉐마'에 있었다.

그리고 저자는 기독교 2,000년 동안 각 지역의 신약교회들이 다른 민족에게 복음을 전하는 선교에는 성공했는데, 왜 자손 대대로 말씀을 전수하는 데는 실패했는가에 대한 이유도 발견했다. 그것은 신약의 기독교인들이 구약의 지상명령, '쉐마'를 잃어버렸기 때문이었다. 이것은 기독교 역사의 흐름을 바꾸는 대발견이었다. 저자는 흥분하기 시작했다. 연구를 계속했다. 그리고 두 가지 사실을 또 발견했다.

첫째, 구약에 근거한 유대인 자녀교육에 왜 하나님의 말씀이 그렇게 많은지 그 이유를 발견했다. 그것은 유대인 자녀교육의 내용과 방법 자체가 하나님께서 친히 그들에게 명령하신 말씀에 근거했기 때문이다(본서 제2권 제4부 제2장 참조). 이것은 유대인의 자녀교육이 바로 성경적 자녀교육이라는 것을 증명한다.

둘째, 유대인이 어떻게 하나님의 말씀을 자손 대대로 전수하는데 성공했는지 그 교육의 원리와 방법을 발견했다. 그것은 유대인 자녀교육의 거의 모든 내용과 방법이 '쉐마'라는 지상명령을 성취하기 위해 만들어졌다는 사실이다. 물론 이 속에는 하나님의 형상을 닮아가는 선민교육도 포함된다. 구약에서 하나의 키워드를 선택한다면 '쉐마'다. 그만큼 '쉐마'가 중요하다.

본서의 내용을 요약해 보자. 하나님의 가장 큰 관심사는 타락한 인류를 구원하시는 것이다. 제1부에서는 하나님의 인류 구원 계획에 왜 두 가지 지상명령이 필요한지를 설명한다. 구약의 지상명령은 가정에서 부모가 자녀에게 말씀을 자손 대대로 대물림하라는 '쉐마'이고, 신약의 지상명령은 교회에서 예수님의 복음을 열방에게 전파하라는 '선교'다. 전자가 수직적 선민교육이라면, 후자는 수평적 전도다. 본서는 왜 구약의 지상명령이 지켜져야 예수님이 오실 수 있고, 신약(예수님)의 지상명령이 성취될 수 있는지를 구속사적 입장에서 설명한다. 구약과 신약 성경이 짝을 이루어 완전한 하나님의 말씀이 되는 것처럼, 사역도 구약과 신약의 지상명령, 즉 가정사역과 교회사역이 짝을 이루어 행해질 때 하나님의 구속의 계획을 온전히 이룰 수 있다.

제2부는 왜 창세기 18장 19절이 하나님이 아브라함에게 주신 구약의 지상명령인지를 설명한다. 그리고 성경적 가정사역의 본질을 선민의 조상 아브라함의 가정에서 찾아야 하는 당위성을 설명한다. 이것은 성경적 3대가정신학의 본질이며 원리다. 아브라함과 사라가 어떻게 일평생 외아들 이삭 한 명만 데리고 목회를 하면서 말씀을 대물림했는가? 그 비밀을 간직한 유대인의 가정 목회가 바로 성도들의 가정 목회의 모델이 되어야 한다는 것을 논증한다.

제3부는 로마서 11장 참감람나무와 돌감람나무의 비유를 분석하면서 왜 기독교인에게 유대인 자녀교육이 필요한지를 논증한다. 왜 참감람나무(유대인) 뿌리가 접붙임 받은 가지(이방 기독교인)를 보전해야 하는지, 그리고 이방 기독교인이 공유하는 참감람나무 뿌리의 진액이 무엇인지를 밝힌다. 결론적으로 왜 접붙임 받은 가지가 참감람나무를 닮아야 하는지를 성경신학적으로 논증한다.

제4부는 아브라함이 받은 지상명령을 더 구체적으로 발전시킨 것이 시내산에서 유대인이 받은 '쉐마'(신 6:4~9)라는 사실을 밝힌다. 창세기 18장 19절 말씀이 하나님이 선민의 조상 아브라함 개인에게 주신 지상명령이라면, '쉐마'는 유대민족 전체에게 주신 지상명령이다.

제2~4부는 구약의 지상명령의 내용이 무엇이고, 이런 지상명령이 나오게 된 성경적 배경이 무엇이고, 유대인은 이 지상명령을 어떻게 지켜 행하는가에 대하여 설명한다. 말하자면 본서는 유대인의 삶의 근본 철학을 소개하는 책이다. 이것이 유대인의 존재 이유이기도 하다.

제5부는 쉐마와 유대인 '자녀'의 개념에 대하여 설명한다. 즉 '자녀 신학'이다. 왜 자녀는 여호와께서 주신 '기업'인가? 그 기업이 왜 '말씀 맡은 자'(롬 3:2)인지를 설명한다. 그리고 그 뜻을 유대인의 '성년식'에서 찾는다. '성년식'을 히브리어로 '바 미찌바'라고 하는데, 이는 '율법 맡은 자'란 뜻, 즉 '말씀 맡은 자'와 같은 뜻이기 때문이다. 그리고 왜 유대인 성년식을 치르는 연령이 13세인지, 13세 이전의 교육이 왜 중요한지에 대하여 자세히 설명한다. 제4부 제3장은 '기독교와 쉐마교육선교 전략'에 대하여 설명한다. 쉐마는 왜 주님의 재림을 준비하기 위하여 세계선교로 이어져야 하는지를 설명한다.

마지막 제6부는 쉐마 연구를 마치며 역사적 사명을 다시 확인한다. 흔히 많은 이들이 유대인 자녀교육의 실패를 거론할 때 드는 성경의 예 중 하나가 사사기의 말씀이다. 출애굽의 체험을 하지 않았던 다음 세대(next generation)는 하나님과 멀어진 다른 세대(another generation)가 되었다(삿 2:10)는 것이다. 본서는 그런데도 불구하고 유대인은 어떻게 자손들에게 말씀을 전수하며 현재까지 살아남았는지 그 이유를 밝힌다. 그러면서 하나님의 소원을 이루는 첫 걸음이 가정의 자녀에게 있다는 것을 구약의 교육신학적 입장에서 자세하게 논증한다.

이 책을 집필하는 데 많은 정통파 유대인 학자들의 특별한 도움을 받았다. 정통파 탈무드 학교인 Yeshiva University의 학장이며 Simon Wiesenthal Center 국제 본부장 랍비 Marvin Heir와 Yeshiva University의 탈무드 교수이며 로욜라대학교 법대 교수인 랍비 Adlerstein 부부와 그 가정, 서기관 랍비 Kraft 씨 부부와 그 가정에 심심한 사의를 표한다.

그리고 편집과 교정을 도와준 황갑순 제형, 양승옥 교수, 김영갑 목사 및 그 외 쉐마동역자 여러분과 도서출판 쉐마의 김명기 간사에게 감사한다.

저자를 키워 주신 작고하신 어머님과 형님 내외분, 지금도 내조를 아끼지 않는 아내 황(현)복희, 그리고 영문 원고 정리 작업을 도와 준 내일의 희망인 네 아들들 승진(Stephen), 재진(Phillip), 상진(Peter), 호진(Andrew)에게 감사한다.

독자들이 이 책을 읽은 후 먼저 구약의 지상명령을 실천하여 자신의 자녀를 말씀으로 제자 삼고, 신약의 지상명령을 실천하여 예수님의 재림을 준비하는 '쉐마교육운동'이 일어나기를 간절히 소원한다. 아무쪼록 이 책이 독자들에게 도움이 되었다면 오직 나의 주님에게만 영광을 돌린다.

2009년 4월 고난주간에
미국 West Los Angeles 쉐마 서재에서
저자 현용수

IQ-EQ 총서를 발간하면서

무너진 교육의 혁명적 대안을 찾아서

왜 유대인의 IQ+EQ교육은 인성교육+쉐마교육인가

현대인들은 교육의 문제점은 많이 지적하지만, 속 시원한 대안은 찾지 못하는 시대에 살고 있다. 저자는 오랜 연구 끝에 그 대안으로 온전한 인간교육을 위해 크게 두 가지가 필요하다는 사실을 깨달았다. 하나는 인성교육이고, 다른 하나는 종교교육이다. 기독교인을 예로 든다면, 인성교육을 바탕으로 한 성경적 쉐마교육(기독교교육)을 해야 한다는 것이다. 따라서 전체 기독교교육은 예수님을 믿기 이전과 이후로 나누는데, 이전에는 인성교육을, 이후에는 쉐마교육을 시켜야 한다. 그래서 유대인 자녀교육《IQ는 아버지 EQ는 어머니 몫이다》총서는 인성교육론 편과 쉐마교육신학론 편으로 나누어 정리했다.

인성교육론 편(인성교육 노하우 시리즈)
예수님을 믿기 이전: 왜 인성교육은 Pre-Evangelism인가?

'인성교육 시리즈'는 현대교육의 근본적인 문제점을 분석하고, 해결 방안을 제시한다. 즉 다음 네 가지 질문에 답을 준다.

Q 1. 일반 교육학적 질문: 가르치고 가르쳐도 왜 자녀가 달라지지 않는가? 왜 현대교육은 점점 발달하는데 인간은 점점 더 타락하는가?

그것은 IQ교육 위주의 현대교육은 인성교육에 꼭 필요한 세 가지를 놓치고 있기 때문이다.

- 어떻게 자녀들에게 깊이 생각하게 하는 교육을 시킬 수 있을까?
- 어떻게 자녀들이 바른 행동을 하게 할 수 있을까?
- 수직문화의 중요성과 수평문화의 위험성은 무엇인가?

Q 2. 문화인류학적 질문: 왜 한국인 자녀들이 서양 문화에 물들고 있는가?

한국의 젊은 세대는 거의가 한국인의 문화적 및 철학적 정체성의 빈곤에 처해 있다. 부모들이 인성교육의 본질이 수직문화인지를 모르고 가르치지 않았기 때문이다. 그 결과 세대 간의 가치관 차이가 너무나 다르다. 북미주 한인 2세 자녀들이 부모가 섬기는 교회를 떠난다.

Q 3: 기독교인의 인성 문제: 왜 예수님을 믿는다고 하면서 사람의 근본은 잘 변하지 않는가?

많은 기독교인들이 예수님만 믿으면 모든 인성교육이 잘되는 줄 알고 있다. 그러나 모두 그런 건 아니다. 왜 유교교육을 받은 가정의 어린이들이 기독교교육을 받은 어린이들보다 더 예의 바르고 효자가 많을까? 예수님을 믿고 성령의 은사가 많았던 고린도교회는 왜 데살로니가교회보다 도덕적인 문제가 더 많았을까?

Q 4. 기독교의 복음주의적 질문: 왜 현대인들에게 전도하기가 힘든가?

왜 기독교 가정에서 2세들이 대학을 졸업하면 90% 이상 교회를 떠나는가? 교회학교 교육이 천문학적인 투자에도 불구하고 90% 이상 실패하는 이유는 무엇인가? 왜 현대(2000년대)에는 1970년대 이전보다 복음 전하기가 더 힘든가? 아마 생각 있는 교육자라면 모두가 이런 고민을 안고 살았을 것이다.

한 인간의 마음이 예수님을 믿기 이전 인성교육, 즉 복음적 토양교육이 잘못되었기 때문이다. 예수님의 '씨 뿌리는 자의 비유'에서 말씀하신 네 가지 종교성 토양(길가, 돌밭, 가시떨기, 옥토)(눅 8:4~15) 중 옥토이어야 복음을 영접하기도 쉽거니와 구원을 받은 후 예수님을 닮는 제자화도 되기 쉽다는 말이다. 이를 'Pre-Evangelism'(예수님을 믿기 이전의 복음적 토양 교육)이라 이름했다.

> 현용수의 인성교육론은
> **인성교육**의 **원리**와 **공식**을 제공한다

쉐마교육신학론 편(쉐마교육 시리즈)
예수님을 믿은 후: 왜 쉐마교육은 Post-Evangelism인가?

예수님을 영접한 사람에게는 하나님의 형상을 닮아가는 기독교교육을 시켜야 한다. 이를 '성화교육' 혹은 '예수님의 제자교육'이라고도 한다. '신의 성품'(벧후 1:4)에 참여하는 자(partakers of the divine nature)가 되는 과정이다. 이를 'Post-Evangelism'(예수님을 믿

은 이후의 성화교육)이라 이름했다. 교육의 내용은 신·구약 하나님의 말씀이다. 예수님 믿기 이전의 좋은 인성교육이 마음의 옥토를 준비하는 과정이라면, 복음과 하나님의 말씀은 그 옥토에 심어야 하는 생명의 씨앗이며 기독교적 가치관이다. (물론 기독교 가정에서 태어난 자녀에게는 어려서부터 인성교육과 쉐마교육을 함께 시켜야 한다.)

저자는 성경적 기독교교육의 본질과 원리를 유대인의 선민교육에서 찾았고 그 내용과 방법이 바로 구약의 '쉐마'에 있음을 발견했다. 즉 성경적 교육신학의 본질과 원리가 '쉐마'에 있다는 것이다. '쉐마'는 한 마디로 부모가 자녀에게 말씀을 가르쳐, 자손 대대로 자녀를 말씀의 제자 삼으라는 '구약의 지상명령'이다[저자의 저서 《잃어버린 구약의 지상명령 쉐마》(쉐마, 2006, 2009), 제1권 제1~2부 참조]. 유대인이 아브라함 때부터 현재까지 4,000년 간 하나님의 말씀을 후대에게 전수하는 데 성공한 것은 자녀를 말씀의 제자 삼는 쉐마교육에 성공했기 때문이다. (물론 신약시대는 영적 성숙을 위해 신약성경도 필요함)

여기에서 "왜 기독교교육에 유대인 선민교육이 필요한가?"란 질문이 대두 된다. 신약시대에 복음으로 구원받은 하나님의 선민인 기독교인은 영적 유대인(갈 3:6~9)으로 구약에 나타난 선진들(예; 모세, 다윗, 에스라)의 믿음생활과 쉐마교육을 본받아야 한다(히 11장). 예수님도 유대인으로 태어나셔서 유대인의 선민교육(쉐마교육)을 받고 자라셨으며 제자들에게도 그 교육을 시켰다(마 23:1~4). [더 자세한 내용은 저자의 저서 《부모여 자녀를 제자 삼아라》(쉐마, 2005), 제1권 제1장 '왜 기독교교육에 유대인 자녀교육이 필요한가'의 '성경신학적 입장' 참조]

기독교의 제자교육에는 교회에서 타인을 제자 삼는 수평적 제

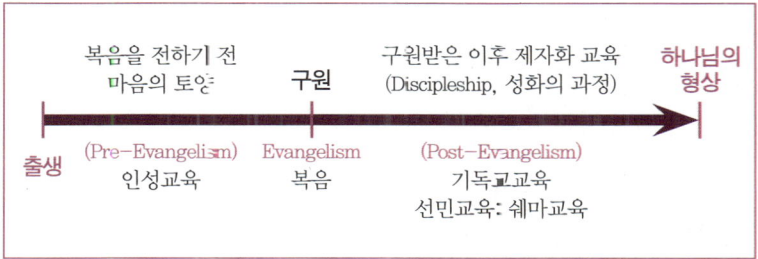

자교육과 가정에서 자녀를 제자 삼는 수직적 제자교육, 두 가지가 있다. 유대인의 쉐마교육에는 전도에 필요한 복음은 없지만, 자녀를 제자 삼는 교육의 원리와 방법이 있다. 이 원리와 방법은 타인을 제자로 삼는 데도 적용할 수 있다. 먼저 가정에서 자녀를 제자 삼을 수 있는 지도자가 된 후에 타인을 제자 삼는 지도자가 성경적 지도자의 모델이다.

저자는 구약의 지상명령, 쉐마를 성취하기 위해 필요한 쉐마교육신학들을 다음과 같이 정리했다.

쉐마교육신학론 주제들(쉐마교육 시리즈)
1. 왜 유대인의 선민교육이 기독교교육에 필요한가?
2. 구약의 지상명령 쉐마(교육신학)   3. 자녀신학
4. 유대인의 가정교육(가정신학)
5. 유대인의 아버지 교육(아버지신학, 경제신학)
6. 유대인의 어머니 교육(어머니신학)
7. 유대인의 효도교육(효신학)
8. 유대인의 고난의 역사교육(고난의 역사신학) 등.

이것은 구약성경에 근거한 기독교교육의 새로운 패러다임이며, 대안이다. 또한 개혁주의 입장에서 신약 교회가 적용할 수 있도록 정리했다.

왜 인성교육론이 'Know-Why'라면 유대인의 쉐마교육신학론은 'Know-How'인가?

유대인 자녀교육의 우수성은 이미 역사를 거듭하면서 증명되었다. 그러나 두 가지 의문이 아직까지 남아 있다. 첫째, 그것이 왜 우수한지에 대한 교육학적, 심리학적 및 철학적 이유를 설명하지는 못했다. 둘째, 왜 유대인 자녀교육이 기독교교육에 필요한지 그 이유를 설명할 수 있는 확실한 교육신학적 해답을 제공하는 데 미흡했다.

두 가지 의문 중 전자에 대한 답이 '인성교육 노하우 시리즈'라면, 후자에 대한 답은 '쉐마교육 시리즈'다. 왜 유대인 자녀교육이 한국인에게 필요한지를 설명한 '인성교육 노하우 시리즈'가 'Know-Why'라고 한다면, '쉐마교육 시리즈'는 'Know-How'가 될 것이다. 원인을 밝히고 당위성을 설명하는 'Know-Why'가 있기에 쉐마교육인 'Know-How'가 더 힘을 받아 자신과 자신의 가정 그리고 교회에서 적용할 수 있다.

현재까지 천문학적 돈을 교육에 투자하고도 교육의 열매가 바람직하지 못한 것은 교육의 원리와 공식을 발견하지 못했기 때문이다. 물론 현대 기독교교육의 이론이 모두 필요 없다는 뜻은 아니다. 인간교육과 교회성장 위기의 근본 대안이 인성교육 + 쉐마교육이라는 뜻이다.

처음 국민일보에서 초판 2권(1996년, 23쇄), 조선일보에서 개정2판 3권(1999년, 19쇄)으로 출간됐던 유대인 자녀교육서 《IQ는 아버지 EQ는 어머니 몫이다》가 하나님의 은혜와 교계의 열화 같은 성원에 힘입어 지금까지도 스테디셀러인 것에 감사드린다. 그러나 소수이긴 하지만 목회자들과 신학자들께서 까다로운 질문도 했다. 그도 그럴 것이 구원론과 관계없는 인성교육에 관한 수직문화와 수평문화에 대해, 그리고 기독교가 2,000년간 원수처럼 여겼던 복음도 없는 유대인의 교육을 이해하기란 쉽지 않았을 것이다. 덕분에 저자는 계속 연구에 연구를 거듭하는 계기가 되었다.

긴 학문의 순례를 마치는 기분이다. 처음 개척한 분야이기에 더 많은 연구가 필요하다. 그리고 쉐마가 주님의 종말을 준비하는 세계선교까지 가려면 갈 길은 아직 멀었다. 이제 하나님의 은혜로 많은 오해도 풀렸다. 많은 쉐마 동역자들의 도움으로 쉐마교육이 파도처럼 번지고 있다.

이 연구는 분명히 하나님의 지혜로 하나님께서 하셨다. 세세토록 영광 받으실 오직 우리 주 예수님께만 감사와 찬송과 영광을 드린다.

2009년 4월 예수님의 부활절에
미국 West Los Angeles 쉐마교육연구실에서
저자 현용수

SHEMA · SHEMA · SHEMA

제 5 장

결론과 적용

I. 요약 및 결론
II. 신약의 기독교인은 이렇게 적용하라

I. 요약 및 결론

왜 신약시대의 교회는 타민족에게 복음을 전하는 세계선교에는 성공했지만, 자신의 자녀와 민족에게 자손 대대로 말씀을 전수하는 데는 실패했는가? 그 대안은 무엇인가? 이것이 본서의 연구를 위한 중심 질문이다. 지금까지 그 원인을 찾고 그 대안들을 자세히 제시했다. 이제 전체 내용을 요약하며 결론을 내려 보자.

하나님은 우주 만물을 말씀으로 창조하셨다. 그리고 이를 다스리고 가꾸기 위해 최초의 인간 아담과 하와를 창조하시고 그들에게 '복'을 주셨다(창 1:28). 그러나 아담과 하와의 범죄로 인해 모든 인류는 그의 영혼이 죽을 수밖에 없었다. 하나님은 사랑이시기에 타락한 인류를 구원하시려는 계획을 세우셨다.

신·구약 성경을 구원론적 입장에서 요약한다면, 창세기 1장에서 11장까지는 인류의 역사다. 그리고 창세기 12장 1절에 하나님이 선민의 조상 아브라함을 택하신 이후부터 선민의 역사가 시작된다. 이 선민의 역사는 신약성경의 마지막 책인 계시록 끝에서 마친다. 하나님이 아브라함을 택하셨을 때, 타락한 인류를 구원하시기 위해 언약을 주셨다.

> 내가 너로 큰 민족을 이루고 네게 복을 주어 네 이름을 창대케 하리니 너는 복의 근원이 될지라…… 땅의 모든 족속이 너를 인

하여 복을 얻을 것이니라 하신지라. (창 12:2~3)

요약하면, "너는 복의 근원이 될 것이고, 땅의 모든 족속이 너를 인하여 복을 얻을 것이다"(창 12:2~3)라는 말씀이다. 이 언약에 의하면, 하나님이 타락한 인간을 구원하시기 위해 처음 선민의 조상 아브라함을 택하셨을 때부터 그 구원의 범위를 아브라함의 혈통적 후손인 유대인과 그렇지 않은 이방인을 함께 두셨다는 것을 뜻한다. 왜냐하면, 아브라함은 유대인의 조상도 되지만 신약의 기독교인들의 조상(롬 4:16; 갈 3:6~9)도 되기 때문이다.

그런데 하나님이 아브라함에게 주신 이 언약(창 12:2~3)을 이루어 가는 과정에 두 가지 지상명령이 있다는 것을 발견할 수 있다. 첫째는 하나님이 아브라함에게 주신 구약의 지상명령이고, 둘째는 예수님이 기독교인에게 주신 신약의 지상명령이다.

구약의 지상명령은 "부모가 자녀들에게 말씀을 자손대대로 전수하라"(창 18:19; 신 6:4~9)는 '쉐마'이고, 신약의 지상명령은 "가서 모든 족속으로 제자를 삼으라"(마 28:19~20)는 세계선교에 대한 지상명령이다. 전자는 유대인에게 주신 지상명령이고, 후자는 신약의 기독교인들에게 주신 지상명령이다.

전자가 오실 예수님을 준비하는 구약의 지상명령이라면, 후자는 오신 예수님(복음)을 열방에 전하는 지상명령이다. 구약의 지상명령, 쉐마가 혈통적 유대인을 중심으로 한 가정사역의 본질이라면(신 6:4~9), 신약의 지상명령은 구원받은 모든 이방인 기독교 교인을 중심으로 한 교회 목회의 본질이다(사도행전 2장 이후). 전자가 가정이라는 성전에서 부모가 수직적으로 자녀를 말씀으로 양육하는 사역이라면, 후자는 교회라는 성전(건물)에서 목회자가 수평적으로 구원받은 타인들을 말씀으로 양육하는 목회다. 교회론적 입장에서 보면, 유대인의 교회는 가정교회에서부터 시작했고, 신약시대의 교회는 공동체 교회로 시작했다.

따라서 유대인은 가정을 중심하여 할례를 받아 수직적인 후손들로 이어져 갔지만(롬 4:11; 참조. 창 15:6; 17:11), 기독교인은 교회를 중심하여 세례를 받아(벧전 3:21; 골 2:11~12) 수평적인 교회 성장과 세계선교로 이어져 갔다. (p. 46 도표 참조)

하나님의 구속의 역사 4,000년을 되돌아보면, 구약시대의 유대인이나 신약시대의 기독교인이나 모두 오류가 있음을 발견할 수 있다. 그들 모두 한 가지 지상명령만 알았기 때문이다.

먼저 유대인의 오류를 보자. 구약의 지상명령은 구체적으로 누가 언제 누구에게 주셨는가? 개인적으로는 하나님이 선민의 조상, 아브라함에게 소돔과 고모라 사건 전에 주셨다(창 18:19). 민족적으로는 아브라함의 후손 유대인이 출애굽한 후 유대민족에게 주셨다(신 6:4~9).

구약의 지상명령을 받은 아브라함은 일평생 약속의 아들, 이삭 한 아들에게만 말씀을 전수하는 목회를 했고, 이삭도 일평생 야곱 한 아들만 붙잡고 목회를 했고, 야곱도 일평생 12아들만을 위해 목회했다. 즉 구약에는 일부 특수한 예외를 제하고는 원칙적으로 이방전도가 없었다.

아브라함의 후손 유대인은 지상명령, 쉐마를 잘 지켜 행하여 아브라함 때부터 2,000년간 하나님의 말씀을 자손들에게 전수하는 데 성공했다. 그로 말미암아 아브라함의 족보를 따라 기다리던 메시아이신 예수님이 오셨다. 그 후 복음이 전 세계로 전파되면서 하나님이 아브라함에게 하신 "너는 '열국의 아비'(창 12:3, 17:4~5)가 되리라"는 언약이 성취되었다.

유대인의 오류는 그들이 그렇게 구약의 지상명령을 잘 지켰는데도 불구하고 신약시대에 오신 예수님(복음)을 영접하지 못하여 구원을 받지 못했다는 점이다. 따라서 그들은 신약의 지상명령을 아직도 모른 채 구약의 지상명령에만 전력하여 전 세계를 유랑하면서도 2,000여 년 동안 토라를 자손들에게 전수하고 있다.

이 말은 무슨 뜻인가? 신약시대에는 복음과 쉐마의 목적이 각각 다르다는 것을 의미한다. 복음은 구원을 위해 필요한 것이고, 쉐마는 가정에서 부모가 자녀에게 말씀 전수를 위한 선민교육을 위한 것이다. 이것은 유대인이나 이방인이나 신약시대에는 아무리 하나님의 말씀을 잘 알고 있다 하여도 예수님(복음)을 믿지 못한다면 구원을 받을 수 없다는 것을 뜻한다. 따라서 신약시대는 복음으로 구원을 받은 하나님의 백성에게 쉐마란 선민교육이 필요하다. 선민교육(쉐마)에는 성도의 성화의 과정과 말씀 전수의 방법이 있다.

어떤 이는 유대인의 쉐마에는 복음이 없기 때문에 기독교에 쉐마가 필요없다고 말하는 이가 있다. 그것은 쉐마와 복음을 구별하지 못하기 때문에 일어나는 오해다[자세한 것은 저자의 저서 《부모여 자녀를 제자 삼아라》(쉐마, 2005), 제1권 참조].

신약시대에 기독교인의 오류는 무엇인가? 기독교인은 예수님이 오셔서 수평적으로 "땅 끝까지 복음을 전파하여 모든 족속으로 제자를 삼으라"(마 28:19~20; 행 1:8, 13:47)는 지상명령을 받았다. 그리고 2,000년 동안 신약의 지상명령을 잘 완수하여 다른 민족에게 수평적으로 복음을 전하는 세계선교에는 성공했다. 그러나 구약의 지상명령, 쉐마를 몰랐기 때문에 가정에서 자녀에게 말씀을 자손 대대로 전수하는, 말씀에 입각한 교육신학이 정리되지 못했다. 그러니 쉐마를 실천할 수가 없었다. 그 결과 어느 민족도 수직적으로 하나님의 말씀을 자손 대대로 전수하는 데는 실패했다.

따라서 신약시대에 살고 있는 유대인에게는 구원을 받기 위해 예수님이 필요하고, 신약의 기독교인은 자손 대대로 하나님의 말씀을 전수하기 위하여 잃었던 구약의 지상명령을 되찾아 실천해야 한다. 기독교인도 아브라함의 후손이기 때문에 아브라함이 받은 구약의 지상명령과 예수님이 말씀하신 신약의 지상명령 모두를 지켜 행해야 할 의무가 있다. 그래야 유대인이나 기독교인이나 신·구약의 지상명령을 함께 지켜 행하여 예수님의 재림을 준비할 수 있다. 저자가 쉐마교육 시리즈를 발간하는 이유가 여기에 있다.

구약의 지상명령을 이루는데 필요한 가장 중요한 계명은 제5계명, "네 부모를 공경하라"(출 20:12)이고, 신약의 지상명령을 이루는데 가장 중요한 계명은 "복음을 만방에 전파하라"(마 28:19~20)다. 신약의 성령님은 신약의 지상명령을 이루는 것을 도와주신다.

[더 자세한 제5계명에 대한 내용은 저자의 저서 《IQ는 아버지 EQ는 어머니 몫이다》(쉐마, 2005), 제5부 '효도교육' 참조]

신약시대의 기독교인은 구약의 지상명령, 쉐마를 잃어버린 결

구약과 신약의 지상명령 비교

구 분	구약의 지상명령	신약(예수님)의 지상명령
두 지상명령의 공동 목표	하나님이 타락한 인류를 구원하시기 위해 주신 것	
지상명령의 목적	자손 대대로 말씀을 전수하라 (창 18:19; 신 6:4~9)	땅 끝 모든 족속으로 제자를 삼으라 (마 28:19~20; 행 1:8)
지상명령의 목표	오실 예수님을 준비	오신 예수님(복음)을 전파
최초 지상명령의 시작	믿음의 조상 아브라함의 가정에서 가정 사역으로 시작	사도행전 2장 이후(예: 예루살렘교회) 교회에서 이웃과 외국인에게 복음전파로 시작
구원의 방향	가정에서 수직적 선민교육	교회에서 수평적 전도
교육의 장소	가정이란 성전	교회란 성전(건물)
교사(목회자)	가정의 부모	교회의 목회자
학생(교인)	가정의 자녀	교회의 교인
구원의 방법	믿음으로 의인이 됨	믿음으로 의인이 됨
구원의 표시	가정에서 할례를 받음	교회에서 세례를 받음
교육의 내용	구약성경	복음(신약)과 구약성경
교사의 의무	가정에서 말씀으로 자녀 양육	교회에서 말씀으로 교인 양육
가장 중요한 계명	제5계명 네 부모를 공경하라	만방에 복음을 전파하라 - 성령의 사역 -
교육의 결과	가정에서 자손 대대로 말씀을 전수하는 데 성공	교회에서 이방선교에 성공
교육의 단점	예수님을 영접치 못해 이방선교 못함	가정이나 민족이 자손 대대로 말씀 전수에 실패
이상적인 기독교인의 의무	먼저 가문과 민족교회가 자손 대대로 생존하기 위해 가정에서 부모가 자녀에게 말씀을 가르쳐 자녀를 말씀의 제자로 양육하는 '구약의 지상명령'(창 18:19; 신 6:4~9)과 수평적으로 땅 끝까지 복음을 전하라는 '예수님의 지상명령'(마 28:19~20)도 함께 수행해야 한다. 이렇게 구약과 신약의 지상명령이 짝을 이루어 완수될 때 더 많은 민족들이 예수님의 재림을 맞이할 수 있다.	

과 성경에 기초한 기독교교육을 시키는 데 한계를 느낄 수밖에 없다. 현대에도 성경적 자녀교육법에 관한 책자는 홍수처럼 쏟아져 나오지만, 그 내용들은 대부분 성경이 아니라 현대의 세속적인 심리학이나 교육학의 이론들이다. 뿐만 아니라 신학교에서 가르치는 기독교교육학의 커리큘럼이나 교육의 내용들도 마찬가지다.

가장 큰 이유는 성경적 자녀 양육법을 구약성경에 근거한 하나님의 선민교육인 쉐마교육에서 찾지 않고 교육적 자료가 극히 빈약한 신약성경에서만 찾기 때문이다. 신약성경에는 어린이나 가정 사역에 관한 말씀이 거의 없다. 그래서 5월 가정의 달에 흔히 인용하는 단골 성구는 "예수께서 가라사대 어린아이들을 용납하고 내게 오는 것을 금하지 말라. 천국이 이런 자의 것이니라"(마 19:14)나, "자녀들아 너희 부모를 주 안에서 순종하라 이것이 옳으니라"(엡 6:1) 정도일 수밖에 없다.

성경적 가정사역의 본질은 어디에서 찾아야 하는가? 구약의 선민의 조상 아브라함의 가정에서 찾아야 한다. 하나님께서 아브라함에게 주신 지상명령(창 18:19) 자체가 대를 이어 자녀들에게 말씀을 가르쳐 대물림하라는 가정 사역의 본질이기 때문이다. 그리고 이것이 교육신학의 기본이고 원리다.

아브라함과 사라가 어떻게 외아들 이삭에게 말씀을 대물림했는가? 그리고 출애굽을 한 이후 아브라함의 후손인 유대민족 전체가 어떻게 자녀들에게 말씀을 대물림했는가? 하나님께서 그들에게 가르쳐 주신 말씀 대물림의 방법은 무엇인가? 그 비밀을 간직한 유대인의 가정 목회가 성도들의 가정 목회의 모델이 되어야 한다. 그것이 바로 '쉐마'(신 6:4~9)다.

아브라함의 후손 유대인은 구약의 지상명령을 지켜 행했기 때문에 출애굽을 한 후 약 300만명(장정만 60만명)의 자손들이 신본주의 신앙으로 뭉치어 이스라엘이라는 하나의 국가를 형성할 수 있었다. 만약 신약시대에 2,000년 동안 예수님을 믿고 구원받은 수많은 기독교인들 중에 아브라함의 자손, 유대인처럼 구약의 지상명령을 대를 이어 지켜 행한 성도들이 1,000명만 있었어도, 그들의 후손들이 신앙으로 뭉치어 현재 이스라엘과 같은 국가가 전 세계에 1,000개나 탄생하지 않았겠는가! (더 자세한 것은 본서 제3부 제4장 I. '아브라함의 나무는 어떻게 크고 무성한 가지(이스라엘 국가)를 갖게 되었는가' 참조)

구약과 신약 성경이 짝을 이루어 완전한 하나님의 말씀이 되는 것처럼, 사역도 구약과 신약의 지상명령, 즉 가정사역과 교회사역이 짝을 이루어 행해질 때 하나님의 구속의 계획을 온전히 이룰 수 있다.

현재까지 예수님께서 재림하시지 않은 이유는 무엇인가? 물론 종말론적 입장에서 다른 이유도 있겠지만 가장 중요한 이유 중의 하나는 하나님이 원하시는 구원받을 만한 이방인의 충만한 수가 아직 차지 않았기 때문이다(롬 11:25). 그 이유는 신약시대의 기독교 역사를 보면 한 지역이 복음화되면 복음을 전한 지역의 교회가 죽어져 갔기 때문이다. 이것은 신약시대의 교회들이 수평적 선교에는 성공했지만, 가정에서 부모가 자녀에게 말씀을 전수하는 수직적 말씀 전수에는 실패했다는 증거다.

이제 신약의 기독교인은 주님의 재림을 어떻게 준비해야 하는가? 먼저 수직적으로 가문과 민족교회가 자손 대대로 생존하기 위해서는 가정에서 부모가 자녀에게 말씀을 가르쳐 자녀를 말씀의 제자로 양육하는 '구약의 지상명령'(창 18:19; 신 6:4~9)과 수평적으로 땅 끝까지 복음을 전하라는 예수님의 지상명령(마 28:19~20)을 함께 수행해야 한다. 이렇게 구약과 신약의 지상명령이 짝을 이루어 완수될 때 더 많은 민족들이 구원을 받아 예수님의 재림을 맞이할 수 있다.

**구약과 신약 성경이 짝을 이루어 완전한 하나님의 말씀이 되는 것처럼,
사역도 구약과 신약의 지상명령,
즉 가정사역과 교회사역이 짝을 이룰 때
하나님의 구속의 계획을 온전히 이룰 수 있다.**

II. 신약의 기독교인은 이렇게 적용하라

> 저자 주: 다음 내용은 저자의 저서 《현용수의 인성교육 노하우》(동아일보, 2008), 제1권 pp. 203~213의 내용과 동일하나 본 란에 필요하기 때문에 재인용함.

1. 가정과 교회의 균형: 한국교회와 유대인 회당의 차이

한국이나 미국은 교회 성장이 멈추고 2세들이 교회를 줄지어 떠나간다. 여러 가지 원인이 있지만, 가장 큰 원인을 찾는다면 부모세대와 자녀세대의 세대 차이에 있다. 한민족 동질성의 세대차이(언어, 문화 및 예절 등)와 여호와 하나님을 경외하는 신앙의 세대차이, 말씀의 세대차이 등이다.

그런데 유대인은 아브라함부터 현재까지 4,000년 동안 전 세계를 유랑하면서도 어떻게 세대차이를 막는데 성공했는가? 그 비밀은 그들이 하나님으로부터 받은 구약의 지상명령에서 찾아야 한다(창 18:19; 신 6:4~9).

구약의 지상명령은 가정에서 자손 대대로 하나님의 말씀을 자녀들에게 전수하여 말씀 맡은자의 제자로 삼는 것이다. 이것은 예수님이 복음을 만방에 전파하라(마 28:19~20)는 신약의 지상명령과 짝을 이룬다. 전자가 수직 전도라면, 후자는 수평 전도다.

따라서 그들의 시스템 자체가 하나님의 말씀에 의거하여 가족이 함께 모이는 문화를 창조하고, 이를 자손 대대로 지켜 왔다. 예를 들어 보자. 그들은 안식일에는 모든 세상일을 접고 3대(할아버지 부부, 부모 및 자녀들)가 함께 가정의 안식일 식탁에 모여 하나님께 찬양 드리고 아버지가 자녀들에게 하나님의 말씀을 가르쳐 전수하며 온 가족이 말씀을 토론한다.

설사 회당의 랍비라 해도 안식일 강단에서 설교를 마치고 나면, 다른 교인들 집에 심방을 가거나 강회를 하는 것이 아니라, 가정으로 돌아가 잘 차려진 식탁에서 3대 가족이 모여 떡을 떼며 안식일 절기를 지킨다. 이런 절기 식사를 3회 한다. 뿐만 아니라 모든 절기들을 이렇게 가족 중심으로 지킨다. 유월절이나 초막절 그리고 신년절기는 일주일 혹은 열흘 동안 가족과 함께 지킨다.

이것이 유대인의 생존 비밀이다. 예배도 3대가 함께 드리고, 기도회도 3대가 함께 드리고, 새벽예배도 3대가 함께 드린다. 그래서 그들은 3대가 세대차이가 없다. 아브라함, 이삭, 야곱 3대가 세대차이가 없으면 영원히 세대차이가 없다. 회당은 3대 가족이 함께 신앙을 전수하도록 적극 도와준다.

하나님은 구약 성경의 마지막에도 가정에서 아비와 아들의 수직적인 신앙의 연속성을 강조하셨다. 아비는 자녀에게 마음을 돌이키고, 자녀는 아비, 즉 조상들의 경건한 신앙으로 돌이키라는 뜻이다. 조상들이 자녀에게 말씀을 전수한 것처럼 너희도 그렇게 하라는 말씀이다. 만약 그렇지 못할 경우에는 하나님께서 오셔서 그 땅을 치겠다고 말씀하셨다. 얼마나 엄중한 경고인가!

> 그가 아비의 마음을 자녀에게로 돌이키게 하고 자녀들의 마음을 그들의 아비에게로 돌이키게 하리라 돌이키지 아니하면 두렵건대 내가 와서 저주로 그 땅을 칠까 하느라 하시니라. (말 4:6)

제5장 결론과 적용

성경적 유대인의 문화와 현대 또래문화의 차이

구 분	한국 현재 문화(또래문화의 발달)	3대가 동일한 유대인 문화
두 문화의 차이 비교	할아버지 세대 문화 ⇐ 조부모 ⇔ 조부모 ⇔ 조부모 ⇒ 부모 세대 문화 ⇐ 부모 ⇔ 부모 ⇔ 부모 ⇒ 손자 세대 문화 ⇐ 손자 ⇔ 손자 ⇔ 손자 ⇒	⇕ ⇕ ⇕ 조부모 문화 ⇕ ⇕ ⇕ 부모의 문화 ⇕ ⇕ ⇕ 손자의 문화 ⇕ ⇕ ⇕
결 과	극심한 또래문화 발달 극심한 세대 차이 세대간에 소통 불가	또래문화가 거의 없다. 세대차이가 없다. 세대간에 대화 소통 가능

 그런데 한국 교회는 시스템 자체가 3대 사이에 세대차이를 일으키게 짜여 있다. 자녀들과 교회는 함께 가지만 큰 아들은 대학부, 둘째는 고등부, 막내는 초등부 예배에 들어간다. 그 안에서 가족끼리 만나기는 너무나 힘들다. 한국이나 미국이나 부모도 바쁘고 자녀들도 바빠서 가족끼리 함께 만날 수 있는 기회는 오직 주일날밖에 없는데, 그나마도 교회가 이를 박탈해 버린다.
 한국 교회는 아비의 마음을 자녀에게 두지 못하게 하고, 자녀의 마음을 아비에게 돌이키지 못하게 한다. 얼마나 반 성경적인가? 하나님 앞에 두려운 일이다.
 부모와 자녀끼리만 만나지 못하는 것이 아니다. 형제와 형제끼리도 만나지 못하게 되어 있다. 그래서 또래 문화만 발전하여 세

신약교회 목사와 유대인 회당 랍비의 차이

구 분	신약교회 목사	유대인 회당 랍비
안식일 사역	본인은 물론 모든 성도들을 각 세대별로 교회로 불러 모으기를 힘쓴다.	안식일에 자신은 물론 모든 성도들이 가정으로 돌아가 가족 3대 공동체가 모이도록 도와준다.
특 징	목사 가정은 물론 성도들 가족끼리 3대가 만날 수 있는 기회를 박탈한다. 말씀과 전통을 전수할 수 없다.	가정에서 부모가 자녀에게 말씀과 전통을 전수할 기회를 만들어 준다.
결 과	연령별로 말씀과 전통에 세대차이가 많다.	자손 대대로 말씀과 전통에 세대차이가 없다.

대 간에 세대차이가 너무나 많이 난다. 예배도 따로, 기도회도 따로 그리고 새벽예배도 따로 드린다. 그나마 자녀들에게 새벽예배를 기대하기는 힘들다. 부활절도 따로, 추수감사절 예배도 따로, 크리스마스도 따로, 송구영신 예배도 따로 드린다.

자녀가 어릴 때는 엄마가 자녀들만 집에 남겨두고 "엄마 교회 갔다 올게, 집 잘 봐라."하고는 혼자만 교회에 갔다 오는 경우가 많다. 유대인 가정에서는 상상을 할 수 없는 일이다.

그러니 한국 교회가 부모 세대와 자녀 세대 사이에 신앙과 문화 및 역사 인식의 세대차이로 죽을 수밖에 없다. 그리고 더 위험한 것은 교회에서 "여러분의 자녀, 우리 교회가 책임지겠습니다."라고 호언장담한다(물론 교회교육이 공헌한 면도 있지만 이를 너무 강조

교회와 유대인 회당의 예배와 기도회 비교

분류	한국 및 북미주 교회			유대인 회당
구 별	주일학교 교육 부서	연령 및 명칭		안식일에는 연령별 부서 없음
교회와 유대인 회당 예배와 기도회 제도 비교	장년부	어른	각 부서마다 담당 교역자들의 연령도 다르다. 따라서 그들 사이에도 세대차이가 있다.	한 가정 3세대 통합 예배 동일한 1세대 랍비가 주관 (예배와 기도회에 조부모, 부모 및 자녀들이 함께 참석한다. 연령별 부서는 주중에 모인다.)
	청년부	25세 이상 미혼 청년들		
	대학부	19~24세 대학생		
	고등부	16~18세 고등학생		
	중등부	13~15세 중학생		
	초등부	11~12세 초등학교 고학년		
	아동부	9~10세 초등학교 고학년		
	유년부	7~8세 초등학교 저학년		
	유치부	5~6세 유치부 학생들		
	유아부	3~4세 걷기 시작한 아이들		
	영아부	0~2세 갓난아이들		
결 과	매 2~3세 터울로 나눠 놓았다. 연령별 또래 문화만 발달하여 세대차이가 너무 많다. – 세대차이를 만드는 제도 –			성경의 가치관 및 전통문화에 세대차이가 없다. – 세대차이를 없애는 제도 –
결 론	따라서 한국 교회는 1세들의 신앙과 전통을 자손들에게 전수하기 위해 세대차이가 없는 유대인 모델을 따라야 한다.			

한 나머지 가정교육이 없어졌다).

그 결과 자녀들은 부모로부터 말씀을 전수받을 수 없다. 부모뿐만 아니라 담임목사의 신앙철학이 2세들에게 전수될 수 있는 기회를 막는다. 그래서 한국의 초대교회와 같은 순교자 신앙과 새벽기도 그리고 뜨거운 열정이 전수되지 못한다. 안식일도 제대로 지키지 않는다. 언어도 다르고 문화도 다르다. 자녀들이 대학을 졸업하면 90% 이상 교회를 떠난다.

쉐마교사대학을 졸업한 박흥석 목사(부산 사상교회, 고신)는 졸업 소감을 이렇게 썼다.

> 앞으로 30년 후에 (한국 교회가) 어떻게 될 것인가? 걱정이 아닐 수 없다. 그런데 쉐마교육을 받으며 명쾌한 해답을 얻었다. 그리고 한국 교회가 2가지 점에서 큰 실책을 했음을 발견했다. 첫째는 교회에서 잘못된 교육을 해 왔다는 것이요, 둘째는 부모에게서 교육권을 몰수했다는 것이다. (쉐마교육을 아십니까?, 쉐마, 2007, p. 77)

잘못된 한국 교회교육 시스템, 이제 너무 늦은 감이 있다. 이제라도 한국 교회도 교회교육 시스템을 구약의 지상명령을 이행할 수 있도록 바꾸어야 한다. 교회가 부모교육을 시켜서 가정에서 부모가 자신의 자녀교육을 책임지게 해야 한다. 즉 교회가 부모들에게 말씀을 가르치고 그들이 자신의 자녀들에게 말씀의 제자 삼도록 도와주어야 한다. 이것이 하나님이 원하시는 교육목회의 본질이다.

한국이나 미국은 교회 성장이 멈추고 2세들이 교회를 줄지어 떠난다.
가장 큰 원인은 부모세대와 자녀세대의 세대 차이에 있다.
왜 세대차이가 나는가?
유대인의 회당은 3대 가족이 함께 신앙을 전수하도록 적극 도와준다.
반면 한국교회는 시스템 자체가 3대 사이에 세대 차이를 일으키게 짜여 있다.
부모에게서 교육권을 몰수 했다.

2. 북미주 한인 교회의 1세대와 2세대 예배 주보 광고의 차이

무엇이 세대차이를 만드는가? 한 가지 더 예를 들어보자. 2007년 11월 말경 저자가 거주하는 미국 남가주 지역의 G교회를 방문했다. 물론 그 교회도 다른 교회처럼 1세대는 어른끼리 그리고 2세대 중·고등부 학생들은 영어예배(EM)에 참석한다.

그 교회의 1세대와 2세대 예배주보 광고의 차이를 보면 왜 한국인은 세대차이가 나고, 유대인은 세대차이가 나지 않는가를 알 수 있다. 다음은 주보 광고 내용 중 몇 가지만 간추린 것이다.

1세대 예배 주보 광고
1. 담임 목사님이 중국을 방문해 신학교에서 강의하고 계십니다.
   위하여 기도해 주세요.

2. 본 교회가 지원하는 선교사님들을 위해 기도해 주세요.
3. 한국의 17대 대통령을 뽑는 대선이 다가왔습니다. 하나님께 가장 합당한 사람이 당선될 수 있도록 기도해 주세요.
4. 한반도의 평화를 위해 북한의 핵 문제가 잘 해결할 수 있도록 기도해 주세요.

2세대 예배 주보 광고
1. Dec. 14~16. RETREAT! Bring your friends! It will be a life changing experience.
   (12월 14~16일. 수련회! 친구들을 데려오세요. 인생을 바꾸는 경험을 하게 될 것입니다.)
2. Christmas is a month away! (exactly)
   [크리스마스- 한 달 앞으로 다가 왔습니다. (정확하게)]
3. A birthday party is waiting for you after Worship Service.
   (예배 후 생일 파티가 있습니다.)

얼마나 다른가? 1세대는 담임 목사님을 위해, 세계선교를 위해, 한국의 대선과 한반도 평화를 위한 기도를 부탁했다. 반면 2세대는 자신들의 프로그램만 광고했다. 그렇기 때문에 2세들의 얼굴은 한인 부모를 닮은 것 같지만, 1세대의 생활 습관과 사상 및 한국인의 민족의식은 닮을 수 없다.

그 결과가 확연한 세대차이다. 2세대가 1세대의 생활을 이해하지 못한다. 이것은 비단 북미주 한인 교회의 문제만은 아닐 것이다. 한국의 교회들이나 다른 나라에 살고 있는 한인 교회들도 대동소이한 문제를 가지고 있다.

유대인 회당이라면 어떻게 광고했을까? 우선 그들은 3세대가 함께 예배를 드리기 때문에 서로 다른 2개의 광고 문안이 필요 없다. 따라서 2세대도 1세대 광고를 그대로 보고 듣는다. 물론 그들은 부모가 자녀들에게 히브리어를 가르쳤기 때문에 언어의 세대차이도 없다. 2세들도 히브리어로 쓴 1세대의 광고를 읽는데 불편함이 없다. 그리고 2세대도 자신의 회당 랍비를 위해, 전 세계에 흩어져 사는 유대인을 위해 그리고 이스라엘의 대선과 이스라엘의 평화와 번영을 위해 기도할 것이다.

유대인의 예배 주보 광고(세대 통합 예배로 한 종류만 있음)
1. 회당 랍비께서 중국 방문 중에 있습니다. 위하여 기도해 주세요.
2. 전 세계 유대인 디아스포라를 위해 기도해 주세요.
3. 이스라엘의 총선이 다가왔습니다. 하나님께 가장 합당한 사람이 당선될 수 있도록 기도해 주세요.
4. 이스라엘의 평화와 번영을 위해 기도해 주세요.

만약 한국 교회도 그렇게 한다면 우리의 대를 잇는 후손들에게 신앙뿐만 아니라, 얼마나 훌륭한 한국 민족의 뿌리를 가르치고 모국을 걱정하게 하는 교육이 되게 할 것인가?

그러나 한국은 그런 교육을 시키지 않기 때문에 엄청난 세대차이로 몸살을 앓고 있다. 실로 안타까운 일이다. 그나마 교회는 세대에 관계없이 기본적으로 하나님의 말씀과 신앙교육은 시킨다. 그런데도 이렇게 세대차이가 많이 나는데 하물며 비기독교인들은 얼마나 많은 세대차이가 나겠는가!

1세대는 담임 목사님을 위해, 세계선교를 위해,
한국의 대선과 한반도 평화를 위한 기도를 부탁했다.
반면 2세대는 자신들의 프로그램만을 위해 광고했다.
그렇기 때문에 2세들의 얼굴은 한인 부모를 닮은 것 같지만,
1세대의 생활 습관과 사상 및 한국인의 민족의식은 닮을 수 없다.

3. 구약과 신약의 지상 명령을 지켜 행하는 방법

지금까지 신약시대에 기독교인이 왜 유대인처럼 자녀들에게 말씀을 전수하는데 성공하지 못하고 실패했는가에 대해 알아보았다. 그 실패를 막는 길은 무엇인가?

복음으로 구원받은 기독교인도 유대교의 시조인 아브라함의 자손(영적 유대인)이 된다(갈 3:6~9). 따라서 기독교인에게는 두 교회; 가족 중심인 가정 성전과 믿는 자들의 공동체인 공동체 교회가 필요하다. 가정 성전은 '구약의 지상명령'(창 18:19)을 실천하기 위함이고, 공동체 교회는 '신약의 지상명령'(마 28:19~20)을 지켜 행하기 위함이다.

따라서 기독교인은 먼저 구약의 지상명령을 받은 원조, 아브라함과 그의 후손인 유대인의 가정 사역 방법들(쉐마)을 본받아야 하고, 후에 신약의 지상명령을 받은 원조, 바울의 세계선교에도 함께 동참해야 한다.

구체적으로 그 방법이 무엇인가? 한국인 기독교인을 예로 들며 설명해 보자. 한국인 기독교인이 구약의 지상명령을 지켜 행하는 방법 네 가지와 신약의 지상명령을 지켜 행하는 방법 두 가지를 소개한다.

한국인 기독교인이 구약의 지상명령을 지켜 행하는 방법
첫째, 아브라함과 사라처럼 결혼을 해 가정을 가져라.
둘째, 아브라함과 사라처럼 자녀를 생산하라.

셋째, 아브라함과 사라처럼 자녀에게 말씀을 가르쳐 말씀을 전수하라.

넷째, 아브라함이 자녀에게 말씀과 함께 그의 개인적인 족보, 전통 및 역사를 가르친 것처럼 한국인 기독교인도 그의 개인적인 족보, 전통 및 역사를 가르치라. [자세한 것은 저자의 저서 《현용수의 인성교육 노하우》(동아일보, 2008), 제3권, 제6부 제1장 III. '동양인 예절의 근거: 삼강오륜과 신언서판' 참조]

[물론 예수님이나 바울처럼 하나님의 특별한 사명이 있어서 독신으로 사는 것은 예외가 될 수 있겠다(마 19:10~12; 고전 7:7~8, 32)]

한국인 기독교인이 신약의 지상명령을 지켜 행하는 방법
첫째, 바울처럼 공동체 교회를 개척하고 주님의 몸된 교회를 열심을 다해 섬기라.

둘째, 바울처럼 세계선교에도 동참하라.

일반 목회자나 기독교인은 물론 특히 해외 선교사 가정에 더 많은 자녀교육의 문제점들이 있는 이유는 무엇인가? 가정과 자녀가 없는 바울을 모델로 살았기 때문이다. 바울은 자녀가 없어서 말씀을 전수할 필요가 없이 이방 선교 사역만 하면 되었다. 따라서 선교사가 그를 본받아 자녀교육을 하지 않으면 안 된다. 물론 그의 선교의 열정이나 선교 방법은 본받아야 하지만, 가정과 자녀가 있는 선교사는 먼저 가정에서 자녀에게 말씀을 전수하는 구약의 지상명령을 지켜 행해야 한다.

한국인 선교사의 예를 들어보자. 대부분 한국인 선교사는 원주민에게 복음을 전파하기 위해 교회와 학교도 세우고 우물도 파주며 열심을 다하지만, 정작 가장 귀하게 여겨야 할 자녀들에게 말씀을 전수하는 일에는 소홀한 경우가 많다. 그래서 그들의 자녀들은 대부분 한국인인지 원주민인지 제3세계인인지 어정쩡하다. 정체성(Identity)이 많이 부족하다. 민족적 소속감(Belongness)이 부족하다. 부모에게나 자녀에게 얼마나 큰 아픔인가? 그 결과 한국인 선교사가 사역하는 이방 선교지의 선교는 당대에서 끝나는 경우가 허다하다.

해외 선교사라 하여도 먼저 자녀들에게 말씀을 가르치고(구약의 지상명령), 그 다음에 이방 선교를 해야 한다(신약의 지상명령). 이렇게 할 때 세계선교의 맥도 이어 갈 수 있다. 만약 1세 선교사 부부가 4명의 자녀를 두었다면 아버지 대를 이어 4명의 2대 원주민 선교사를 배출할 수 있는 것이다. 2대 원주민 선교사들은 그 지역의 문화와 언어에 익숙하기 때문에 1대 아버지보다도 더 좋은 자격을 갖춘 선교사가 될 수 있다. 하나님 편에서도 얼마나 유익한 일인가!

우리의 말씀 전수(전도)의 우선 대상은 수평적 이방인, 즉 이웃이나 세계 타민족이기 이전에 수직적으로 내 가정에 있는 내 자녀들이라는 점을 명심해야 한다. 남은 전도하면서 우리 집 아이는 세속 문화에 빼앗긴다면 어떻게 주님의 책망을 면할 수 있겠는가? 영원한 천국에 가서 이산가족이 없도록 노력해야 한다. 그리고 자녀교육에 실패하면 기존 교회가 죽게 되고 그러면 먼 훗날 이웃 전도나 세계선교도 있을 수 없음을 명심해야 한다.

마지막으로 쉐마교육을 받고 이를 교회 주보에 적용한 제천동산교회(김일고 감독)의 글을 일부 소개한다.

* 봉헌
* 파송과 응답
  집례자: 여러분은 구약과 신약의 지상명령을 실천하여 가정에서
         부지런히 말씀을 전수하고, 만민에게 복음을 전하십시오.
  회중: 하나님이 명하신대로 우리가 하겠습니다.
* 축도 ----------------------------- 김일고 목사

특히 해외 선교사 가정에 더 많은
자녀교육의 문제점들이 있는 이유는
가정과 자녀가 없는 바울을 모델로 살았기 때문이다.
물론 그의 선교의 열정이나 선교 방법은 본받아야 하지만,
결혼한 선교사는 먼저 가정에서 자녀에게 말씀을 전수하는
구약의 지상명령을 지켜 행해야 한다.

4. 왜 잃어버렸던 구약의 지상명령이 이제야 밝혀졌는가

기독교인은 하나님의 지상명령은 한 가지, 즉 예수님의 지상명령(마 28:19~20)만 있는 줄 알았다. 기독교 2,000년의 역사에 수많은 학자들이 있었지만 구약의 지상명령이 있는 줄은 아무도 생각하지 못했다. 저명한 달라스 신학교 구약학 석좌교수이시며 ETS 회장(2009년)이신 유진 메릴 박사는 저자의 구약의 지상명령에 대한 영문판 논문을 읽고 그의 제자 김상진 박사(구약학)와 식사를 하는 자리에서 이렇게 술회했다.

"나는 이스라엘 공동체의 신앙이 하나님의 왕국(God's Kingdom) 개념으로 계속 전수되어 왔다고는 이해했지만, 하나님의 말씀이 각 가정의 가장을 통해 세대와 세대(generation to generation)로 전수되어 왔다는 것은 전혀 생각하지 못했다." 그리고 김 박사가 메릴 박사에게 학계에서 구약의 지상명령을 현 박사가 처음 발견한 것이 맞느냐는 질문에 '그렇다'고 확인해 주었다. 그는 이 책은 전 세계 모든 기독교인 부모들이 읽어야 할 필독서라며, 먼저 영어로 번역할 것을 권면했다(김상진, 본서 제1권 부록 '쉐마지도자클리닉 참석자들의 증언', 2009, pp. 280~283).

왜 잃어버렸던 구약의 지상명령이 이제야 밝혀졌는가? 다음 네 가지 이유를 들 수 있다.

첫째, 기독교는 2,000년간 유대인을 경멸해 왔다. 따라서 그들의 것에 별로 관심을 두지 않았다.

둘째, 설사 기독교인이 유대인에 관해 관심을 갖는다고 해도 그들 가정교육의 비밀을 간직하고 있는 정통파 유대인과의 접촉은 거의 불가능하다. 왜냐하면, 정통파 유대인 공동체는 이방인에게 문을 열지 않기 때문이다.

셋째, 신약교회는 신약에 있는 여수님의 지상명령(마 28:19-20)인 세계선교에만 너무 치중했기 때문이다.

넷째, 그동안 기독교 신학자들은 구약을 대부분 역사적 및 구속사적인 입장에서만 해석해 왔다. 교육신학적인 입장에서는 연구를 거의 하지 않았다.

그런데 저자는 어떻게 이것을 발견했는가? 하나님의 은혜로 하나님이 주신 지혜로 정통파 유대인의 쉐마교육을 연구하면서 발견했다. 따라서 본 책자가 독자들에게 도움이 된다면 하나님 아버지께만 감사와 찬양과 영광을 돌린다.

제3부

왜 기독교교육에 유대인 자녀교육이 필요한가
〈바울의 참감람나무(유대인)와 가지(이방 기독교인)의 이론〉

서론: 유대인 자녀교육에 대한 기독교인의 비판은 옳은가
제1장 유대인과 이방 기독교인과의 관계:
　　　유대인에게 접붙임 받은 이방 기독교인
제2장 뿌리(유대인)와 가지(이방 기독교인)의 관계:
　　　무엇이 접붙임 받은 가지(이방 기독교인)를 보전하는가
제3장 쉐마의 입장에서 본 유대계 기독교인과 이방 기독교인의 차이
제4장 유대인(뿌리)이 2,000년간 진액(말씀)을
　　　자손에게 전수한 비밀이 쉐마다
제5장 결론: 이방 기독교인이 신앙의 가문을 영원히 이을 수 있는 방법-
　　　〈유대인(뿌리)의 쉐마를 배우고 실천해야 한다〉

> "왜 유대인의 자녀교육이 기독교교육에 필요한가?"에 대한 구체적인 설명은 저자의 저서 《부모여 자녀를 제자삼아라》(쉐마, 2005)를 참조하기 바란다. 본서에는 구약의 지상명령과 관련하여 새로 연구 개발한 이론을 소개한다.

서론: 유대인 자녀교육에 대한 기독교인의 비판은 옳은가

거의 모든 사람들이 유대인의 선민교육의 우수성을 잘 알고 있고 이를 연구하여 실천하고 싶어 하기도 한다. 그런데도 그들의 교육을 선뜻 받아들이지 못하게 하는 걸림돌이 되는 네 가지 질문들이 있다.

첫째, 유대인은 메시아이신 예수님을 죽인 민족인데, 왜 실패한 그들의 교육을 배워야 합니까? 과연 유대인 교육은 실패한 교육인가?

둘째, 유대인은 구약 사람들인데 신약시대에 사는 기독교인이 왜 그들의 자녀교육을 배워야 합니까?

셋째, 유대인에게는 복음이 없는데, 어떻게 그들의 교육을 기독교교육에 적용할 수 있습니까?

넷째, 유대인의 선민교육은 율법 교육인데 율법에서 해방된 기독교인에게 왜 율법교육이 필요합니까?

그러함에도 불구하고 왜 기독교인이 유대인의 자녀교육을 배워야 하는가? 이를 설명하기 위해서는 위에 제시한 네 가지 질문에 대한 이해를 설명해야 한다. 첫 번째는 기독교인도 아브라함의 후손으로 영적 유대인이기 때문에 유대인의 자녀교육이 기독교인에게 필요하다. 두 번째는 구약과 신약의 중심 주제가 다르다. 구약은 쉐마(선민교육), 신약은 복음이다.

[더 자세한 내용은 저자의 저서 《부모여 자녀를 제자 삼아라》(쉐마, 2005), 제1권 제1장 Ⅲ. '왜 기독교교육에 유대인 자녀교육이 필요한가'와 제2장 '유대인의 율법은 악한가' 참조]

본서에서는 하나님의 주권적인 구속사적 입장에서 유대인과 기독교인과의 관계를 참감람나무의 뿌리와 가지의 원리(롬 11장)를 살펴보며, 왜 유대인 자녀교육이 기독교교육에 필요한지를 설명해 보자.

서론: 유대인 자녀교육에 대한 기독교인의 비판은 옳은가 69

SHEMA · SHEMA · SHEMA

제1장

유대인과 이방 기독교인과의 관계:
⟨유대인에게 **접붙임 받은** 이방 기독교인⟩

I. 하나님은 이방의 구원을 위해 유대인을 버리셔야 했다
II. 유대인은 참감람나무이고 이방 기독교인은 그 가지다

I. 하나님은 이방의 구원을 위해 유대인을 버리셔야 했다

기독교는 갑자기 2,000년 전에 하늘에서 뚝 떨어진 것이 아니다. 뿌리가 있다. 족보가 있다. 기독교의 뿌리는 인류의 조상 아담을 거쳐 하나님에게까지 닿아 있다(눅 3:21~38). 그 뿌리는 어디에서 찾아야 하는가? 유대인의 역사에서 찾아야 한다. 유대인의 역사는 어디에 기록되어 있는가? 성경이다. 예수님도 구원은 유대인에게서 나온다고 단호하게 말씀하셨다(요 4:22).

뿌리를 찾기 위해 유대인과 기독교인과의 관계를 살펴보자. 이것은 기독교인의 정체성을 세우는 데도 매우 중요하다. 구약시대까지는 이방에게 구원의 문이 열려 있지 않았다. 유대인이셨던 예수님이 이 땅에 오신 후 구원의 문이 이방에게 열리게 되었다. 바울은 유대인의 넘어짐 때문에 이방인에게 구원의 문이 열렸다고 말했다.

> …… 저희(유대인)의 넘어짐으로 구원이 이방인에게 이르러 이스라엘로 시기나게 함이니라 저희의 넘어짐이 세상의 부요함이 되며 저희의 실패가 이방인의 부요함이 되거든 하물며 저희의 충만함이리요. (롬 11:11~12)

무슨 뜻인가? 하나님의 주권적인 구속사적 입장에서 때가 차매

(갈 4:4) 하나님이 이방인에게 구원의 문을 여셨다는 것이다. 그런데 그 구원의 방법에는 조건이 있었다. 하나님이 유대인과 이방인을 모두 함께 구원시키시는 것이 아니라, 유대인은 세상의 화목을 위해 버려야 했다(롬 11:15).

> 저희(유대인)를 버리는 것이 세상의 화목이 되거든 그 받아들이는 것이 죽은 자 가운데서 사는 것이 아니면 무엇이리요. (롬 11:15)

하나님이 유대인을 버리시고 이방인을 구원하신 이유는 무엇인가? 그들이 불순종했기 때문이다(롬 11:30~32; 벧전 2:8). 이것은 하나님이 그렇게 정하신 것이다(벧전 2:8b).

> …… 저희가 말씀을 순종치 아니하므로 넘어지나니 이는 저희를 이렇게 정하신 것이라. (벧전 2:8b)

> 너희가 전에 하나님께 순종치 아니하더니 이스라엘에 순종치 아니함으로 이제 긍휼을 입었는지라 이와 같이 이 사람들이 순종치 아니하니 이는 너희에게 베푸시는 긍휼로 이제 저희도 긍휼을 얻게 하려 하심이니라 하나님이 모든 사람을 순종치 아니하는 가운데 가두어 두심은 모든 사람에게 긍휼을 베풀려 하심이로다. (롬 11:30~32)

[저자 주: 유대인이 하나님의 어떤 명령에 불순종했는지에 대해서는 본서 제2부 4장 III. 2. B. '바울은 왜 쉐마자녀교육 실패자를 교회 지도자에서 제외

했나(신약교회 지도자의 자격 조건도 유대교의 쉐마에 근거했다.' 참조]

유대인은 누구인가? 바울은 안타까운 마음으로 자신의 동족이며 하나님의 선민이었던 유대인의 입장을 이렇게 설명했다.

> 복음으로 하면 저희(유대인)가 너희(이방인)를 인하여 원수 된 자요,
> 택하심으로 하면 조상들을 인하여 사랑을 입은 자다. (롬 11:28)

유대인이 넘어짐으로 이방인이 복음으로 부요케 되었다는 말씀이다(롬 11:12). 누구 때문에 유대인이 하나님과 원수가 되어야 했는가? 이방인을 구원하기 위함 때문이다.

**복음으로 하면 저희(유대인)가 너희(이방인)를 인하여 원수 된 자요,
택하심으로 하면 조상들을 인하여 사랑을 입은 자다. (롬 11:28)**

II. 유대인은 참감람나무이고 이방 기독교인은 그 가지다

바울은 유대인과 이방인의 관계를 감람나무의 접붙이는 예화를 들어 설명했다. [성경에서 유대인 공동체를 포도원(사 5:1~7), 혹은 감람나무(렘 11:16)로 비유했다. 물론 신약시대의 교회공동체에도 적용된다.]

> 또한 가지(유대인) 얼마가 꺾여졌는데 돌감람나무(이방인)인 네가 그들 중에 접붙임이 되어 참감람나무 뿌리의 진액을 함께 받는 자 되었은즉……. (롬 11:17)

여기에서 참감람나무는 유대인을 뜻하고 돌감람나무는 이방인을 뜻한다. 이방인(불신자)이 죄를 회개하고 예수님을 믿어 구원을 받는 것은 돌감람나무 가지를 참감람나무에 접붙이는 것으로 비유했다. 따라서 접붙인 가지는 이방 기독교인을 뜻한다.

이것은 이방 기독교인이 원 뿌리에 붙어 있었던 가지가 아니라는 뜻이다. 이방 기독교인은 예수님을 영접하지 않은 유대인들이 잘려나간 빈 자리에 대신 접붙임 받은 가지라는 뜻이다. 즉 유대인이 없어진 빈자리에 이방 기독교인이 대신 들어와 있다는 뜻이다.

따라서 기독교 2,000년간 이방 기독교인들은 오히려 유대인에게 복음의 빚진 자들이다. 물론 하나님께서 그렇게 정하신 것이지만, 그들이 아니면 구약 성경을 전수받지도 못했을 뿐 아니라,

그들이 넘어지지 않았다면 어떻게 우리가 생명의 복음을 받을 수 있었겠는가? 어찌 그들에 대한 연민의 정을 느끼지 않을 수 있겠는가? 왜 기독교인은 '유대인 자녀교육'하면 그렇게도 펄쩍 뛰는가? 분명 잘못된 선입견이다.

이방 기독교인인 우리로서는 유대인에게 어떠한 마음을 품어야 하는가? 그들의 불순종 때문에 하나님으로부터 버림 받은 것을 축하해야 하는가? 그리고 그들에게 돌팔매질을 해야 하는가? 아니다. 하나님께는 대단히 감사한 마음을 품어야 할 일이고, 유대인에게는 대단히 미안한 마음을 품어야 한다. 우리가 진정한 하나님의 백성이라면, 바울이 자신의 동족이 버림을 받은 상황에서 이 글을 쓰는 심정을 깊이 헤아려야 한다(롬 9장 1~5절 참조). 따라서 바울은 이방 기독교인에게 유대인을 향하여 "높은 마음을 품지 말고 도리어 두려워해야 한다"(롬 11:18~20)고 경고했다.

칼빈은 바울의 이 말씀을 유대인의 불신앙 때문에 이방인으로부터 멸시를 받을 수가 없다는 것으로 간주했다. 이는 복음이 이방인에게 이르는 길이 열리도록 하기 위함이다. 그러나 유대인이 하나님의 은혜에서 영구히 제외되는 것은 아니다. 때가 차면 하나님에게 돌아오게 되어 있다. 하나님은 유대인의 조상들과 맺으셨던 언약을 잊지 않고 계셨다. 바울은 하나님의 부르심의 은혜가 헛될 리 없다고 단언한다(Calvin, 로마서 빌립보서 주석, 1980, pp. 373~374).

형제들아 너희가 스스로 지혜 있다 함을 면키 위하여 이 비밀을 너희가 모르기를 내가 원치 아니하노니 이 비밀은 이방인의 충

만한 수가 들어오기까지 이스라엘의 더러는 완악하게 된 것이
라 그리하여 온 이스라엘이 구원을 얻으리라 기록된 바 구원자
가 시온에서 오사 야곱에게서 경건치 않은 것을 돌이키시겠고
내가 저희 죄를 없이 할 때에 저희에게 이루어질 내 언약이 이
것이라 함과 같으니라. (롬 11:25~27)

유대인 랍비 솔로몬[《옷을 팔아 책을 사라》(쉐마, 2005)의 저자]은 왜
기독교인이 유대인을 미워하는지 이해할 수가 없다고 얘기한다.
자기들 얘기로는 유대인이 넘어져서 자신들이 하나님의 사랑을
받아 구원을 받았으면 오히려 유대인에게 고마워해야지 왜 미워
하느냐는 논리다(pp. 123~124). 맞는 말이다.

따라서 유대인이 그리스도를 십자가에 못 박게 한 사건 자체도
하나님이 타락한 인류를 구원하시려는 계획 속에 이미 정해 놓은
수순이었다고 믿어야 한다. 다만 때가 차매 그 시간과 그 장소에
서 유대인이 악역을 감당했을 뿐이다. 유대인이 예수님을 죽이지
아니했다면 복음이 어떻게 이방에게 넘어올 수 있었겠는가?

유대인은 그리스도를 십자가에 못 박음으로 하나님과 원수가
되었고 이방은 부유함이 되었다(롬 11:28). "하나님의 행하시는 일
을 보라. 하나님이 굽게 하신 것을 누가 능히 곧게 하겠느냐"(전
7:13). 현재도 두려운 마음을 갖고 하늘을 보고 하나님의 행하시는
일을 살필 줄 알아야 한다.

이방 기독교인이여, 높은 마음을 품지 말고 도리어 두려워하라!
- 사도 바울(롬 11:18~20) -

SHEMA · SHEMA · SHEMA

제 2 장

뿌리(유대인)와 가지(이방 기독교인)의 관계:
〈무엇이 접붙임 받은 가지(이방 기독교인)를 보전하는가〉

I. 뿌리에 접붙임 받은 가지의 신분 변화:
   유대인의 뒤를 이어 유업을 이을 자다
II. 뿌리(유대인)에 무엇이 있어 거룩한가:
   뿌리의 진액은 '하나님의 말씀'이다
III. 뿌리의 진액을 공급받은 가지는 어떻게 변하는가

I. 뿌리에 접붙임 받은 가지의 신분 변화: 유대인의 뒤를 이어 유업을 이을 자다

바울은 유대인과 기독교인과의 관계를 설명하면서 신약의 기독교인들에게 자신의 신분을 알라고 단호하게 촉구한다. "내가 이방인인 너희에게 말하노라"(롬 11:13).

신약의 이방 기독교인은 누구인가? 전에는 백성이 아니더니 이제는 하나님의 긍휼을 얻어 하나님의 백성이 된 사람들이다(벧전 2:10). 구약의 유대인의 유대교(유대인 교회)에 접붙여졌기 때문이다. 때문에 유대인과 동일한 하나님의 '택하신 족속'이요, '왕 같은 제사장들'(벧전 2:9)이 되었다.

> 오직 너희는 택하신 족속이요 왕 같은 제사장들이요 거룩한 나라요 그의 소유된 백성이니 이는 너희를 어두운 데서 불러내어 그의 기이한 빛에 들어가게 하신 자의 아름다운 덕을 선전하게 하려 하심이라 너희가 전에는 백성이 아니더니 이제는 하나님의 백성이요 전에는 긍휼을 얻지 못하였더니 이제는 긍휼을 얻은 자니라. (벧전 2:9~10)

이방 기독교인은 종의 신분에서 아들의 신분으로 격상되었다. 하나님으로부터 구약의 유대인이 누리던 동일한 신분을 얻게 되었다. 따라서 하나님으로 말미암아 구약의 유대인의 뒤를 이어 유업을 이을 자가 되었다(갈 4:7).

> 그러므로 네가 이 후로는 종이 아니요 아들이니 아들이면 하나님으로 말미암아 유업을 이을 자니라. (갈 4:7)

종의 신분으로는 아버지의 유업을 받을 수 없다. 아들만이 아버지의 유업을 받을 수 있다. 따라서 이방 기독교인들은 하나님 아버지의 아들들이 되었음으로 하나님의 상속자들이 될 자격을 얻게 되었다는 뜻이다. 즉 천국을 유업으로 받을 자들이 된 것이다. 이 얼마나 대단한 유업인가!

뿐만 아니라 유대인이 참감람나무이고 기독교인은 돌감람나무인데 그들 중에 접붙임이 되어 참감람나무 뿌리의 진액을 함께 받는 자들이 되었다(롬 11:17). '참감람나무 뿌리의 진액을 함께 받는 자들'이란 무슨 뜻인가? 이것은 "이방인이 탈락한 유대인의 위치에서 유대인의 조상을 믿음의 조상 삼아 그 토대에서 복음을 듣고 구원받은 사실을 말한다"(이상근, 로마서 주해, 1991, p. 272).

이것은 유대인이 누렸던 '뿌리의 진액'을 함께 공유할 수 있는 특권을 받았다는 뜻이다. 감람나무의 동일한 진액은 유대인이 갖고 있는 동일한 본질을 말한다. 유대교의 핵심 내용들이다. 하나님이 그들에게 주셨던 언약들과 신본주의 사상, 하나님의 주권적인 역사 속에 있는 구속의 계획, 살아있는 하나님의 말씀과 제도적인 전통 등이다. 이 모든 것이 이방인에게는 거부되었다. 그런데 이것들이 기독교인들의 것이 되었다. 누가 감히 상상이나 할 수 있었겠는가?

따라서 신약의 기독교인은 기본적으로 유대인의 조상을 믿음의 조상으로 삼았기 때문에 그들이 사용했던 구약성경과 그들이 가정에서 실천했던 쉐마교육을 자신의 것으로 삼을 수 있는 특권을 얻었다. 즉 유대교의 내용들이 기독교인의 영적 보화이며 값진 재산이 되었다는 뜻이다.

**오직 너희는 택하신 족속이요 왕 같은 제사장들이요 거룩한 나라요
그의 소유된 백성이다.** (벧전 2:9)

 랍비의 유머

그리스도는 유대인의 친척

개신교 목사가 하늘로 올라가 천국의 입구에서 문지기인 페투르스가 폭스바겐(독일제 조그만 자동차 이름)을 주면서 말했다.

"당신의 선행에 대한 보상이요."

얼마를 달리다보니 가톨릭 신부가 번쩍이는 미국제 승용차를 타고 가는 것을 보게 되었다. 그래서 페투르스에게 물었다.

"저 사람은 나보다도 좋은 일을 더 많이 했습니까?"

"저 사람은 예수님에게 많은 재물을 바쳤기 때문에 그 보상을 받은 것이요."

잠시 후에 토니 이번에는 유대인 랍비가 롤스로이스(영국제 최고급 승용차)를 타고 있지 않은가. 목사는 격분된 어조로 말했다.

"저 녀석은 주님께 제물 같은 걸 바치지도 않았지 않소?"

그러자 페투르스가 작은 소리로 대답했다.

"쉿, 조용히 하시오. 저 사람은 예수님의 친척이요."

_Tokayer, 탈무드 6: 탈무드의 웃음, 동아일보, 2009, pp. 237~238.

II. 뿌리(유대인)에 무엇이 있어 거룩한가: 뿌리의 진액은 '하나님의 말씀'이다

1. 유대인 중 뿌리와 가지는 각각 누구인가

바울은 이방 기독교인은 참감람나무(유대인의 나무)에 접붙임 받은 가지라고 비유했다. 참감람나무의 뿌리와 가지의 관계에 대해 알아보자. 먼저 두 가지 질문을 가질 수 있다.
1) 누가 그 가지를 보전 시키는가?
2) 왜 가지가 거룩해 진 것인가?
이것은 주종의 관계를 묻는 질문들이다.

첫째, 누가 그 가지를 보전 시키는가? 바울은 이방 기독교인이 유대인에 대하여 자긍하지 말아야 할 이유를 뿌리인 유대인이 너희 가지들(이방 기독교인들)을 보전시키기 때문이라고 말했다.

> 그 가지들을 향하여 자긍하지 말라 자긍할지라도 네가 뿌리를 보전하는 것이 아니요 뿌리가 너를 보전하는 것이니라. (롬 11:18)

이것은 그만큼 기독교인에게 유대인의 뿌리가 필수적이고 중요하다는 뜻이다. 뿌리 때문에 가지가 살아남는다는 것은 더 설명할 필요가 없는 진리다.

둘째, 접붙임 받은 이방 기독교인은 가지인데 왜 거룩한가? 가지를 보전하는 뿌리가 거룩하기 때문이다. 바울의 설명을 들어보자. 그는 뿌리와 가지의 관계를 설명하면서 "제사하는 처음 익은 곡식 가루가 거룩한즉 떡덩이도 그러하고 뿌리가 거룩한즉 가지도 그러하니라"(롬 11:16)라고 말했다.

'처음 익은 곡식 가루'와 '뿌리'란 각각 무엇인가? 이스라엘의 본래 그루터기인 아브라함과 이삭과 야곱 시대의 족장들을 의미한다. 특히 하나님이 선민의 조상 아브라함과 맺은 언약을 뜻한다. "너는 복의 근원이 되고…… 땅의 모든 족속이 너를 인하여 복을 얻을 것이니라"(창 12:2~3). "내가 네게 큰 복을 주고 네 씨로 크게 성하여 하늘의 별과 같고 바닷가의 모래와 같게 하리라…… 또 네 씨로 말미암아 천하 만민이 복을 얻으리라"(창 22:17~18).

이 아브라함의 복은 신약시대에 이방인에게도 미치게 하였다(갈 3:14). 이 언약은 아브라함의 아들 이삭과 손자 야곱에게도 동일하게 반복된다(창 26:4, 28:14).

여기에서 우리가 분명히 알아야 할 것은 하나님이 같은 아브라함의 후손이라 하더라도 누구에게 언약을 하셨는가를 명확하게 알아야 할 필요가 있다. 아브라함의 족보에는 두 가지 후손의 맥이 있다. 아브라함의 아들 이스마엘과 손자 에서의 후손인 아랍인들이 있고, 아브라함의 아들 이삭과 손자 야곱의 후손인 유대인들이 있다.

하나님은 이스마엘과 에서(아랍인들의 조상)에게 언약하신 것이 아니고, 이삭과 야곱(유대인들의 조상)에게 언약하셨다는 점이다. 따라서 기독교인의 영적 조상들은 하갈에게서 난 아랍인의 조상

이방 기독교인이 거룩한 이유에 대한 비유

이스라엘의 역사 구분	족장시대	이스라엘 국가 시대
구성원들	아브라함과 이삭과 야곱의 족장들	이스라엘이란 국가에 속한 유대인들
바울의 뿌리와 가지 비유	- 참 감람나무의 뿌리 - 처음 익은 곡식 가루	- 참 감람나무의 가지들 - 떡덩이
신약시대 하나님의 백성	불순종으로 넘어짐	유대인 뿌리에 접붙임 받은 이방 기독교인들
설 명	제사하는 처음 익은 곡식 가루가 거룩한즉 떡덩이도 그러하고 뿌리가 거룩한즉 가지도 그러하니라. (롬 11:16)	

들이 아니고, 사라에게서 난 유대인의 조상들이다(갈 4:22~31). 그렇기 때문에 하나님은 언제나 그 분의 정체성을 '아브라함의 하나님, 이삭의 하나님, 야곱의 하나님'(출 3:6), 혹은 '아브라함과 이삭과 야곱의 하나님'(출 3:16)이라고 말씀하셨다.

따라서 신약시대의 이방 기독교인도 우리가 믿는 하나님 아버지를 유대인처럼 '아브라함의 하나님, 이삭의 하나님, 야곱의 하나님'(눅 20:37), 혹은 '아브라함과 이삭과 야곱의 하나님'(행 7:32)이라고 불러야 한다. 이것은 아브라함과 이스마엘과 에서의 하나님을 찾으면 안 된다는 뜻이다.

'떡덩이'(민 15:17~21)**와 '가지'는 혈통적으로 아브라함과 이삭과 야곱의 후손들을 말한다.** 특히 유대민족이 출애굽 이후 가나안에 들어가서 형성된 이스라엘 국가에 속한 유대민족을 뜻한다. 이 '떡덩이'는 유대민족이 가나안에 들어가 하나님의 은혜에 감사하여 하나님께 드린 이스라엘의 국가적 헌물이었기 때문이다(Scherman & Zlotowitz, The Chumash, 2005, p. 813).

칼빈은 이것을 "유전적인 거룩(hereditary holiness)이 족장들에게서 그들의 후손에게로 이어져 내려왔다"(Calvin, 로마서 빌립보서 주석, 1980, p. 36.)고 보았다. 그리고 그는 바울의 논증의 정당성을 이렇게 설명한다.

> 여호와께서 아브라함의 후손도 거룩하게 되리라는 조건으로 그를 성별하셨고, 따라서 아브라함 개인 뿐 아니라, 그의 전체 후손에게까지 거룩성을 허락해 주셨기 때문에, 이 같은 사실에 근거해서 모든 유대인들이 그들의 조상 아브라함에게서 성별되었다. (Calvin, 로마서 빌립보서 주석, 1980, p. 362)

이것은 역사적으로 뿌리인 족장 시대를 마감하고 큰 나무 이스라엘이라는 국가가 탄생되는 것을 의미한다. 따라서 그 국가에 속한 수많은 이스라엘 백성들은 자신들의 뿌리인 족장들에게 속한 가지들이라는 뜻이다.

**그 가지들[유대인]을 향하여 자긍하지 말라
자긍할지라도 네가 뿌리를 보전하는 것이
아니요 뿌리가 너를 보전하는 것이니라.** (롬 11:18)

2. 유대인의 뿌리 안에 무엇이 있어 거룩한가: 진액의 의미

이제 그 뿌리가 왜 거룩한지 구체적으로 알아보자. 뿌리 안에 들어 있는 진액이 거룩하기 때문에 거룩하다. 그 진액이 무엇인데 거룩한가? 하나님이 인류 구원의 계획을 위해 선택하신 아브라함과 이삭과 야곱에게 언약하신 언약들이다. 더 넓은 의미에서는 하나님이 시내산에서 유대민족과 맺은 언약들과 그들에게 주신 토라(하나님의 말씀)도 포함된다. 즉 구약성경인 하나님의 말씀들이다.

바울은 유대인의 정체성을 이렇게 설명했다.

> 저희는 이스라엘 사람이라. 저희에게는 양자됨과 영광과 언약들과 율법을 세우신 것과 예배와 약속들이 있다. (롬 9:4)

> 그런즉 유대인의 나음이 무엇이며 할례의 유익이 무엇이뇨 범사에 많으니 첫째는 저희가 하나님의 말씀을 맡았음이니라. (롬 3:1~2)

이것은 무엇을 뜻하는가? 외형적 뿌리의 겉모양인 유대인은 그릇을 뜻하고, 뿌리 안의 진액은 하나님의 말씀을 뜻한다. 즉 유대인(외형적 뿌리)은 '하나님의 말씀'(뿌리 안의 진액)을 담는 그릇이다. 따라서 뿌리인 유대인이 거룩한 이유는 그들이 다른 민족과 생물학적으로 특별히 다른 점이 있어서가 아니라, "하나님이 유대인

유대인인 뿌리가 가진 두 가지 요소: 그들이 거룩한 이유

뿌리의 두 가지 요소 구 분	뿌리(유대인)의 겉	뿌리(유대인)의 속 (뿌리의 진액)
비 유	외형적 그릇	내면의 내용
비유의 의미	하나님의 말씀을 담는 그릇	거룩한 하나님의 말씀
설 명	유대인은 하나님의 말씀을 맡은자들이다(롬 3:2).	

을 택하시고 그들에게 하나님의 거룩한 말씀을 주셔서 그들이 말씀을 맡았기 때문이다"라고 정리할 수 있다.

여기에서 하나님께서 유대인을 택하신 이유도 발견할 수 있다. 그것은 하나님이 그들에게 말씀을 주셔서 그들을 '말씀 맡은자'로 삼기 위함이다(롬 3:2).

칼빈은 이것을 이렇게 표현했다.

> 유대인이 하나님의 말씀을 맡았다는 사실 자체만으로도 그들의 품위를 확보하기에는 충분함에 틀림없다. 하나님이 그들에게 천국의 보화를 갚겼기 때문이다. 따라서 유대인에게 하나님의 말씀을 제쳐 놓으면 이방인과 나은 것이 아무 것도 없다. (Calvin, 로마서 빌립보서 주석, 1980, p. 96)

하나님께서는 타락한 인류를 구원하시기 위해 그 뿌리의 진액인 말씀이 구약시대에는 유대인을 통하여 그리고 신약시대에는 이방 기독교인을 통하여 자손대대로 그리고 온 세계에 퍼지기를 소원하신다.

그런즉 유대인의 나음이 무엇이며 할례의 유익이 무엇이뇨
범사에 많으니 첫째는 저희가 하나님의 말씀을 맡았음이니라. (롬 3:1~2)

Ⅲ. 뿌리의 진액을 공급받은 가지는 어떻게 변하는가

1. 내적 변화와 외적 변화

지금까지 로마서 11장을 근거로 이방인이 기독교인이 된 것을 돌감람나무가 참감람나무에 접붙임 받은 비유로 설명했다. 유대인은 참감람나무이고 이방인은 돌감람나무다. 돌감람나무는 참감람나무에 접붙임을 받았을 때 가지에 불과하다. 그 가지가 살아남을 수 있는 방법과 거룩한 이유는 뿌리가 가지를 보전해 주고, 뿌리의 진액을 공급받기 때문이다(롬 11:17~18). 그 진액은 바로 유대인의 조상들이 받은 언약과 영광과 예배와 역사, 및 지혜, 즉 구약성경말씀들이다. 그렇다면, 여기에서 또 다른 질문들이 생긴다.

첫째, 돌감람나무가 참감람나무에 접붙임을 받는 순간 바로 참감람나무의 역할을 할 수 있는가?
둘째, 만약 할 수 없다면, 돌감람나무가 참감람나무의 역할을 할 수 있기까지 어떠한 과정을 겪어야 하는가?

두 가지 질문에 대하여 설명해 보자. 우선 돌감람나무가 참감람나무에 접붙임을 받는 순간 무엇이 달라지는지에 대해 알아보자. 신분의 변화가 일어난다. 신분상 더 이상 돌감람나무가 아니고, 참감람나무가 되는 것이다. 즉 갓 태어난 베이비 참감람나무가 되는 것이다. 이와 같이 이방인이 예수님을 구주로 믿는 순간

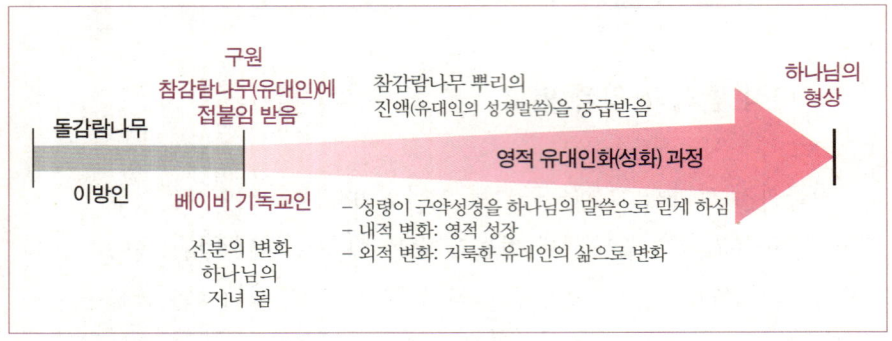

부터 신분상으로는 아브라함의 후손으로 영적 이스라엘인이요, 영적 유대인이 된다.

> 그 때에 너희는 그리스도 밖에 있었고 이스라엘 나라 밖의 사람이라 약속의 언약들에 대하여 외인이요 세상에서 소망이 없고 하나님도 없는 자이더니 이제는 전에 멀리 있던 너희가 그리스도 예수 안에서 그리스도의 피로 가까워졌느니라. (엡 2:12~13)

신약시대의 이방 기독교인들은 구약시대 유대인의 유업을 이을 자다(갈 4:7). 즉 복음으로 말미암아 그리스도 예수 안에서 함께 후사가 되고 함께 지체가 되고 함께 약속에 참여하는 자가 된다(엡 3:6). "그러므로 이제부터 외인도 아니요 손도 아니요 오직 성도들과 동일한 시민이요 하나님의 권속이다"(엡 2:19). 사도들과 선지자들의 터 위에 세우심을 입은 자들이다.

> 너희는 사도들과 선지자들의 터 위에 세우심을 입은 자라 그리
> 스도 예수께서 친히 모퉁이 돌이 되셨느니라. (엡 2:20)

그러나 돌감람나무가 참감람나무의 역할을 잘 할 수 있기까지 그 과정이 필요하다. 그 과정이 무엇인가? 돌감람나무의 가지 안에 있는 내적 속성과 가지의 외적 모양이 갑자기 모두 바뀌는 것이 아니다. 참감람나무의 진액을 공급받으면서 서서히 바뀐다. 즉 먼저 내적, 외적 변화가 일어난다.

내적으로는 돌감람나무의 과거 죄의 속성들이 서서히 없어지며 참감람나무의 속성으로 변화한다. 선한 신의 성품으로 변한다(벧후 1:4). 이것이 이방 기독교인들이 유대인의 성경 말씀을 영의 양식으로 공급받으면서 이방의 죄의 속성들이 서서히 없어지며 영적 유대인으로 변화되어지는 과정이다. [기득교인은 죄는 용서함을 받았지만 죄의 속성은 아직도 남아 있다(롬 7:15~24).]

내적 속성만 변하는 것이 아니다. 내적 속성이 변하는 것만큼 외적 모양도 변해야 한다. 이것은 들감람나무의 모습도 점진적으로 참감람나무의 모습으로 변해가는 것처럼, 이방 기독교인이 이방인의 악한 행위를 버리고 여호와의 율법과 법도를 지켜 행하는 선한 유대인의 행위로 변해야 한다는 것이다(물론 악한 유대인의 율법주의는 삼가야 한다).

유대인이었던 베드로는 예수님을 믿은 후에는 더 이상 이방인의 뜻을 좇아 행하지 말 것을 강권했다.

> 너희가 음란과 정욕과 술 취함과 방탕과 연락과 무법한 우상 숭

배를 하여 이방인의 뜻을 좇아 행한 것이 지나간 때가 족하도다.
(벧전 4:3)

유대인이었던 바울은 이것을 육체의 일(갈 5:19~21)을 버리고 성령의 열매(갈 5:22~24)를 맺는 것으로 표현했다.

육체의 일(갈 5:19~21)
육체의 일은 현저하니 곧 음행과 더러운 것과 호색과 우상 숭배와 술수와 원수를 맺는 것과 분쟁과 시기와 분냄과 당짓는 것과 분리함과 이단과 투기와 술 취함과 방탕함과 또 그와 같은 것들이라.

성령의 열매(갈 5:22~23)
오직 성령의 열매는 사랑과 희락과 화평과 오래 참음과 자비와 양선과 충성과 온유와 절제니 이같은 것을 금지할 법이 없느니라.

이렇게 거룩해지는(구별되어지는) 과정이 바로 성화의 과정이다. 그렇게 변하는 이유는 무엇인가? 성령의 능력을 공급 받기 때문이다.

2. 왜 돌감람나무(기독교인)가 참감람나무(유대인)를 닮아야 하는가
[유대인의 성경과 유산이 기독교인의 소유가 된다]

기독교인이 성령의 능력을 받으면, 성령이 구약성경 말씀을 하나님의 말씀으로 의심 없이 믿게 한다. 이것은 누가 강요해서 믿어지는 것이 아니다. 성령을 받아 예수님을 믿으면 자동적으로 영적 유대인이 됨으로 유대인이 저술하고 믿었던 구약 성경이 나의 성경이 되는 것이다.

성경 속에 있는 유대인의 조상들이 나의 조상으로 믿어지고,

말씀을 맡은자 유대인과 이방인 기독교인의 차이

구분	유대인	이방인
신약시대에 유대인과 이방인의 구원	성령의 능력으로 예수님이 메시아이심을 믿음	성령의 능력으로 예수님이 구세주이심을 믿음
영성과 행위의 성장을 돕는 요소	말씀을 맡은자이기 때문에 성령의 능력만 필요	뿌리의 진액(구약의 말씀) + 성령의 능력
내적 변화	율법주의를 버리고 성령의 열매를 맺음	이방의 속성을 버림 영적 성숙
외적 변화	조상들의 성경적 율례와 법도를 따름	이방의 행위를 버림 유대인의 율법을 따름 유대인화 = 성화의 과정
신약시대의 모델 기독교인	바울	주기철 목사와 빌리그래햄

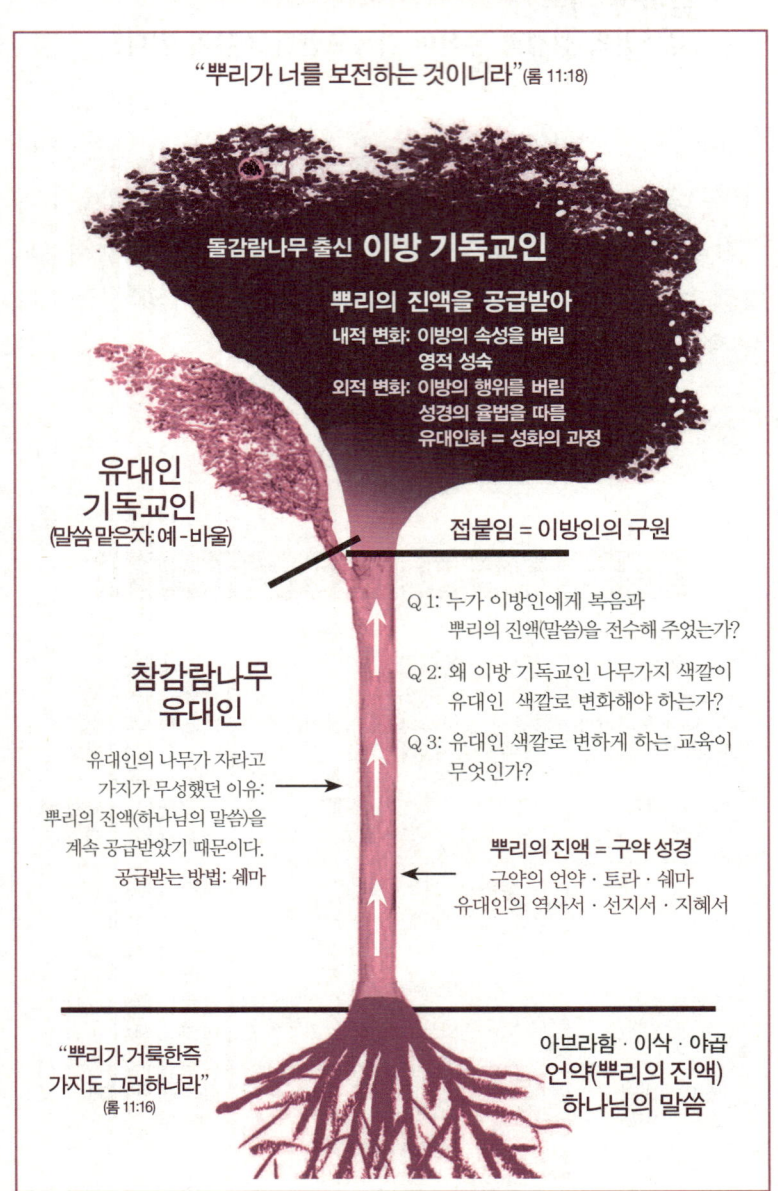

그들의 역사가 나의 영적 역사가 된다. 그리고 그들의 역사 속에 있었던 사건들과 전통 및 지혜서들(시편, 잠도서 및 잠언 등)이 모두 나의 것이 되어 진다. 물론 유대인들이 지켜 행했던 십계명과 다른 율법들도 기독교인이 지켜 행해야 할 말씀들이다. [물론 율법들 중에 제사법을 비롯한 몇 가지들은 신약시대에 지키지 않아도 되는 것들이 있다. 자세한 것은 저자의 저서 《부모여 자녀를 제자 삼으라》(쉐마, 2005), 제1권 참조] 이것이 바로 돌감람나무가 참감람나무화 되어지는, 즉 이방인이 신본주의 사상적 유대인화 되어지는 과정이다.

여기에서 우리가 분명히 알아야 할 것은 돌감람나무가 참감람나무에 접붙임을 받은 후에 참감람나무가 돌감람나무를 닮아가는 것이 아니고, 돌감람나무가 참감람나무를 닮아가야 한다는 사실이다. 즉 이방인이 예수님을 믿은 후에 유대인이 이방인 기독교인을 닮아가는 것이 아니고, 이방인 기독교인이 유대인을 닮아

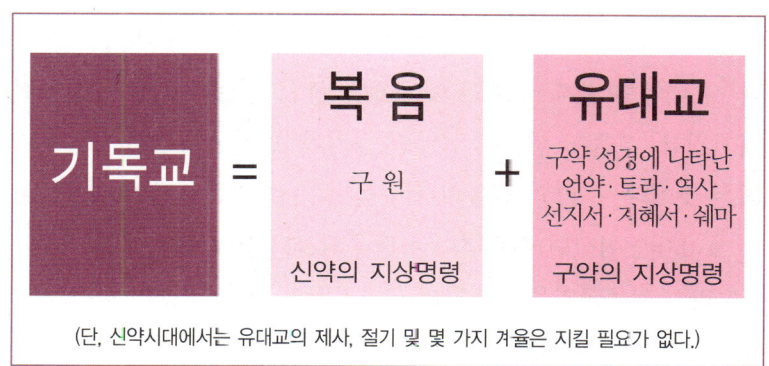

개론적 기독교의 정의

기독교 = 복음 (구원, 신약의 지상명령) + 유대교 (구약 성경에 나타난 언약·토라·역사 선지서·지혜서·쉐마, 구약의 지상명령)

(단, 신약시대에서는 유대교의 제사, 절기 및 몇 가지 계율은 지킬 필요가 없다.)

가야 한다는 것이다. 이것이 바로 성화의 과정이다. 이것이 바로 유대인의 율례와 법도를 지켜 행하는 것이다. 예수님도 기독교인들에게 유대인의 율법을 지키라고 말씀하셨다(마 5:16, 20, 29~30, 15:1~9, 23:3, 23).

[저자 주: '왜 유대인의 선민교육이 기독교인에게 필요한가'에 대해서는 저자의 저서《부모여 자녀를 제자 삼으라》(쉐마, 2005), 제1권 제1장에 설명이 되어 있기 때문에 본서에서는 유대인의 쉐마를 구약의 지상명령적 측면에서 더 연구하여 다룬다.]

바울은 돌감람나무가 참감람나무에 접붙임 받아 참감람나무로 변하는 과정을 이렇게 설명했다. 비기독교인이 기독교인이 된 후 머리인 예수 그리스도에게 연결되어 "그에게서 온 몸이 각 마디를 통하여 도움을 입음으로 연락하고 상합하여 각 지체의 분량대로 역사하여 그 몸을 자라게 하며 사랑 안에서 스스로 세우느니라"(엡 4:16).

그 결과 유대인의 조상 아브라함과 이삭과 야곱이 하나님이 원하셨던 삶을 추구했던 것처럼, 기독교인들도 그런 삶을 추구하게 된다. 요셉과 다윗 그리고 예레미야나 에스라와 같은 심령을 갖게 되고, 그들처럼 살아야겠다는 마음을 갖게 된다. 그리고 전에는 관심조차 없었던 유대인의 나라, 가나안에 대한 관심이 커진다. 유대인의 예배 처소인 예루살렘 성전이 우리 조상의 것처럼 여겨진다. 그들 조상들이 살았던 성지가 바로 기독교인의 성지가 되는 것이다. 구약의 믿음의 선진들이 바로 기독교인의 조상들이 되며 유대인이셨던 예수님이나 바울의 심정으로 변하게 된다.

따라서 기독교인은 유대인의 성경뿐만 아니라, 그들의 성경적 교육들도 본받아야 한다. 그래서 그런 교육을 받은 훌륭한 유대인의 믿음의 선진들처럼 살아야 한다. 이것은 무엇을 말하는가? 기독교를 한 마디로 넓게 정의하자면 복음(예수님)에 유대교를 더한 것이라고 말할 수 있다. 여기에서 유대교는 참감람나무의 진액을 말한다. 따라서 기독교의 역사도 유대인의 역사처럼 창세기의 아담에서부터 시작하여 5,769년(2009년 기준)이어야 한다. (물론 바울의 말대로 신약시대에서는 유대교의 제사, 절기 및 몇 가지 계율은 지킬 필요가 없다.)

그런데도 불구하고 기독교인은 유대인이 가지고 있었던 유산 중 구약성경만을 취하고, 대부분의 것들은 배울 생각을 하지 않고 오히려 멸시하는 역사를 갖고 있다. 그러니 참감람나무의 역할을 하는 데에는 제한적일 수밖에 없었다.

신약시대에 참감람나무의 역할을 가장 잘한 모델은 누구인가? 유대인이었던 바울이다. 그래서 바울은 돌감람나무였던 이방 기독교인들에게 틈만 나면, 참감람나무였던 유대인의 생활 방식을 가르치려고 노력했다. 그것들이 바로 로마서나 에베소서 후편에 있는 생활편의 말씀들이고, 고린도전·후서와 디모데전·후서 및 디도서에 있는 교훈들이다.

현재 정통파 유대인들은 아직도 이런 교훈들을 자손대대로 가르치고 지켜 행하고 있다.

분명한 것은 참감람나무가 돌감람나무를 닮아가는 것이 아니고
돌감람나무가 참감람나무를 닮아가야 한다는 사실이다.
즉 유대인이 이방인을 닮아가는 것이 아니고
이방인이 예수님을 믿은 후에 유대인을 닮아가는 가는 것이 성화의 과정이다.

랍비의 토막 상식

절대의 진리 유대교

　여기 이 책(저자 주: 유대인의 잠언집)은 유대인의 노하우(know-how)를 팔려고 하는 것이다. 유대인 격언에는 이 노하우(지식, 기술)가 결정되어 있다. 이 술(術)을 밝히기 위해서는 유대민족의 발상으로부터 오늘날까지의 역사를 규명할 필요가 있다.
　첫째는 유대교와 유대문화를 배우는 일을 최상의 것으로 삼고 있다는 사실이다(실은 유대교가 유대문화이면 유대문화가 유대교인 것이지만).
　둘째는 유대인이 오랜 역사를 통해 갖가지 박해를 이기고 생존해 왔다는 사실이다.
　세 번째의 이유는 유대인이 지극히 현실적이라는 사실이다.
　나는 언젠가 일본인 학생과 대화를 나눈 적이 있었다.
　"네? 구약성경이라구요?"
　이 일본 학생이 이렇게 되물으며 두 눈을 휘둥그레 떴다. 이것을 가지고 놀라는 것을 볼 때, 세계의 다른 민족이 유대인에 관해 너무 모르고 있는 것이다. 그는 유대인이 이미 수 천 년 전에 쓴 구약성경을 마치 2~3일 전에나 출판된 것같이 생활의 일부로서 삼고 있는 것에 놀랐던 것이다.
　그에게 있어서 구약성경은 뭔가 곰팡이 냄새나는 책으로만 지금껏 비쳤던 모양이다. 유대교는 구약성경에 그 근본을 두고 있다. 그렇기 때문에 유대인에게는 구약성경이 매일 아침 잉크가 채 마르기도 전에 배달되는 조간신문만큼이나 신선한 것이다.

나는 여기에서 편의상 구약성경이라고 부르고 있지만 구약성경은 기독교의 호칭일 따름이다. 유대인은 예수를 하나님의 아들로서 인정하지 않기 때문에 유대인에 있어서 성경은 하나밖에 없다. 구약성경이 바로 유대인에 있어서 유일한 성경인 것이다.

성경(히브리어로는 '토라', 즉 '가르침'이라고 한다.)은 유대인의 역사책이기도 하다. 이 안에는 유대민족이 어떻게 발상하고 있는지 적혀있다. 그리고 성경은 세계의 많은 여러 민족이 모두 태양이나 달 또는 산이나 짐승을 신처럼 여기어 많은 신을 믿고 있었을 때 신은 하나밖에 없다고 유일신교에 눈을 뜨게 된 것이나, 그 신이 유대인을 선민(선택된 민족)으로서 택해서 무엇을 어떻게 가르쳤는가 하는 것 등이 적혀 있다.

유대인은 오늘날까지 '성경'의 가르침을 굳건하게 지켜왔다. 유대인은 기원전 18세기경, 현재의 이스라엘의 한 곳에 이주해 온 유목민이었다. '성경'에 최초의 유대인으로서 등장하는 유대인 아브라함은 이 무렵에 생존했던 것으로 생각된다.

유대인은 지금의 이스라엘 땅에 정착한 후에도 이집트에 노예로 끌려가거나 바빌로니아의 노예로 잡혀갔다. 또한 이 사이에 유대인의 왕국이 흥했다가 붕괴되었다. 마지막으로 이스라엘은 기원 후 70년에 로다군에 의해 정복되었다. 이때부터 유대인은 조국에서 추방되어 전 세계로 흩어지게 되었다. 그 후 1,800년 이상이나 이어진 디아스포라의 시대로 접어드는 것이다. 디아스포라는 유대인이 세계에 흩어진 것을 의미하는 말이며, 희랍어의 어원으론 "남김없이 흩어지다"라는 뜻이다.

_Tokayer 탈무드 5: 탈무드의 잠언집, 동아일보, 2009, pp. 34~38.

SHEMA · SHEMA · SHEMA
제 3 장

쉐마의 입장에서 본 유대계 기독교인과 이방 기독교인의 차이

I. 누가 이방 기독교인에게 말씀을 전수했는가
II. 한글 구약성경도 유대계 기독교인이 번역했다
III. 전도 방법도 유대인이냐, 이방인이냐에 따라 다르다

I. 누가 이방 기독교인에게 말씀을 전수했는가

초대교회 당시 기독교인을 크게 두 그룹으로 나눌 수 있다. 첫째는 유다인들이 예수님을 믿고 기독교인이 된 그룹(Messiahnic Jews)이고, 둘째는 이방인이 예수님을 믿고 기독교인이 된 그룹이다. 그 두 그룹 사이에는 어떠한 차이가 있을까?

여러 가지 면에서 차이가 있겠지만 우선 유대인이 구약의 지상 명령인 쉐마를 실천한 경험이 있다는 점에서 다르다. 그들은 참 감람나무 출신들로서 이미 하나님께서 자신들의 조상들에게 주신 언약들, 즉 말씀을 선조로부터 받은 '말씀 맡은 자들'(롬 3:2)이 되었던 기독교인들이다. 따라서 그들은 성령의 조명으로 예수님을 통하여 구약 성경을 다시 보면 하나님의 구속의 역사 과정을 확실하게 알 수 있다.

바울은 이것을 예수님을 통하여 구약성경을 보면 모세의 수건이 벗겨진다고 표현했다(고후 3:13~13). 바울의 예를 보자. 그도 모세의 글을 읽을 때에 수건이 그 마음에 덮여 있어서 매우 완고했다(고후 3:15; 모세의 수건에 대해서는 출 34:29~35 참조). 그래서 예수님을 믿는 사람들을 이단이라고 핍박했다. 그러나 다메섹 도상에서 예수님을 만나 성령의 능력을 힘입은 후에는 그 수건이 벗겨졌다. 바울은 그 상황을 이렇게 표현했다.

우리가 다 수건을 벗은 얼굴로 거울을 보는 것같이 주의 영광을

초대교회 이방인 기독교인이 말씀을 전수받는 과정

말씀을 맡아온
유대계 기독교인 → **이방 기독교인들**
예: 바울과 12사도

초대교회 때에 말씀을 맡아온 유대계 기독교인이
이방 기독교인들에게 **복음과 구약의 말씀**을 전수했다.

> 보매 저와 같은 형상으로 화하여 영광으로 영광에 이르니 곧 주의 영으로 말미암음이니라. (고후 3:18)

그 후 참감람나무 출신인 바울은 뿌리의 진액을 공급받은 '말씀 맡은 자'의 위력을 십분 발휘했다. 구약성경에 근거한 예수 그리스도의 죽으심과 부활(복음)을 논리적으로 잘 정리했다. 그리고 그것을 이방인에게 가르쳤다. 유대인이 아니면 도저히 할 수 없는 일이었다.

바울은 자신이 교회 일꾼 된 것은 하나님이 이방인을 위하여 자신에게 주신 경륜을 따라 하나님의 말씀을 이루려 함이라(골 1:25)고 말했다. 그리고 자신이 이방인에게 복음을 전하게 된 것은 만세와 만대로부터 옴으로 감취었던 비밀이었다고 말했다(골 1:26~27).

여기에서 예수님께서 왜 유대인들을 제자로 삼으셨는가 하는 것을 발견할 수 있다. 그것은 참감람나무 출신들인 유대계 기독교인들이 돌감람나무 출신들인 이방 기독교인들에게 복음과 말

초대교회 시대에 말씀이 전혀 없었던 이방 기독교인들에게
유대인 기독교인들이 말씀을 전수했다.

유대인은 복음은 없지만 구약의 말씀을 맡은 자다.
유대인 서기관이 저자(이방 기독교인)에게 말씀을 가르치는 모습.

안병만 박사(중앙)와 남후수 박사(우측)에게
기도서를 설명하는 유대인 랍비.

씀을 전수하기 위함이다. 예수님이 구원은 유대인에게서 나온다고 말씀하신 이유가 여기에 있다(요 4:22). 유대인은 '말씀을 맡은 자'로 구약 성경을 다시 창세기부터 공부할 필요가 없었다.

바울이나 베드로 그리고 요한이나 야고보가 그 예다. 그들은 어려서부터 부모로부터 그 말씀들을 배워왔기 때문이다. 다만 그들에게는 성령을 받아 예수님을 구주로 믿기만 하면 수건이 벗겨져서 예수님이라는 렌즈를 통해 구약성경에서 말씀하신 하나님의 구속의 계획과 성취를 알 수 있었다.

그런데 이방인은 다르다. 조상대대로 유대인의 참감람나무 뿌리의 진액인 말씀을 전혀 공급 받지 않은 상태에서 예수님을 믿고 구원을 받은 사람들이었다. 구약성경에 대해 무지한 상태였다. 그들은 영의 양식인 말씀이 갈급했다. 이들은 그 뿌리의 진액인 말씀을 예수님을 믿는 유대인들로부터 공급받아야 했다. 그래서 초대교회 유대인 사도들은 너무 바빠서 말씀전하는 일과 기도하는 일에만 전념해야 했다(행 6:4). 그들은 날로 늘어나는 이방인 기독교인들에게 창세기부터 말라기까지 말씀을 가르쳐야 했기 때문이다.

그 증거는 초대교회 사도들의 설교가 모두 구약 성경 말씀을 인용했다는 점에서도 드러난다[예; 베드로의 설교(행 2:14~36), 스데반의 설교(행 7장)]. 이것이 초대교회 당시 이방 기독교인이 아브라함 때부터 2,000년 동안 거룩한 말씀을 맡아온 유대계 기독교인으로부터 구약의 성경 말씀을 전수받는 과정이다. 얼마나 놀라운 하나님의 주권적인 계획인가? 유대계 기독교인이 없었더라면 어떻게 이방 기독교인들이 하나님의 거룩한 말씀을 소유할 수 있었겠는가? 이점에서 그들에게 특별히 감사해야 한다.

여기에서 한 가지 더 짚고 넘어가야 할 부분이 있다. 참감람나무 출신인 유대계 기독교인은 처음부터 돌감람나무인 이방인에게 복음과 말씀을 전하고자 했었는가 하는 점이다. 그렇지 않다. 처음에는 이스라엘 백성들에게만 예수님이 메시아임을 증거하기로 했다. 그런데 그들이 이방인에게 복음과 구약성경 말씀을 전해야 한다는 결정적인 사건이 있었다. 예수님의 수제자 베드로가 피장의 집 지붕에 올라가 기도할 때였다. 하나님께서 모든 이방인에게 복음과 구약성경 말씀을 전할 것을 비유로 명령하셨다.

> 시장하여 먹고자 하매 사람이 준비할 때에 비몽사몽간에 하늘이 열리며 한 그릇이 내려오는 것을 보니 큰 보자기 같고 네 귀를 매어 땅에 드리웠더라 그 안에는 땅에 있는 각색 네 발 가진 짐승과 기는 것과 공중에 나는 것들이 있는데 또 소리가 있으되 베드로야 일어나 잡아 먹으라 하거늘 베드르가 가로되 주여 그럴 수 없나이다 속되고 깨끗지 아니한 물건을 내가 언제든지 먹지 아니하였삽나이다 한 대 또 두 번째 소리 있으되 하나님께서 깨끗케 하신 것을 네가 속되다 하지 말라 하더라 이런 일이 세 번 있은 후 그 그릇이 곧 하늘로 올리워 가니라. (행 10:10~16)

여기에서 정결한 생물은 유대인, 부정한 생물은 이방인을 뜻한다. 이 말씀은 하나님께서 두 구분을 없애는 파격적인 선언이다. 신약시대에는 구원에 유대인과 이방인에 차이가 없다는 것이다. 전통적으로 정결(Clean)과 부정(Unclean)을 구분하며 살아왔던 유대인에게는 엄청난 충격이다. 하나님께서는 대가 차매 이방인도 복음과 말씀을 받을 자격이 있음을 이렇게 세 번씩이나 확인해 주셨다. "하나님께서 깨끗케 하신 것을 네가 속되다 하지 말라"(행 10:15). 이 말씀에서도 이방인 기독교인은 자신들이 유대인에 비해 비천한 출신이었음을 알고 스스로 겸손해야 한다.

요약하면, 유대인들은 예수님을 믿기만 하면 곧바로 사역이 가능했다. 그들은 이미 말씀을 맡아왔고, 거룩한 선민교육, 즉 쉐마교육을 받아왔기 때문이다. 그러나 이방인은 예수님을 믿은 후에도 하나님의 형상을 닮기까지 많은 시간이 걸린다. 이것이 바로 참감람나무인 유대계 기독교인들과 돌감람나무인 이방인 기독교인의 차이다. 그래서 예수님은 제자들을 선택하실 때 이방인이 아닌 유대인을 선택하셨다.

그렇다면, 모든 유대인들이 다 그런가? 아니다. 여기에서 말하는 유대인은 말씀을 맡은 정통파 유대인들을 말한다. 전혀 구약성경에 대해 알지 못하는 자유주의 유대인들은 이에 해당되지 않는다. 그들은 혈통적으로만 유대인이지 실제로는 성경을 모르거나 왜곡되게 알고 있는 사람들이기 때문이다.

**유대인들은 예수님을 믿기만 하면 곧바로 사역이 가능하다.
그들은 이미 말씀을 맡아왔고, 거룩한 선민교육,
즉 쉐마교육을 받아왔기 때문이다.
그러나 이방인은 예수님을 믿은 후에도 하나님의 형상을 닮기까지
많은 시간이 걸린다.
이것이 바로 유대인 기독교인들과 이방인 기독교인의 차이다.**

II. 한글 구약성경도 유대계 기독교인이 번역했다

이러한 예는 한국의 초대교회의 역사에서도 찾아볼 수 있다. 한국에서 구약성경을 최초로 번역한 사람은 알렉산더 피터스(Alexander A. Pieters; 한국명, 피득, 1871~1958)다. 그는 이방인 출신 기독교인이 아니라, 참감람나무 출신인 정통파 유대계 기독교인이었다.

그는 러시아계 정통파 유대인 상인 가정에서 태어나 어려서부터 성경을 배워 구약성경에 통달했다. 그는 다른 유대인 가정처럼 아버지로부터 말씀을 전수받은 '말씀을 맡은 자'였다. 그는 다른 유대인처럼 여러 가지 언어를 구사할 수 있었다. 히브리어는 물론 희랍어, 러시아어, 독일어 및 불어에 능통했다. 영어는 나중에 한국에서 미국 선교사들에게서 배웠다.

그는 예수님을 모르고 있다가 일본에서 독일어를 아는 미국 선교사 알버터스 피터스(Albertus Pieters) 선교사의 설교에 은혜를 받아 회심했다. 그 후 자신의 성을 미국 선교사의 성으로 고쳐서 알렉산더 피터스가 되었다. 그리고 바로 기독교 교리를 배우기 시작한지 톡과 10일 만인 1895년 4월 19일 세례를 받았다. 그의 나이 23세였다(박용규, 알렉산더 피터스, 성경번역자, 찬송가작사자, 복음전도자, pp. 24~27).

그는 곧 한국에 성경을 번역할 미국성서공회 소속 권서인으로 파송 받아 1895년 5월 13일 내한했다. 회심한 지 채 한 달도되기 전이었다. 그리고 영어와 한국어를 습득한 후 복음 전도 여행을

유대인과 이방인이 말씀 맡은 기독교인이 되는 순서

구 별	유대인	이방인
유대인과 이방인의 차이	구약의 말씀을 맡은 자	구약의 말씀을 맡지 않은 자
말씀을 맡은 기독교인이 되는 순서	예수님이 메시아이심을 믿으면 바로 베드로나 바울과 같은 말씀을 맡은 기독교인이 됨.	예수님을 구주로 영접한 후에도 창세기부터 성경공부를 해야 말씀을 맡은 기독교인이 됨.
요 약	구약의 말씀을 맡은 자 + 복음 = 말씀 맡은 기독교인	복음 + 구약의 말씀을 맡은 자 = 말씀 맡은 기독교인

다녔다. 그가 그렇게 복음 전도 사역을 빨리 시작할 수 있었던 것도 그가 '말씀 맡은 자'였기 때문에 가능했다. 그 위력은 2년 후 1897년 구약 성경 중 시편을 먼저 번역하기 시작하며 더욱 나타난다(pp. 29~52).

1906년에 성서번역위원회 정위원으로 피선되어 구약성경 번역을 주도했다. 1910년 구약성경 번역이 완료되어 1911년에 구약성경이 완간될 수 있었던 데는 피득의 공헌이 컸다. 회심한 지 14년 만의 쾌거다. 이보다 훨씬 먼저 시작한 신약성경 완본이 1906년에 출간된 것에 비하면 그 많은 분량의 난해한 구약성경 번역이 너무 빨리 완간되었다(p. 73). 당시 그의 나이 불과 37세였다. 얼마나 경이로운 일인가? 그는 어떻게 구약성경을 그렇게 빨리 번역할 수 있었는가? 그는 참감람나무 출신으로 히브리어를 모국어로 하고 말씀을 맡은 유대계 기독교인이었기 때문이다.

[저자 주: 물론 전체 구약을 완역하는 데는 미국성서공회와 영국성서공회 그

리고 다른 한국인들의 도움이 많았다(이은선, 초기 한국교회의 성경 번역과 교회 부흥, p. 108).]

　만약 돌감람나무 출신인 한국인이 구약성경을 번역하려면 어떠한 과정을 거쳐야 할까? 일단 예수님을 믿은 후 창세기부터 말라기까지 성경공부를 시작해야 한다. 그리고 신학공부를 마치고 구약학 전공 박사과정에 들어가기 위하여 히브리어는 물론 다른 언어들도 공부해야 한다. 얼마나 많은 시간과 돈과 정열이 필요하겠는가? 그리고 학위를 받은 이후에도 성경을 번역하는데 얼마나 많은 시간들이 필요하겠는가! 그리고 솔사 번역을 잘 했다 하더라도 그 유대인의 조상대대로 히브리어로 배우고 느껴 왔던 구약 성경의 오묘한 갈씀의 뜻을 그만큼 잘 전달했겠는가?

　그런데 **하나님은 한국 민족을 구원하시기 위하여 만세 전에 히브리어를 모국어로 하는 '말씀 맡은 자' 유대인을 준비하셨다.** 그리고 그에게 성령의 능력을 주셔서 구약성경을 번역하게 하셨다. 실로 하나님의 구속의 계획은 측량할 길이 없다.

하나님은 한국 민족을 구원하시기 위하여 만세 전에
히브리어를 모국어로 하는 '말씀 맡은 자' 유대인을 준비하셨다.
그리고 그에게 성령의 능력을 주셔서 구약성경을 번역하게 하셨다.
실로 하나님의 구속의 계획은 측량할 길이 없다.

 **랍비의 유머**

복권기도

어떤 유대인이 열심히 기도를 드리고 있었다.

"하나님 제발 1만 루불(러시아 화폐 단위)짜리 복권에 당첨되게 해주십시오. 만일 당첨만 된다면 그 중의 10분의 1은 가난한 사람을 위해 기부하겠습니다. 만일 저를 의심하신다면 10분의 1을 먼저 떼셔도 상관없습니다."

_Tokayer, 탈무드 6: 탈무드의 웃음, 동아일보, 2009, p. 209.

III. 전도 방법도 유대인이냐, 이방인이냐에 따라 다르다

예수님도 유대인이었기 때문에 말씀을 따라 메시아로 오실 수 있었다. 이방인은 메시아가 될 수 있는 자격이 없었다. 유대인이셨던 예수님은 유대인 중에 12제자를 선택하셨다. 이방인은 예수님의 12제자가 될 수 있는 자격이 없었다.

따라서 초대교회 기독교인들은 대부분 유대인이었다. 그 이유는 그들은 조상 대대로 말씀을 맡은 자들이었기 때문이었다. 그리고 그들이 예수님의 지상명령을 따라 자신들의 동족 유대인과 이방인에게 복음을 전하기 시작했다. 그 당시 그들이 두 그룹인 유대인과 이방인에게 복음을 전할 때 동일한 방법으로 접근했겠는가? 아니면 다른 방법으로 접근했겠는가? 다르다면 무엇이 왜 다른가?

우선 유대인 기독교인이 유대인과 이방인에게 전할 복음의 내용은 동일하다. 예수님이 모든 인류의 구원자라는 것이다. 그러나 유대인에게 이 진리를 전하기 위한 접근 방법과 이방인에게 전하기 위한 접근 방법은 다르다. 왜냐하면 근본적으로 유대인이 믿는 신론과 이방인이 믿는 신론이 각각 다르기 때문이다. 물론 신앙생활 방식도 각각 다르다. 더 자세하게 설명해 보자.

유대인은 이미 유일신 하나님을 믿어왔던 자들로 구약성경을 맡은 자들이었다. 그리고 대망의 메시아(그리스도)를 기다리고 있었다. (저자 주: '메시아'는 히브리어로 '기름부음을 받은 자'란 뜻이며, 그리스어로는 '그리스도'이다.)

따라서 그들에게는 이미 자신들이 갖고 있는 신론뿐만 아니라 창조론, 인간론, 존재론 및 선민교육에 대한 논리를 길게 설명할 필요가 없었다. 단지 유대인들이 기다리던 메시아가 바로 예수님이라는 사실만 전하면 바로 이해가 되었다. 그리고 자신의 죄를 회개하고 예수님을 메시아로 믿기만 하면 구원을 받았다.

그 증거들을 성경에서 찾아보자. 요한복음 4장에 나타난 예수님이 수가성 여인에게 전도하실 때도 예수님은 메시아를 기다리던 그녀에게 예수님 자신이 '메시아'라는 사실을 깨닫게 하시는 것이었다(요 4:5~30). 예수님이 베드로에게 "너희는 나를 누구라 하느냐?"라고 물으셨을 때에도 베드로는 간단하게 "주는 '그리스도'시니이다"(막 8:29)라고 대답한 이유도 여기에 있다.

사도행전에 나타난 유대인 사도들도 성령을 받은 후 같은 동족 유대인에게 전도할 때는 예수님이 바로 자신들이 기다리던 메시아(그리스도)이심을 집중적으로 전파하였다. 즉 구약 성경으로써 예수는 그리스도라고 증거하여 공중 앞에서 유력하게 유대인의 말을 이기었다(행 18:28).

> 그런즉 이스라엘 온 집이 정녕 알지니 너희가 십자가에 못 박은 이 예수를 하나님이 주와 그리스도가 되게 하셨느니라 하니라.
> (행 2:36)

바울은 선교사로 타 지방에서 디아스포라 유대인과 현지 이방인에게 고루 복음을 전했다. 그가 유대인에게 전도할 때는 구약성경의 말씀에 붙잡혀 예수님이 바로 그리스도(메시야)이심을 설명하였다.

> 사울은 힘을 더 얻어 예수를 그리스도라 증명하여 다메섹에 사는 유대인들을 굴복시키니라. (행 9:22)

> 실라와 디모데가 마게도냐로서 내려오매 바울이 하나님의 말씀에 붙잡혀 유대인들에게 예수는 그리스도라 밝히 증거하도다. (행 18:5)

그러나 바울이 이방인에게 전도할 때는 예수님을 믿으라고 하며 구약성경의 말씀을 설명해야 했다. 예를 들어, 바울과 실라가 옥에 갇혀 있다가 성령님의 도우심으로 탈출하며, 간수에게 복음을 전할 때에는 그에게 예수님을 믿으라고 권하며 주의 말씀을 전했다(행 16:19~31).

> 간수가 등불을 달라고 하며 뛰어 들어가 무서워 떨며 바울과 실라 앞에 부복하고 저희를 데리고 나가 가로되 선생들아 내가 어떻게 하여야 구원을 얻으리이까 하거늘 가로되 주 예수를 믿으라 그리하면 너와 네 집이 구원을 얻으리라 하고 주의 말씀을 그 사람과 그 집에 있는 모든 사람에게 전하더라. (행 16:29~32)

'주의 말씀'이란 무엇인가? 구약 성경에 근거하여 이방인이 하나님을 섬기지 않고 우상을 섬기는 것이 죄의 핵심임을 지적했다. 그 예로 바울이 아덴에서 온 성에 우상이 가득한 것을 보고 마음에 분이 여겼다(행 17:16)는 것을 들 수 있다. 바울은 그들이 섬기는 우상을 버리고 창조주 하나님께로 돌아올 것을 전했다(행 17:22~34).

더 구체적으로 이방인에게는 죄 문제를 깊게 설명해야 했다. 인간의 죄 때문에 사망이 왔고, 그 사망을 이기는 방법이 바로 십자가에서 돌아가신 예수님을 믿는 것임을 설명해야 했다. 그리고 예수님이 사망에서 부활하신 것처럼 기독교인도 부활할 수 있다는 소망을 주었다. 바울이 로마서와 갈라디아서를 길게 쓴 이유가 바로 여기에 있다.

> 우리가 알거니와 우리 옛 사람이 예수와 함께 십자가에 못 박힌 것은 죄의 몸이 멸하여 다시는 우리가 죄에게 종 노릇 하지 아니하려 함이니 이는 죽은 자가 죄에서 벗어나 의롭다 하심을 얻었음이니라 만일 우리가 그리스도와 함께 죽었으면 또한 그와 함께 살 줄을 믿노니 이는 그리스도께서 죽은 자 가운데서 사셨으매 다시 죽지 아니하시고 사망이 다시 그를 주장하지 못할 줄을 앎이로다. (롬 6:6~9)

이방을 위해 부름받은 사도 바울은 고린도교회 교인들에게 두 가지 키워드, '예수님이 그리스도'이심과 '그의 십자가에 못 박히신 것' 외에는 아무것도 알지 아니하기로 작정하였다고 고백했다

(고전 2:2). 이것은 '예수님이 바로 자기 민족들이 그토록 기다리던 그리스도'라는 것이 틀림없다는 사실을 알리고, 그분의 사역은 인간의 죄를 위해 십자가에 못 박히신 것이라는 사실이다. 이것은 유대인에게나 이방인에게나 복음의 핵심이다.

따라서 하나님의 말씀을 맡았던 유대인(참감람나무)과 하나님의 말씀을 전혀 모르고 우상을 섬겼던 이방인(돌감람나무)의 차이는 그들에게 복음 전달 방법의 차이뿐만 아니라, 성화 과정의 차이에서도 발견할 수 있다.

바울은 이렇게 질문한다. "유대인의 나음이 무엇이며 할례의 유익이 무엇이뇨?"(롬 3:1) 그리고 이렇게 대답한다. "범사에 많으니 첫째는 저희가 하나님의 말씀을 맡았음이니라"(롬 3:2). 이방 기독교인이 유대인을 결코 가벼이 여겨서는 안 되는 이유가 여기에 있다.

유대인에게 전도할 때는
예수님이 그들이 기다리던 '메시아'이심을 알게 하면 되지만,
이방인에게 전도할 때는 예수님이 인간의 죄 때문에 오셔서
십자가를 지신 후 부활하셨다는 사실을 길게 설명해야 한다.

SHEMA · SHEMA · SHEMA
제 4 장

유대인(뿌리)이 2,000년간 **진액**(말씀)을
자손에게 전수한 **비밀**이 쉐마다

I. 아브라함의 나무는 어떻게 크고
   무성한 가지(이스라엘 국가)를 갖게 되었는가
II. 가정과 국가의 우선 순위:
    '땅의 모든 족속'과 '천하 만민'의 차이
III. 신약시대에 유대인의 구원 문제

I. 아브라함의 나무는 어떻게 크고 무성한 가지(이스라엘 국가)를 갖게 되었는가

구약시대에 전체 이스라엘 나라의 백성인 유대인은 아브라함이란 뿌리에서 나온 무성한 가지들이다. 한 인간의 뿌리에서 나온 사람들이 많아서 한 나라를 만들게 되었다. 혈통적으로 아브라함과 이삭과 야곱의 자손들이다. 그 중에 믿음의 선진들이 있다(히 11장).

그 가지들은 어떻게 살아남을 수 있었는가? 이스라엘의 역사를 통해 아브라함 때부터 예수님이 오시기 전까지 무려 2,000여 년간 어떻게 살아남을 수 있었는가? 나무로 비유하면 일 년에 한 번씩 생기는 나이테가 2,000개가 되는 거목 중 거목이다. 현재까지 생각한다면 4,000개가 되는 셈이다.

그것은 뿌리의 진액, 즉 하나님의 말씀을 끊임없이 공급받는 데 성공했기 때문이다. 누구로부터 어떻게 공급받았는가? 즉 그 뿌리의 진액을 공급 받는 방법이 무엇인가? 바로 유대인 자녀교육의 대명사인 '쉐다'다. '쉐마'는 하나님이 아브라함에게 주신 구약의 지상명령이다(창 18:19; 신 6:4~9).

이것은 부모가 자녀에게 말씀을 가르쳐 말씀의 제자 삼는 방법이다. 나무로 비유하면 나이테가 매년마다 하나씩 늘어나게 하는 교육방법이 쉐마다. (자세한 구약의 지상명령에 대해서는 본서 제1권 제2

부 제2장 '아브라함이 받은 지상명령의 내용' 참조)

만약 유대인에게 이 '쉐마'가 없었더라면, 그리고 그들이 '쉐마'를 받았다 하더라도 이를 자손 대대로 실천하지 않았더라면, 유대인은 조상들의 언약과 하나님의 말씀들을 예수님이 오실 때까지 자손들에게 전수 할 수 없었을 것이다. 물론 유대교도 지상에서 벌써 살아졌을 것이다. 그렇게 되면 하나님이 계획하신 타락한 인류를 위한 구속의 역사도 더 이상 진행 할 수 없었을 것이다. 구원자 예수님이 이 땅에 오실 수 있었던 것은 유대인이 가정에서 쉐마교육을 실천하여 자손대대로 하나님의 말씀을 전수하는 데 성공했기 때문이다. 이것은 유대인의 쉐마교육이 성공했다는 증거다.

여기에서 우리가 구약의 지상명령을 신본주의 국가 형성적 차원에서 생각해 보자. 아브라함의 후손 유대인은 구약의 지상명령을 지켜 행했기 때문에 출애굽을 한 후 약 300만명(장정만 60만명)의 자손들이 신본주의 신앙으로 뭉치어 이스라엘이라는 하나의 국가를 형성할 수 있었다. 그리고 그 국가는 대를 이어 현재까지 지속되고 있다.

이를 신약시대에 적용해 보자. 신약시대에는 초대교회 이후 2,000년 동안 각 시대마다 그리고 지역마다 예수님을 믿고 구원받은 수많은 기독교인들이 있었다. 그들도 영적으로는 아브라함의 후손들이다. 그들 중에는 순교를 할 만큼 강한 믿음의 용장들도 너무나 많았다.

만약 그 중에 아브라함의 자손, 유대인처럼 구약의 지상명령을 대를 이어 지켜 행한 성도들이 1,000명만 있었어도, 그들의 후손들이 신앙으로 뭉치어 현재 이스라엘과 같은 국가가 전 세계에 1,000개나 탄생하지 않았겠는가! 만약 10,000명이 있었다면, 10,000개의 국가가 전 세계에 탄생하지 않았겠는가! 기독교 역사 2,000년 동안 전 세계에 믿음의 용장들이 어찌 10,000명만 되겠는가? 한국 민족 교회에 있었던 믿음의 용장만도 지난 120년의 역사에 10,000명은 넘을 것이다. 그런데 그들의 후손들은 어디에서 무엇을 하는지 생각해 보아야 할 것이다.

이스라엘이란 국가는 아브라함 한 사람의 후손으로 세워졌다.
만약 신약시대에 기독교인들 중에 아브라함의 자손인 유대인처럼
구약의 지상명령을 지켜 행한 성도들이 1,000명만 있어도,
현재 이스라엘과 같은 국가가 1,000개나 되지 않겠는가!

랍비의 토막 상식

유대인이 한 사람을 중요하게 여기는 이유

저자 주 한 사람이 얼마나 중요한지는 유대인의 조상 아브라함을 보면 알 수 있다. 유대인은 모든 자녀들에게 한 인간의 생명을 귀하게 여기도록 가르친다. 그리고 그런 심정으로 하나님의 말씀을 전수한다. 유대인에게 그 이유를 들어보자.

이것은 역시 탈무드에도 기술되어 있는 것처럼 세계는 처음에 한 사람의 인간 밖에 있지 않았다고 하는 데에 기초를 두고 있다.

"한 사람의 인간을 죽이는 것은 전 인류를 멸망시키는 일이다"고 하는 경구가 탈무드에 있는 것처럼 한 사람의 인간은 전 세계와 동등한 가치를 가졌다고 생각되고 있다. 이것은 동양적인 사고방식으로는 이해하기 어려울지도 모른다.

그러나 모든 것은 분명히 한 사람에게서 출발하고 있다. 이것은 한 사람의 인간이 위대하다는 것이 아니라, 한 사람의 인간이 짊어져야 될 책임의 무게를 말하고 있는 것이다. 세계는 한 사람의 인간에 의해 만들어졌고, 앞으로도 인류가 계속되는 한 그 원점은 변하지 않을 것이다.

한 사람의 신-신을 한 사람이라고 불러서는 안 되지만-한 사람의 아담이라고 불리는 인간을 상대한 데에서 유대교의 시작이 있다. 신도 한 사람이며, 자유의사를 가진 인간도 한 사람이다.

그리고 하나님이 강한 것처럼, 한 사람의 인간도 강해야 한다. 탈무드적 인간은 자기 안에 강력한 긍지를 발견한다. 그리고 자기가 없으면 세계는 구제될 수 없다고 생각하고 있다. 그러므로 혼자서 세계의 일을 생각해야만 된다.

_Tokayer, 탈무드 4: 탈무드의 생명력, 동아일보, 2009, pp 261~267.

II. 가정과 국가의 우선 순위:
'땅의 모든 족속'과 '천하 만민'의 차이

하나님이 원하시는 이상적인 국가는 어떤 국가인가? 여러 가지가 있겠지만 쉐마와 관련하여 설명한다면, 그것은 구약의 지상명령을 실천하는 가정들로 형성된 국가다. 그 성경적인 근거를 창세기 12장 3절의 '땅의 모든 족속'과 창세기 18장 18절의 '천하 만민'(창 18:18)의 차이에서 찾을 수 있다. 먼저 두 본문 말씀을 비교해 보자.

> 너를 축복하는 자에게는 내가 복을 내리고 너를 저주하는 자에게는 내가 저주하리니 땅의 모든 족속(all peoples on earth)이 너를 인하여 복을 얻을 것이니라 하신지라. (창 12:3)

> 아브라함은 강대한 나라가 되고 천하 만민(all nations on earth)은 그를 인하여 복을 받게 될 것이 아니냐. (창 18:18)

히브리어로 '땅의 모든 족속'(창 12:3)의 '족속(מִשְׁפָּחָה, mishpawkhaw)'은 '가족(family)', '천하 만민'(창 18:18)의 '만민(גּוֹי, goy)'은 '국가(nation)'를 뜻한다.

유대인 랍비 마빈 토카이어는 유대주의 학자들이 창세기 12장 3절의 '땅의 모든 족속'과 창세기 18장 18절의 '천하 만민'의 차이를 이렇게 설명했다.

창세기 12장 3절에서는 '땅의 모든 족속(all peoples on earth)'이 창세기 18장 18절에서는 '천하 만민(all nations on earth)'이라고 번역되고 있는데, 12장에서는 '가족(family)', 제18장에서는 '국가(nation)'를 뜻하고 있다. 즉 12장은 어느 쪽인가 하면 약한 부족사회의 사람들, 18장은 강대한 국가가 염두에 두어져 있다. 이것은 강한 것에 대해서나 약한 것에 대해서나 똑같이 축복하지 않으면 안 된다는 것을 가르치고 있다. (Tokayer, 탈무드2: 탈무드와 모세오경 2007, pp. 134~135)

물론 하나님께서는 구원의 대상을 지극히 작은 소수 부족이나 강대국이나 차별 없이 동일하게 삼으시고 그들에게 축복하기를 원하신다는 유대인 랍비의 해석에는 이의가 있을 수 없다.

그러나 신약 신학적 입장에서 또 하나의 해석도 가능하다. 이 두 언약은 예수님이 오신 이후에 성취되었다. 그런데 왜 처음 창세기 12장 3절에는 '모든 가정들'을 강조하시고, 후에 창세기 18장 18절에는 '모든 국가들'을 강조하시는가? 왜 하나님께서 다른 단어를 사용하셨는가?

이것은 신·구약을 막론하고 국가적 재앙이 있을 경우를 제외하고는 평화시에 모든 정책의 우선 순위가 먼저 '건강한 가정'을 만드는 것이고, 그 다음이 '국가'가 되어야 한다는 점을 시사하고 있다고 볼 수 있다. 건강한 가정이 많아야 건강한 신본주의 국가가 된다는 것을 뜻한다.

그 모델이 바로 '이스라엘'이라는 국가다. 이스라엘은 아브라함의 자손들, 유대인의 각 가정들이 모여 형성된 나라다. 이것은 하나님이 만드신 하나의 이상적인 모델 국가다. 유대민족의 4,000년의 역사를 보면, 그들은 지극히 적은 한 족장 아브라함과 사라 부부의 뿌리에서 나온 소수민족으로 시작한다. 그리고 그들은 전 세계를 유랑하면서 고난을 많이 겪었다. 그런데 아직도 살아남아 강대한 국가가 되었다. 그 저력은 어디에서 나오는가? 하나님의 말씀에 뿌리를 둔 건강한 가정들에게서 나온다.

이것은 무엇을 뜻하는가? 이 지상의 모든 가정들이 성경적 가정이 되어야 그 가정들이 모인 국가들이 이스라엘처럼 강하게 된다는 뜻이다. 만약 가정이 파괴되어 흔들리게 되면, 국가도 힘을 잃고 망하게 된다는 뜻이다.

따라서 이상적인 천국의 건설은 가정에서부터 시작해야 한다. 전 세계 예수님을 믿는 모든 민족들이 그렇게 된다면 얼마나 강한 하나님의 나라들이 되겠는가! 이것이 가정이나 국가가 복을 받는 길이다.

[물론 유대민족도 신약시대에는 구원을 위해 예수님이 필요하다. 자세한 것은 저자의 저서 《부모여 자녀를 제자 삼아라》(쉐마, 2005) 참조]

어떻게 이것을 이룰 수 있는가? 신약시대에는 신약의 지상명령인 복음을 만민에게 전파(막 16:15)하여 그들과 가정이 구원을 얻게 한 이후, 구원받은 가정 사역을 위해 구약의 지상명령인 쉐마를 가르쳐야 가능하다.

20세기에 시작된 가정파괴는 21세기에 들어서면서 전 세계적으로 확산되고 있다. 사탄은 하나님 나라 건설을 방해하는 방법으로 가정파괴라는 전략을 펴고 있다. 얼마나 사악하고 무서운 일인가? 이를 막기 위해 쉐마교육운동이 하루 속히 일어나야 한다.

'땅의 모든 족속'(창 12:3)의 '족속'은 '가족',
'천하 만민'(창 18:18)의 '만민'은 '국가'를 뜻한다.
이것은 신·구약을 막론하고 모든 정책의 우선 순위가 먼저 '가정'이고
그 다음이 '국가'가 되어야 한다는 것이다.

III. 신약시대에 유대인의 구원 문제

현재도 유대인이 세계 도처에 약 1500만 명 정도가 있다. 주로 예수님을 믿지 않는 유대인들이다. 그들의 구원 문제는 어떻게 설명해야 하는가? 하나님께서 그들을 완전히 버리시는가? 아니면, 다른 구원의 계획을 갖고 계시는가?

이 질문에 답하기 위해서는 구속사적 입장에서 유대인을 두 분류로 나누어 정리해야 한다. 예수님이 오시기 전의 유대인과 오신 후의 유대인이다. 예수님이 오시기 전의 유대인은 구원받은 하나님의 백성이었다. 물론 모든 유대인이 구원을 받은 것이 아니라 그 중에도 하나님의 말씀을 맡은 자들로 제한한다.

그러나 예수님이 오신 후의 유대인은 두 가지로 분류할 수 있다. 예수님의 제자들이나 바울처럼 예수님을 믿고 구원받은 백성들과 예수님을 믿지 않아 구원받지 못한 백성들이다. 예수님이 오신 후에는 이방인은 물론 유대인이라도 예수님을 믿지 않고는 구원받을 길이 전혀 없다. 베드로가 성령이 충만하여 백성의 관헌과 장로들에게 그렇게 증언하고 있다.

> 다른 이로서는 구원을 얻을 수 없나니 천하 인간에 구원을 얻을 만한 다른 이름을 우리에게 주신 일이 없음이니라 하였더라. (행 4:12)

예수님도 스스로 이렇게 증언하셨다.

> 예수께서 가라사대 내가 곧 길이요 진리요 생명이니 나로 말미암지 않고는 아버지께로 올 자가 없느니라. (요 14:6)

따라서 현대 유대인이 비록 쉐마를 지켜 행하여 아브라함부터 현재까지 4,000년간 참감람나무 뿌리의 진액을 공급받아 왔다 하여도 예수님(복음)을 믿지 않기 때문에 구원받은 백성이 아니다 라고 해야 옳다. 이것은 무엇을 뜻하는가? 신약시대에는 설사 유대인이라 하여도 구원을 받기 위해서는 바울처럼 복음으로 접붙임 당하는 성령의 역사가 필요하다는 뜻이다.

그런 면에서 신약시대에는 복음으로 접붙임 당하는 성령의 역사는 유대인에게나 이방인에게나 동일하게 적용된다. 따라서 예수님이 오신 후에 유대인이 아무리 참감람나무의 진액을 공급받는다고 하여도 구원을 받지 못한다고 해야 옳다. 만약 예수님을 믿지 않는 유대인이 구원을 받았다면 왜 바울이 그렇게 유대인들에게 고난을 받았겠는가!

그럴지라도 하나님은 유대인을 구원하시기 위한 계획을 갖고 그들을 특별히 관리하신다고 보아야 한다. 바울의 설명을 들어보자. "그러므로 내가 말하노니, 하나님께서 자기 백성[유대인]을 버리셨느뇨? 결코 그럴 수 없느니라……."(롬 11:1). "그러므로 내가 말하노니 저희[유대인]가 넘어지기까지 실족하였느뇨? 그럴 수 없느니라. 저희의 넘어짐으로 구원이 이방인에게 이르러 이스라엘

로 시기나게 함이니라" (롬 11:11).

이것은 무엇을 뜻하는가? 바울은 이스라엘이 넘어졌고 구원이 이방에 이르게 되었을지라도 이것은 영원한 실족이 아니며, 하나님께서는 자기 백성을 결코 버리지 않으셨다는 것을 뜻한다. 그렇다면, 유대인은 언제 하나님에게로 돌아오는가? 하나님의 계획은 무엇인가? 바울은 이방인의 충만한 수가 들어오면 마침내 그들(온 이스라엘)도 구원을 얻을 것이라고 말했다(롬 11:25~26).

> **이방인의 충만한 수가 들어오기까지 이스라엘의 더러는 완악하게 된 것이라 그리하여 온 이스라엘이 구원을 얻으리라 기록된 바 구원자가 시온에서 오사 야곱에게서 경건치 않은 것을 돌이키시겠고 내가 저희 죄를 없이 할 때에 저희에게 이루어질 내 언약이 이것이라 함과 같으니라.** (롬 11:25~27)

어떤 유대인 선교사는 이렇게 말한다. "유대인을 전도하기가 너무나 힘이 듭니다." 실제로 그렇다. 어떤 정통파 유대인은 예수님만 이야기하면 화를 내고 고개를 돌리는 이들이 있다. 그것은 그들이 나쁘다고 탓하기보다는 아직 때가 이르지 않았기 때문에 완악한 행동을 한다고 보아야 한다. 그래도 유대인 선교사에 의하면, 최근에는 과거보다 구원받는 유대인의 수가 많아진다고 한다.

정확한 통계는 나와 있지 않지만, 현재 이스라엘 내에 거주하고 있는 메시아닉 주(Messianic Jew: 예수님을 메시아로 영접하고 따르는 유대인)의 숫자는 약 10,000명 정도다. 이들이 참석하고 있는 유대인 교회(Messianic congregation)의 숫자는 대략 50~60개 정도며, 현재 거의 모든 도시에 적어도 하나씩의 교회가 들어선 것으로 보인다. 전체 인구수에 비하여 보았을 때 이들의 숫자는 아직 미미해 보이지만, 최근 몇 년 사이에 가속도를 내며 성장하고 있다. (http://www.gmnnews.com/gcolumn/spview.asp?num=28&code=p015, 2007년 12월 23일)

이것은 주님의 재림의 때가 그만큼 가까웠다는 것을 뜻한다. 하나님의 구원의 역사는 하나님의 주권 하에서 하나님이 정하신 대로 이루어지고 있다. 이스라엘의 일시적 버림받음과 회복은 하나님의 구속사적 경륜 속에 있다.

이스라엘의 일시적 버림받음과 회복은
하나님의 구속사적 경륜 속에 있다.

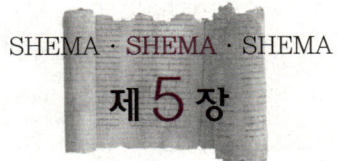

SHEMA · SHEMA · SHEMA
제 5 장

결론:

이방 기독교인이 **신앙의 가문**을
영원히 **이을 수 있는 방법**:
〈**유대인**(뿌리)의 **쉐마**를 배우고 **실천**해야 한다〉

Ⅰ. 초대교회의 영적 양식은 왜 구약성경뿐인가
Ⅱ. 초대교회가 살아남지 못한 이유와 그 대안은

I. 초대교회의 영적 양식은 왜 구약성경뿐인가

유대인은 자손들에게 뿌리의 진액인 하나님의 말씀을 전수하는데 성공했다. 이를 이방 기독교인에게 적용해 보자. 한 사람의 이방 기독교인이 복음으로 접붙임 받은 후 주님 오실 때까지 죽지 않고 오랫동안 살아남기 위해서는 어떻게 해야 하겠는가? 즉 이방 기독교인은 어떻게 해야 항상 푸르게 가지를 주님 다시 오실 때까지 뻗어가며 죽지 않고 계속해서 살아남을 수 있을 것인가? 뿐만 아니라 가정이나 민족이 자손 대대로 아브라함처럼 더 많은 가지를 번성시킬 수 있겠는가?

가지인 이방 기독교인이 뿌리인 유대인으로부터 어떻게 하나님의 말씀을 전수 받았는가? 그 과정을 살펴보자. 신약교회의 시작은 예루살렘의 오순절 성령강림으로 시작되었다(행 2장). 첫 초대교회의 교인들은 열 두 사도들과 120문도였다. 첫 복음전도자들인 열 두 사도들은 모두 구약의 뿌리의 진액인 하나님의 말씀을 잘 아는 유대인들이었다. 즉 그들은 하나님의 말씀을 맡은자들이었다.

그들이 말씀 맡은자의 역할을 하기 위하여 유대인 기독교인들과 이방 기독교인들에게 구약성경을 가르쳤다. 그래서 하나님의 말씀이 이방 기독교인들에게도 점점 흥왕해져 갔다(행 12:24). (여기서는 이방 기독교인을 중심으로 설명한다.) 이방 기독교인들이 세력을 얻게 된 것도 주의 말씀이 힘이 있어 흥왕해져 갔기 때문이다(행

19:20). 그리고 열 두 사도들 대부분이 신약성경의 저자들이 되었다.

신약시대에는 이방인이 성령을 받고 예수님을 구주로 영접하게 되면 기독교인이 된다. 기독교인이 되면, 자동적으로 유대인이 소유했던 구약성경을 하나님의 말씀으로 믿게 된다. 유대인이 믿었던 그 '아브라함과 이삭과 야곱의 하나님'이 이방 기독교인의 하나님이 되었기 때문이다(행 7:32). **초대교회 때는 이방 기독교인이 사용할 신약성경이 형성되지 않았다. 때문에 이방인도 성령을 받아 예수님을 믿고 기독교인이 된 후에는 자연스럽게 구약 성경을 하나님의 말씀으로 받아드렸다. 가지(이방 기독교인)가 참감람나무 뿌리의 진액(유대인이 가진 구약성경)을 함께 공유할 수 있는 특권이 있기 때문이다**(롬 11:17).

그리고 복음전도자들을 통하여 구약 성경의 말씀들을 공급받게 된다. 그리고 그 말씀들을 영의 양식으로 매일 먹게 된다. 그래서 신약시대의 이방 기독교인도 '말씀 맡은자'로 성장하게 되었다.

이것을 무엇으로 증명할 수 있는가? 같은 역사의 내용이라 해도 한국이나 중국의 역사나 그 역사에 나타난 인물들을 아무리 많이 안다하더라도, 지식이나 인격에는 도움이 될지언정 영성에는 도움이 안 된다. 하지만 구약성경을 많이 읽고 유대인의 역사나 그들의 역사에 나타난 인물들; 아브라함, 이삭, 야곱, 요셉, 다윗 및 에스라 등을 많이 알면 알수록 그리고 깊이 묵상할수록 영성이 자란다. 왜냐하면 영적으로 이방 기독교인도 아브라함의 자손, 즉 영적 이스라엘 백성이 되었기 때문이다(갈 3:6~9). 이것이 바로 이방 기독교인들이 유대인의 참감람나무 뿌리의 진액을 공급받는 과정이다. 즉 이방 기독교인이 유대인으로부터 하나님의 말씀을 물려

받는 과정이다.

유대인으로부터 하나님의 말씀을 물려받은 이방 기독교인은 기독교 역사 2,000여 년 동안 예수님의 지상명령(마 28:19~20)에 따라 세계 만방에 복음과 하나님의 말씀을 전파하였다. 즉 구원을 위한 복음을 전한 이후 그들에게 영의 양식으로 신약성경과 함께 유대인의 구약성경도 함께 전수해 주었다.

따라서 하나님의 구속사적 입장에서 기독교의 역사는 예수님 오신 이후의 2,000년의 역사뿐만이 아니라, 구약성경인 유대인의 역사까지 포함되어야 한다. 이를 다른 말로 표현하면 기독교는 구약성경을 뜻하는 유대주의 더하기 복음(예수님, 신약)이다.

기독교 = 복음(예수님, 신약) + 유대주의(구약)

II. 초대교회가 살아남지 못한 이유와 그 대안은

기독교교육학적인 입장에서 신약시대에 어떠한 문제점이 있었는가? 당대의 이방 기독교인 부모들이 자신들은 구약의 뿌리의 진액인 하나님의 말씀을 선교사나 목회자들로부터 공급받아 하나님의 말씀을 맡았으면서도, 그것을 자녀들에게 전수하는 데는 실패했다는 데 있다. 즉 수평적인 이웃전도나 세계선교에는 성공했는데 수직적인 가정에서 부모가 자녀들에게 말씀을 전수하는 데는 실패했다는 얘기다.

그래서 복음을 받은 전 세계의 이방 교회들이 당대에는 흥할지 모르지만 몇 세대가 지나면 성령님께서 지나간 흔적만 남아 관광지화 되어간다. 매년마다 나무의 수명을 재는 나이테로 말하자면 불과 200개에서 400개 정도다. 유대인의 4,000개에 비하면 얼마나 적은 연대인가!

왜 이런 문제가 생겼는가? 그 대안이 무엇인가? 초대교회 때부터 이방 기독교인이 유대인에게 구원을 위한 복음뿐만 아니라 유대인의 자녀교육인 '쉐마'에 대해 일일이 물어보고 배웠어야 했다. 그들이 어떻게 하나님의 말씀을 자손 대대로 대물림했는지를 물어보았어야 했다.

쉐마교육에 필요한 각 분야들; 왜 가정은 성전인지, 아버지신학,

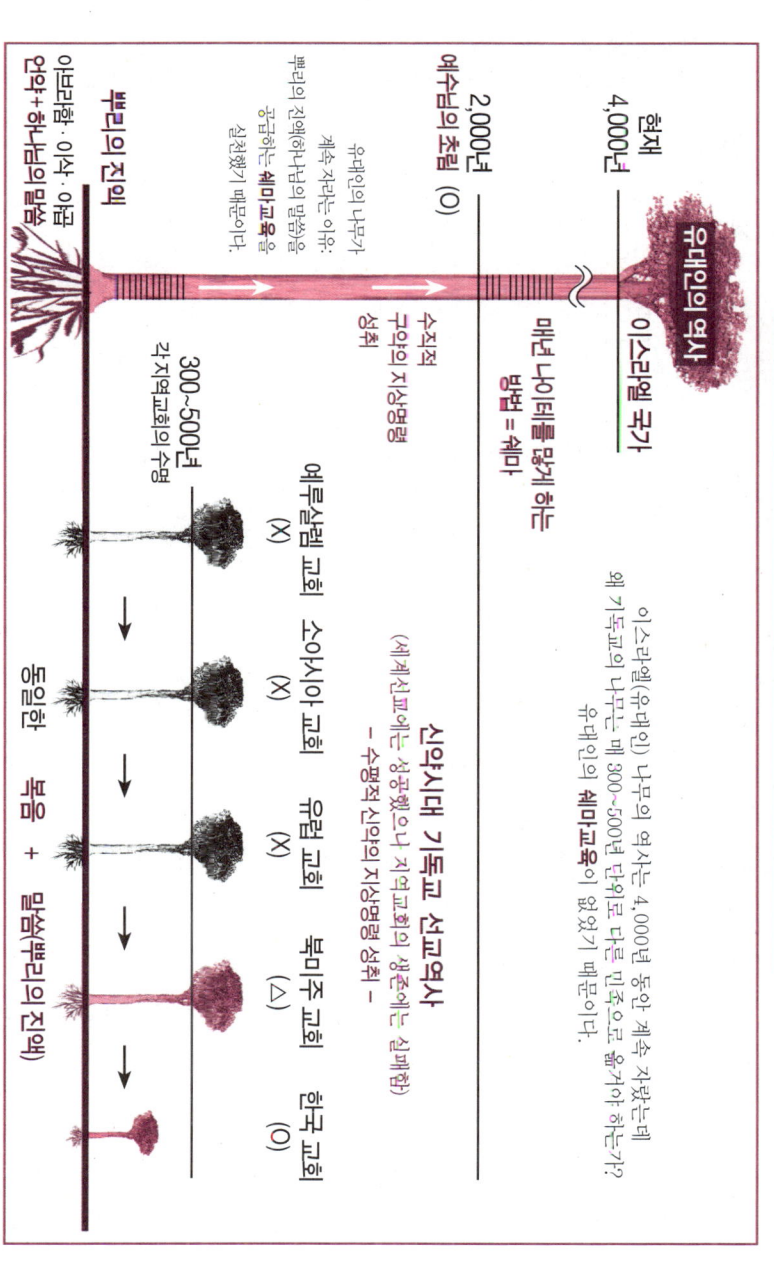

제5장 결론: 이방 기독교인이 신앙의 가문을 영원히 이을 수 있는 방법

쉐마를 실천한 유대인과 실천하지 못한 기독교인의 차이

분류	유대인	이방 기독교인
차이점	뿌리의 진액(말씀)을 아브라함부터 현재까지 자손들에게 전수하는 데 성공했다.	뿌리의 진액(말씀)을 당대의 몇 세대에만 간직했다. 자손들에게 전수하는데 실패했다.
결과	아브라함 한 사람에서 큰 나무로 성장하여 수많은 가지들(유대민족)이 무성하다.	당대의 몇 세대만 가지들이 풍성하다가 곧 죽어버렸다. 믿음의 가문이나 민족교회가 죽어갔다.
이유	뿌리와 가지가 살아남은 이유는 조상 대대로 내려오는 쉐마를 실천했기 때문이다.	1. 이방 기독교인이 유대인을 미워하여 그들로부터 쉐마를 배우지 않았다. 2. 예수님의 지상명령인 세계선교에만 너무 치중했다.

어머니 신학, 자녀신학, 고난의 역사신학, 경제신학 등을 물어보고, 배워 기독교인 가정과 교회에서 유대인처럼 쉐마를 실천했어야 했다. 이것이 "왜 기독교교육에 유대인의 자녀교육이 필요한가?"에 대한 답이다.

[왜 초대교회 유대인 기독교인은 쉐마를 알면서도 자손들에게 말씀을 전수하는데 실패했는가? 그리고 왜 쉐마를 이방 기독교인에게 가르쳐 주지 않았는가? 이에 대한 설명은 저자의 저서 《부모여 자녀를 제자 삼아라》(쉐마, 2005), 제2권 제7장 I. '초대교회 교인이 대부분 유대인인데, 왜 말씀을 자자손손 전수하는데 실패했나?' 참조]

그렇게 했더라면, 초대교회는 물론 2,000여 년간 복음이 전파된 전 세계의 수많은 교회들도 유대교처럼 죽지 않고 현재까지 번성하며 살아남아 있었을 것이다. 구원받은 백성이 엄청나게 많아졌을 것이다.

구약시대에 선민의 뿌리인 아브라함 한 사람에게서 구약의 지상명령 쉐마교육을 실천하여 그렇게 많은 가지들인 유대인들이 번성했는데, 신약시대에 전 세계에 흩어진 수많은 기독교인 개개인이 아브라함처럼 자녀들에게 하나님의 말씀을 가르치는 '쉐마교육'을 자손대대로 실천 했었다면, 얼마나 많은 이들이 오대양 6대주에 번성했겠는가? 그렇게 됐으면, 예수님의 소원이 이루어져 주님의 재림도 앞당길 수 있었을 것이다

> 이 천국 복음이 모든 민족에게 증거되기 위하여 온 세상에 전파되리니 그제야 끝이 오리라. (마 24:14)

그러나 안타깝게도 기독교 역사 2,000년 동안 기독교인은 유대인을 원수처럼 여기고 그들에게 '쉐마'를 배우기는커녕 그들을 핍박했다. 그 결과 기독교 역사 2,000년 동안 다른 민족에게 복음을 전하는 세계선교에는 성공했으면서도 자손 대대로 말씀을 대물림하는 데는 실패했다. 이제야 부족한 저자를 통하여 유대인으로부터 쉐마를 전수받게 하신 하나님의 뜻이 자못 궁금하다.

우리가 분명히 알아야 할 것은 아무리 좋은 구원을 위한 복음과 구약의 뿌리의 진액인 하나님의 말씀을 맡았다고 하더라도 '쉐마교육'이 없다면 당대에는 흥할지 모르나, 유대인처럼 자손대대로 흥하는 데는 실패할 수밖에 없다는 것이 역사의 교훈이다. 따라서 후대에게 하나님의 말씀을 전수하기 위하여 유대인 자녀교육인 쉐마교육이 필요하다.

마지막으로 앞의 135쪽에 있는 도표 '나무의 비유로 본 유대인의 역사와 기독교선교 역사의 비교'를 보면서 구약시대와 신약시대의 또 하나의 큰 차이를 설명하고, 그 차이를 막는 대안을 제시하면서 마치고자 한다.

하나님께서는 구약시대에는 이스라엘 백성이 하나님에게 아무리 큰 죄악을 범했다 하더라도 그들에게 혹독한 심판의 채찍을 가하여 하나님과 이스라엘 본토로 돌아오게 할망정 아브라함 때부터 예수님의 초림까지 2000년 동안 성령의 촛대를 다른 민족에게로 옮기신 적이 없다는 사실이다.

그런데 신약시대에는 각 지역의 교회들이 시간이 흘러 다음 세대가 처음 행위를 갖지 않고 차가워지면 하나님이 성령의 촛대를 다른 지역이나 민족에게로 옮겼다는 사실이다(계 2:5).

이것은 하나님의 주권적인 역사다. 하나님께서 그렇게 정하신 것이다. 그러나 2000년이 지난 현재는 하나님께서 신약의 교회들도 주님을 사랑했던 처음 행위가 대를 이어가면서 없어지기를 원치 않으신다는 사실이다. 그래서 구약의 지상명령을 발견하게 하신 것이다.

따라서 이제 온 세계 교회들은 구약의 지상명령 쉐마와 신약의 지상명령 세계 선교를 균형 있게 가정과 교회에서 실천하여 주님을 사랑했던 처음 행위도 대를 이어 잃어버리지 않게 하고, 세계 선교도 함께 할 수 있도록 해야 한다. 그래서 주님 재림 때에는 온 세계 기독교인들이 살아남아 주님의 재림을 함께 맞이하도록 해야 한다.

안타깝게도 기독교 역사 2000년 동안 기독교인은
유대인을 원수처럼 여겨 그들에게 '쉐마'를 배우기는커녕 그들을 핍박했다.
이제야 부족한 저자를 통하여 유대인으로부터
쉐마를 전수받게 하신 하나님의 뜻이 자못 궁금하다.

> 진리라는 돌을 줍기 위해서는
> 몸을 굽히지 않으면 안 된다.
> 그런데 사람들에게 어려운 것은
> 몸을 굽히는 일이다.
> _Tokayer, 탈무드3: 탈무드의 처세술, 동아일보, 2009, p. 41.

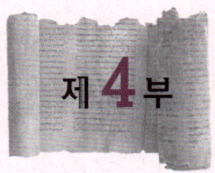

제4부

하나님이 유대민족에게 주신 지상명령, 쉐마

제1장 유대인 쉐마의 성경적 배경
제2장 유대민족이 받은 지상명령, 쉐마의 내용
제3장 쉐마와 오순절: 율법과 성령 받은 절기 (제3권 참조)

> "유대인이 어떻게 자손 대대로 율법(말씀)을 전수하는 데 성공할 수 있었나?" 저자는 이 질문에 대한 답, 즉 그 비밀을 찾기 위하여 모세오경을 구속사적인 입장이 아니라, 교육신학적인 입장에서 해석하고자 한다. 그 비밀에는 '쉐마'가 있고, 이를 설명하기 위해서는 신·구약 성경의 기초인 모세오경의 중심 주제를 알아야 한다.

제1장

SHEMA · SHEMA · SHEMA

유대인 쉐마의 성경적 배경

I. 쉐마(שְׁמַע, Shema)와 모세오경
II. 쉐마의 성경적 배경: 시내산 언약
III. 시내산 언약과 쉐마의 관계

I. 쉐마(שְׁמַע, Shema)와 모세오경

유대인 부모가 모세 때부터 현재까지 3,400년간 자녀들에게 여호와 하나님의 율법(말씀)을 자손 대대로 전수하는 데 성공한 핵심 비밀은 그들의 쉐마에 있다. 쉐마 말씀은 모세오경의 613가지 율법 중에 세 군데 있다. 175번째부터 시작되는 신명기 6장 4~9절, 11장 13~21절과 민수기 15장 37~41절을 말한다. 대표적인 쉐마는 신명기 6장 4~9절이다.

'쉐마'의 말씀 중에는 '복'이란 단어가 하나도 없다. 모두 하나님이 유대인에게 하나님과 그들 스스로와 그리고 그들의 자녀에게 행해야 할 의무뿐이다. 그런데 왜 유대인은 그 '쉐마 말씀'을 '복의 말씀'으로 그토록 귀하게 여기는가? 그 이유를 알기 위해서는 모세오경에 나타난 쉐마의 역사적 배경을 알아야 한다.

유대민족은 아브라함의 후손이다. 그들은 애굽에서 400년간 노예 생활을 한다. 그리고 하나님은 모세를 지도자로 부르신 후 그를 통하여 유월절에 민족적으로 출애굽을 시키신다(출 12장). 하나님께서 그들에게 약속하신 젖과 꿀이 흐르는 가나안을 향한 민족의 대장정이다. 그들은 홍해를 건너고 시내산에서 율법을 받는다. 그리고 광야에서 40년간 율법을 지켜 행하는 훈련을 받은 후 가나안을 향한 전진이 시작된다. 이것이 모세오경 중 출애굽기, 레위기, 민수기의 내용이다.

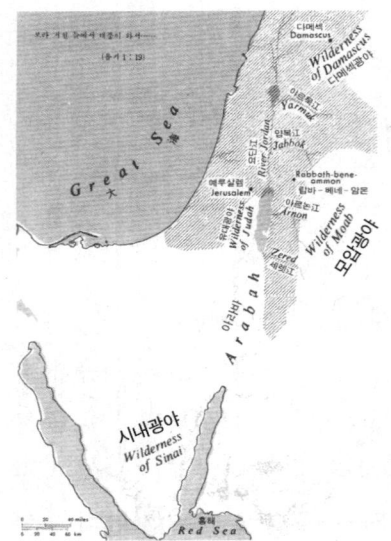

이스라엘 백성이 애굽을 떠난 후 토라(말씀)를 받았던 시내 광야의 시내산과 모세가 죽기 전 이스라엘 백성에게 간절한 세 편의 유언 설교(쉐마)를 한 모압 광야

다음에 이어지는 신명기는 모세가 애굽에서 탈출하여 광야 40년간의 여정(출애굽기, 레위기, 민수기의 내용)을 회고하면서 모세가 이스라엘 민족에게 피를 토하는 듯 간절한 당부의 설교를 세 번 한 내용이다. 물론 신명기에는 창세기의 내용도 있다. 여기에는 이스라엘 민족이 요단강을 건너 소유할 가나안에 도착하면 그곳에서 어떻게 살아야 할지에 대한 자세한 새로운 생활 지침들이 들어 있다(신 6:1~2).

모세는 이 설교를 요단강을 건너기 전 모압 평지에서 2세나 3세 자녀들에게 했다. 1세대는 오직 두 명뿐이었다. 모세의 생애를 마감하는 마지막 고별 설교였다. 자기 백성을 향한 유언의 절규였다. 그는 이 설교를 마지막으로 남기고 요단강을 건너지 못하고 느보산에서 생을 마감한다(신 34:1~7).

그 당시 왜 모세의 설교를 들은 청중들이 2세와 3세들이었는가? 1세 중에는 여호수아와 갈렙만이 남았고, 나머지는 모두 패역한 불순종의 죄 때문에 광야에서 죽었기 때문이다(민 26:65).

유대인의 쉐마는 모세가 설교한 설교 내용의 중심 주제다(일부는 민수기에 있다). 그리고 그 중심 주제의 핵심 단어(key word)가 '쉐마'다. 또한 이 '쉐가'란 단어는 유대인이 사용하는 구약성경 전체의 핵심 단어이기도 하다.

모세는 이스라엘의 후세들에게 그들 조상들처럼 더 이상 하나님의 진노의 심판을 받아 죽지 않는 길이 무엇인가를 반복하여 강조했다. 유대민족은 왜, 어떻게 살아야 하는가? 여호와 하나님께서 주신 땅 가나안에서 장수할 수 있는 길은 무엇인가? 그 답이 바로 쉐마에 있다. 그 이유는 무엇인가?

쉐마는 하나님과 이스라엘 백성 간의 언약에서 기인한다. 하나님은 이스라엘 백성이 출애굽한 후 시내산에서 오순절에 이스라엘 백성에게 율법(말씀)을 주실 때 모세를 중재자로 삼아 이스라엘 백성과 언약(Covenant), 즉 신적 계약(Divine Contract)을 체결하신다. 그리고 그 언약을 가장 잘 실천하기 위한 교육이 바로 쉐마다.

이제 성경에 나타난 쉐마의 역사적 배경을 더 자세히 알아보기 위해 하나님과 이스라엘 민족 간의 언약을 맺는 과정을 살펴보자.

> 모세는 이스라엘의 후세들에게 그들 조상들처럼
> 더 이상 하나님의 진노의 심판을 받아
> 죽지 않는 길이 무엇인가를 반복하여 강조했다.
> 유대민족은 왜, 어떻게 살아야 하는가?
> 그 답이 쉐마에 있다.

II. 쉐마의 성경적 배경: 시내산 언약

1. 하나님이 강림하시어 십계명(율법)을 주시는 장엄한 장면

하나님은 아브라함과 이삭과 야곱의 자손 이스라엘 백성과 언약을 체결하신다(출 19~24장). 이 언약의 과정은 애굽을 떠난 이스라엘의 12지파가 시내산에 도착하고 산 앞에 장막을 치면서부터 시작된다(출 19:1~2). 시내산에서 맺은 언약이기 때문에 이를 '시내산 언약'이라고 부른다. 이것은 하나님이 아브라함과 이삭과 야곱에게 주신 약속의 성취다(출 2:24).

언약의 목적은 무엇인가? 하나님이 이스라엘 민족을 열국 중에 특별한 백성, 즉 제사장 나라요 거룩한 백성이 되게 하기 위함이다.

> 세계가 다 내게 속하였나니 너희가 내 말을 잘 듣고 내 언약을 지키면 너희는 열국 중에서 내 소유가 되겠고 너희가 내게 대하여 제사장 나라가 되며 거룩한 백성이 되리라 너는 이 말을 이스라엘 자손에게 고할지니라. (출 19:5~6)

시내산 언약을 기점으로 유대민족은 하나의 국가로 탄생된다. 오늘날의 '이스라엘'이란 국가의 탄생은 이렇게 시작되었다. 인류 역사상 처음으로 하나님에 의한, 하나님을 위한 신본주의 국가다. 그리고 하나님이 유대민족을 친히 통치하시는 신정정치(神政政治)가 시작된다. ('이스라엘'은 모세오경 및 구약성경에서 대체로 유대인의 12

지파를 총괄하여 지칭할 때 쓰였고, 국호로 쓰여진 것은 남왕국과 북왕국으로 나누어졌던 시대에 북왕국을 '이스라엘'로 불렀다. 현재는 민족을 지칭할 때는 '유대인'이라 부르고, 국가를 지칭할 때는 '이스라엘'이라고 부른다.)

구체적인 언약의 과정은 출애굽기 19장에 나타난 하나님의 강림으로부터 시작한다. 출애굽기 20장부터 23장까지는 언약의 내용, 즉 하나님의 율법들이 공포된다(더 많은 율법들이 출애굽기 25장 이하, 레위기, 민수기 및 신명기에 이어진다). 그리고 24장에서는 언약을 체결하는 과정이 나온다(이들 순서어는 학자들간에 이견이 있다).

먼저 하나님의 강림, 즉 하나님이 이스라엘 백성에게 내려오심부터 살펴보자. **이스라엘 백성이 시내산에 도착한 후 하나님은 이스라엘 백성에게 율법을 주신다.** 누구를 통해서 율법을 주시는가? 모세를 중재자로 내세우신다. 언제 주신 것인가? 오순절이다(오순절에 대한 자세한 내용은 본서 제3권 제4부 제3장 Ⅲ. '교회론적 입장에서 본 오순절' 참조).

하나님은 유대인이 시내산 광야에 머물러 오순절에 거룩한 율법을 받기 전 3일 동안 말미를 주신다. 옷을 빨고 몸을 씻기 위해서다(출 19:10). 이것은 무엇을 뜻하는가?

죄를 씻는 정결의식을 치른 후 율법을 받는다는 것을 의미한다. 죄악된 인간이 성결함이 없이는 결코 거룩한 하나님께 가까이 접근할 수 없다는 사실을 교육하기 위한 방법이다. 구약시대에 옷을 빠는 외적 성결의 행위(레 11:25, 15:5)는 내적 성결을 의미하는 의식적(儀式的)인 행위다.

이것은 신약의 기독교인이 오순절 성령을 받기 전 마음의 옷과 몸의 때를 씻는 회개, 즉 자신의 죄를 토해낸 후 성령을 선물로 받는 것에 대한 예표다. 사도행전을 보자.

> **베드로가 가로되 너희가 회개하여 각각 예수 그리스도의 이름으로 세례를 받고 죄사함을 얻으라 그리하면 성령을 선물로 받으리니.** (행 2:38)

주님 앞에 깨끗한 흰옷을 입는 것은 내적 성결과도 연관이 된다(계 7:9).

출애굽기 19장을 보면, 하나님은 모세를 통하여 유대인이 하나님의 강림을 준비하기 위하여 세 가지를 명하셨다. 모두 성결에 관한 것들이다. 그들이 성결하지 못할 때에는 하나님의 돌격을 받아 죽을 것을 엄히 경고하셨다(출 19:7~24).

첫째, 몸과 의복을 성결하게 할 것(10절)
둘째, 산에 둘레를 정하고 백성들의 접근을 막을 것(12~13절, 21~23절)
셋째, 여인을 가까이하지 말 것(15절)

이스라엘 백성은 '오늘과 내일' 즉 이틀 동안 옷을 빨고 몸을 씻은 후 제삼일째 오순절 아침을 맞이하였다. 산 위에서는 우렛소리가 나고 번개가 치며 모세가 섰던 시내산에는 불과 자욱한 구름 그리고 커다란 나팔 소리가 있었다. 그리고 땅에서는 지진이 크게 진동하였다. 진중의 모든 백성이 초자연적 현상을 체험하며 두려워 떨었다.

> 제삼일 아침에 우뢰와 번개와 빽빽한 구름이 산 위에 있고 나팔
> 소리가 심히 크니 진중 모든 백성이 다 떨더라. (출 19:16)

이때 드디어 여호와께서 시내산에 강림하시기 시작했다. 인류 역사의 초유의 장엄한 사건이다. 이 광경은 이 세상에 수많은 민족이 있었지만 오직 유대인만이 경험한 사건임을 기억해야 한다. 그 이유는 무엇인가? 당시 그들만이 하나님의 선민이었기 때문이다.

> 모세가 하나님을 맞으려고 백성을 거느리고 진에서 나오매 그
> 들이 산 기슭에 섰더니 시내산에 연기가 자욱하니 여호와께서
> 불 가운데서 거기 강림하심이라. (출 19:17~18a)

모세가 천지를 창조하시고 역사를 주관하시는 하나님을 맞으려고 백성을 거느리고 진에서 나오는 장면을 상상해 보라(출 19:17~18a). 그리고 시내산에 연기가 옹기점의 연기같이 떠오르고, 온 산이 크게 진동하며, 나팔 소리가 점점 커질 때에 모세가 말하니 하나님이 음성으로 대답하셨다(출 19:18b~19). 하나님의 직접적인 음성!(The Sound of God) 시내산에서 한 사람에게가 아니고 수백만 이스라엘 민족(장정만 60만 명) 모두에게, 갓난아기에서 노인에 이르기까지. 당시 상황을 한번 상상해 보라! 얼마나 놀랍고 장엄한 사건인가?

그뿐인가? 출애굽기 20장 1~21절에는 하나님이 이스라엘 백성

모두에게 하나님의 음성으로 직접 십계명을 하나하나 자세하게 주시는 장면이 나온다.

유대인의 탈무드에는 당시 상황을 이렇게 묘사했다.

십계명을 주시기 전 온 세계는 아무 소리 없이 지극히 잠잠하였다. "그 순간은 새들도 짹짹이지 않고, 조류(鳥類)들도 날지 않고, 소들도 음매소리를 내지 않고, 천사들의 강림도 없었다. 바다도 요동치 않고, 어떤 피조물도 소리를 내지 않았다. 지극히 조용한 그때 오직 하나님의 음성만이 웅장하게 크게 퍼졌다. '나는 너의 하나님 여호와이니라'(출 20:2)"(Shemos Rabbah 29:9).

하나님 스스로를 이스라엘 백성에게 직접 나타내시는 역사적인 장면이다. 말씀이 이어진다.

> 나는 너를 애굽 땅, 종 되었던 집에서 인도하여 낸 너의 하나님 여호와로라. (출 20:2)

온 이스라엘 백성이 하나님의 영광과 음성을 동시에 듣는 역사적인 순간이었다.

하나님이 온 세상을 침묵하게 하신 후 강림하신 주된 이유는 무엇인가? 유대인의 설명을 들어 보자.

"이 순간은 이스라엘에게만 해당되는 것이 아니라, 모든 창조물에게까지도 해당되기 때문이다. 이때 만약 이스라엘이 토라(율법)를 거절했다면 온 세계는 종말을 당했을 것이다"(Scherman & Zlotowitz, 1994. p. 406).

이스라엘이 이때 토라(율법)를 거절했다면 왜 온 세계는 종말

시내산에 연기가 옹기점의 연기같이 떠 오르고, 온 산이 크게 진동하며, 나팔 소리가 점점 커질 때에 하나님이 음성으로 대답하셨다. (사진: 하나님이 친히 강림하시어 이스라엘 백성에게 십계명을 주셨던 시내산)

을 당했을 것인가? 이 사건은 유대인에게만 해당되는 것이 아니고, 온 인류 모두에게 해당되기 때문이다. 하나님이 이스라엘 백성을 택하신 이유는 타락한 온 세계 인류를 구원하시기 위함이었다. 그리고 장차 이스라엘 백성의 후손 예수님을 통하여 온 세계 인류가 구원을 받게 될 것이기 때문이다. 따라서 그 순간 이스라엘이 토라를 받는 것은 온 세계 인류를 대표하여 받는 순간이었다. 즉 아담 이후 타락한 인류를 구원하시기 위하여 하나님이 친히 율법(말씀)으로 인류 구원의 초석을 놓는 순간이기 때문이다.

하나님의 음성은 계속 이어진다. 하나님은 이스라엘 백성에게 제1계명부터 제10계명까지 차례로 주신다(출 20:3~21). 하나님이 이스라엘 백성에게 십계명을 모두 주신 후 이스라엘 백성은 점점 더 죽을까 두려워 떨게 된다. 그리고 모세에게 이렇게 애원한다.

> 뭇백성이 우뢰와 번개와 나팔 소리와 산의 연기를 본지라 그들이 볼 때에 떨며 멀리 서서 모세에게 이르되 당신이 우리에게 말씀하소서 우리가 들으리이다 하나님이 우리에게 말씀하시지 말게 하소서 우리가 죽을까 하나이다. (출 20:18~19)

이스라엘 백성들은 자신들이 하나님 여호와의 영광과 위엄을 직접 보고, 불 가운데서 나오는 음성을 듣고 하나님이 사람과 직접 말씀하시는데도 죽지 않고 생존하는 자체를 기이하게 여겼다(신 5:23~24). 죄 많은 인생들 입장에서 완전 거룩하신 하나님의 음성을 직접 들으니 얼마나 무서웠겠는가?

모세는 백성들에게 이렇게 안심시킨다.

> 두려워 말라. (출 20:20a)

왜 두려워하지 말라고 했는가? 그 이유는 하나님의 강림이 그들의 생명을 취하시는 것이 목적이 아니고, 그들이 하나님의 기적에 참여하여 하나님의 경외를 보게 하기 위함이었다(Scherman & Zlotowitz, 1994. p. 413).

그리고 이에 더하여 모세는 하나님이 이런 환경 속에서 강림하시는 이유를 설명했다.

> 너희를 시험하고. (출 20:20b)

그들의 유혹의 한계를 시험하셨다는 말씀이다. 시험의 목적은 무엇인가?

너희로 (하나님을) 경외하여 범죄치 않게 하려 하심이니라. (출 20:20c)

그 이유는 그들이 하나님의 두려움(awe of God)을 직접 봄으로 범죄치 않게 하려 하심이었다(p. 413). [저자 주: 기독교의 개역성경 출애굽기 20장 20절은 유대인의 성경(Mesorah Publications, Ltd.) 출애굽기 20장 17절에 있음]

온 산이 연기가 자욱하고, 크게 진동하며, 나팔 소리가 점점 커질 때에
하나님이 음성으로 말씀하셨다.
"너의 하나님 여호와로라"(출 20:2).
한 사람에게가 아니고 수백만 이스라엘 민족에게!
얼마나 놀랍고 장엄한 기적인가!
이때 만약 이스라엘이 토라(율법)를 거절했다면
온 세계는 종말을 당했을 것이다.

---

2. 하나님이 이스라엘 백성과 언약을 체결하시다

하나님은 십계명을 모세와 이스라엘 온 백성들에게 말씀하신 후에는 더 말씀하시지 않고 모세를 중재자로 놓고 말씀하셨다. 모세는 후에 신명기에서 이렇게 회고하였다.

> 여호와께서 산 위 불 가운데서 너희와 대면하여 말씀하시매 그 때에 너희가 불을 두려워하여 산에 오르지 못하므로 내가 여호와와 너희 중간에 서서 여호와의 말씀을 너희에게 전하였노라.
> (신 5:4~5)

그리고 모세만 홀로 산에 올랐을 때 하나님은 십계명을 두 돌판에 손수 쓰셔서 그에게 주셨다(출 24:12; 신 5:22).

> 여호와께서 이 모든 말씀을 산 위 불 가운데, 구름 가운데, 흑암 가운데서 큰 음성으로 너희 총회에 이르신 후에 더 말씀하지 아니하시고 그것을 두 돌판에 써서 내게 주셨느니라. (신 5:22)

하나님이 강림하시어 율법을 주신 날이 오순절(혹은 칠칠절)이다. 숨길 수도 없고 왜곡할 수도 없는 사실 그대로의 초자연적 사건의 날이다. 유대인은 이날을 개개인이 하나님의 강림을 직접 체험한 절기로 성대히 지킨다. 여기에서 왜 하나님이 온 이스라엘 백성에게 산 위 불 가운데, 구름 가운데, 흑암 가운데서 큰 음성으로 직접 말씀하셨나를 생각해 볼 필요가 있다.

그것은 온 이스라엘 백성이 모세 뿐만 아니라 온 백성이 할아버지부터 어린아이에 이르기까지 하나님의 계시(Revelation)의 말씀을 하나님의 영광 중에 듣게 함으로서, 하나님이 주신 율법을 의심 없이 믿게 하기 위함이다. 율법의 권위는 창조주 하나님에게서 나온다는 사실을 온 천하에 알리고 믿게 하기 위함이다.

유대인이 구약성경을 율법서라고 부르는 이유도 하나님이 시내산에서 선악을 구별하는 율법을 주셨기 때문이다. 율법은 하나님의 백성이 구별되게 살기 위한 성화의 도구다. 이를 지켜 행함으로 하나님의 형상을 닮기 위함이다. 그리고 이 역사적 사건과 하나님의 율법(말씀)을 모든 아브라함의 자손들이 자손 대대로 의심 없이 믿게 하기 위함이다.

물론 신약시대의 영적 유대인인 기독교인들도 아브라함의 자손(갈 3:6~9)에 포함되기 때문에 이를 성경대로 반드시 믿어야 한다 ['왜 기독교인에게 유대인의 율법이 필요한가'에 대한 자세한 이유는 저자의 저서 《부모여 자녀를 제자 삼아라》(쉐마, 2005), 제1권 제2장 '유대인의 율법은 악한가' 참조].

모세는 시내산에서 받은 여호와의 모든 율법들을 이스라엘 백성에게 전하여 준다. 이 내용은 출애굽기 20장 22절부터 23장까지 이어진다(물론 언약 체결 후에도 율법의 내용은 계속 이어진다). 그리고 출애굽기 24장 1~11절에는 하나님이 이스라엘 백성에게 언약을 체결하시는 장면이 나온다. 모세는 하나님을 대신하고 아론 3부자와 70장로는 이스라엘을 대신하여 이 체결식에 참석하였다.

언약의 식순은 다음과 같다.
1) 모세가 언약서를 기록한다(4절).
2) 단을 쌓고 12기둥을 세운다(4절).
3) 번제와 화목제를 드린다(5절).
4) 언약의 피를 뿌린다(6절).
5) 모세가 언약서(The Book of Covenant)를 낭독한다(7절).
6) 백성은 준수를 서약한다(7절).
7) 모세는 언약을 공포한다(8절).
8) 이어 언약의 연회가 있었다(9~11절). (이상근, 1990, p. 293)

여기에서 당시 이스라엘 민족이 하나님께 서약하는 장면을 살펴보자.

모세가 언약서를 가져 이스라엘 백성에게 낭독하여 들리매 그들이 가로되, "여호와의 모든 말씀을 우리가 준행하리이다(Everything that Jehova has sad, We will Do, and we will Obey.)"(7절, 이외 출 19:7~8, 신 4:9~10, 5:1~6 참조).

유대인은 "We will Do, and we will Obey!(우리가 준행하리이다)"를 특별히 강조한다. 이 서약은 하나님이 무엇을 명하시든지 거절하지 않고 순종하겠다는 의지의 표현이다. 인간의 뜻대로가 아니라 하나님의 뜻대로 살겠다는 맹세다. 따라서 이것은 이스라엘 백성이 하나님에 대한 믿음과 하나님의 말씀에 대한 헌신을 항상 생각나게 하는 찬송가(the anthem)라고 생각한다.

하나님 말씀의 음성에 순종한다는 것, 그 자체가 얼마나 큰 특권이며 의무인가(Scherman & Zlotowitz, 1994, p. 441)! 하나님과 이스라엘 백성과의 언약 체결식은 실로 역사적인 장엄한 장면이 아닐 수 없다.

"여호와의 모든 말씀을 우리가 준행하리이다"(출 19:7~8, 24:3~8; 신 4:9~10, 5:1~6)라는 언약 속에는 '이스라엘 자손 대대로 여호와의 말씀을 자손들에게 가르쳐 전수시키겠다"는 맹세도 포함되어 있다(신 28:1~68, 32:7).

시내산 언약은 유대민족이 존재해야 할 이유를 설명해 주는 유대 종교의 핵심이다. 이스라엘 국가의 존립 목표가 하나님과 맺은 시내산 언약을 지켜 행하는 것이다. 그리고 이 언약을 지키는 것은 그들 삶에 능력의 원천이 되었다. 언약을 지킬 때 하나님의 능력이 함께하시기 때문이다.

**모세가 언약서를 가져 이스라엘 백성에게 낭독하여 들리매
그들이 가로되,
"여호와의 모든 말씀을 우리가 준항하리이다"**
(Everything that Jehova has sad,
We will Do, and we will Obey.) (출 24:7).

랍비의 성경 강해

단결

오늘날 너희 곧 너희 두령과 너희 지파와 너희 장로들과 너희 유사와 이스라엘 모든 남자와 너희 유아들과 너희 아내와 및 네 진중에 있는 객과 무릇 너를 위하여 나무를 패는 자로부터 물 긷는 자까지 다 너희 하나님 여호와 앞에 선 것은, 너의 하나님 여호와의 언약에 참예하며, 또 너의 하나님 여호와께서 오늘날 네게 향하여 하시는 맹세에 참예하여……. (신명기 제29장 제10~12절)

이것은 모두 단결하여 일어서지 않으면 안 된다는 것을 강조하고 있다. 즉 단결의 힘이라는 것을 나타내고 있다. 작은 나뭇가지라도 하나일 때는 쉽게 부러지지만 백 개의 나뭇가지를 꺾으려 하면 좀처럼 꺾기 힘든 법이다. 혁명적인 일이며 동시에 이것은 개인적인 책임이라는 것을 확립시켜 가는 일이기도 하다.

_Tokayer, 탈무드 2: 탈무드와 모세오경, 동아일보, 2007, p. 286.

III. 시내산 언약과 쉐마의 관계

1. 쉐마는 시내산 언약의 조건을 지키는 방법이다

A. 언약의 두 가지 조건에 따른 복과 저주

시내산 언약을 체결한 후 유대인은 하나님과의 언약 관계에 있는 하나님의 선민이 되었다. 언약이란 세상적인 용어로는 두 당사자 사이의 '계약(Contract)'이라고 말할 수 있다. 그러나 언약(Covenant)이란 인간과 인간 사이의 계약을 넘어서 하나님과 유대인 사이에 맺은 하나님의 은총을 강조한 신적 언약(Divine Covenant)을 말한다(출 19:7~8, 19:16~19, 24:3~8; 신 4:9~10, 5:1~6).

인간 사회에서 맺는 계약과 하나님이 이스라엘 백성과 맺은 언약은 무엇이 다른가? 일반 사회의 계약은 쌍방 중 한 쪽에서 혹은 양자가 마음이 달라졌을 때 파기할 수도 있다. 개인과 개인끼리, 단체와 단체끼리 혹은 국가와 국가끼리 맺은 모든 계약들도 파기 할 수 있다.

그러나 하나님이 이스라엘 백성과 맺은 언약은 하나님이 일방적으로 주도하여 맺은 신적 언약이기 때문에 이스라엘 민족 스스로 파기할 수 없다. 즉 절대적이다. 싫든지 좋든지 하나님의 뜻대로 순종하는 길 이외에는 다른 방도가 없다. 만약 이스라엘 백성이 하나님께 순종하지 않아 언약을 파기할 경우에는 어찌 되겠는가? 하나님은 무엇이라고 말씀하시는가? (이 논리는 교육신학적인 입장에서 영적 유대인인 기독교인에게도 동일하게 적용된다는 사실에 주목하라.)

계약에는 두 당사자 사이에 조건이 있다. 하나님과 이스라엘 백성 간의 언약에도 조건이 있다. 하나님께서 유대인에게 제시하신 언약의 조건은 두 가지다.

첫째, 여호와 하나님을 사랑하고 그에게 순종하여 율법의 말씀대로 이행하면 복과 생명이다.

둘째, 여호와 하나님을 사랑하지 않고 그에게 순종하지 아니하여 율법의 말씀대로 이행하지 않으면 저주와 사망이다.

즉 하나님은 이스라엘 백성이 여호와 하나님을 사랑하고 그에게 순종하여 이 율법의 말씀을 자녀들에게 자손 대대로 가르쳐 지켜 행하면 복을 주실 것(신 28:1~14)이고, 가르치지 않고 지켜 행하지 않으면 저주를 내리신다(신 28:15~68)는 것이다.

> **내가 오늘날 천지를 불러서 너희에게 증거를 삼노라 내가 생명과 사망과 복과 저주를 네 앞에 두었은즉 너와 네 자손이 살기 위하여 생명을 택하고 네 하나님 여호와를 사랑하고 그 말씀을 순종하며 또 그에게 복종하라 그는 네 생명이시요 네 장수시니 여호와께서 네 열조 아브라함과 이삭과 야곱에게 주리라고 맹세하신 땅에 네가 거하리라. (신 30:19~20)**

이 얼마나 명확하고 준엄한 말씀인가! 이스라엘 백성에게는 복과 저주, 생명과 사망의 선택만 남았다(신 30:11~20). 중간은 없다.

세상에서도 계약은 두 당사자가 좋을 때나 싫을 때나 지켜야 한다. 지키지 않을 경우 계약 조건에 합당한 심판을 받게 된다. 하물며 하나님과의 언약은 얼마나 지엄한 것인가! 따라서 유대인 부모가 자녀들에게 말씀을 가르쳐 말씀대로 지켜 행하는 것이 복 받는 유일한 길이며, 이를 행하는 방법이 곧 유대인의 쉐마다.

하나님과의 언약을 지켜 행할 경우, 즉 여호와의 율례와 법도를 지킬 경우 받는 복과, 지키지 못할 경우 받는 저주의 말씀들 중 몇 가지만 살펴보자.

* 여호와의 율례와 법도를 지킬 경우 받는 복의 말씀(신 28:1~14)

1. 네가 네 하나님 여호와의 말씀을 삼가 듣고, 내가 오늘날 네게 명하는 그 모든 명령을 지켜 행하면, 네 하나님 여호와께서 너를 세계 모든 민족 위에 뛰어나게 하실 것이라…… 3. 성읍에서도 복을 받고 들에서도 복을 받을 것이며, 네 몸의 소생과 네 토지의 소산과 네 짐승의 새끼와 우양의 새끼가 복을 받을 것이며, 네 광주리와 떡반죽 그릇이 복을 받을 것이며, 네가 들어와도 복을 받고 나가도 복을 받을 것이니라…… 8. 여호와께서 명하사 네 창고와 네 손으로 하는 모든 일에 복을 내리시고…… 12b. 네 손으로 하는 모든 일에 복을 주시리니, 네가 많은 민족에게 꾸어 줄지라도 너는 꾸지 아니할 것이요, 13. 여호와께서 너로 머리가 되고 꼬리가 되지 않게 하시며, 위에만 있고 아래에 있지 않게 하시리니, 오직 너는 내가 오늘날 네게 명하는 네 하나님 여호와의 명령을 듣고 지켜 행하며……. (신 28:1~14)

* 여호와의 율례와 법도를 안 지킬 경우 받는 저주의 말씀(신 28:15~68)

15. 네가 만일 네 하나님 여호와의 말씀을 순종하지 아니하여, 내가 오늘날 네게 명하는 그 모든 명령과 규례를 지켜 행하지 아니하면 이 모든 저주가 네게 임하고 네게 미칠 것이니. 16. 네가 성읍에서도 저주를 받으며 들에서도 저주를 받을 것이요. 17. 또 네 광주리와 떡반죽 그릇이 저주를 받을 것이요. 18. 네 몸의 소생과 네 토지의 소산과 네 우양의 새끼가 저주를 받을 것이며. 19. 네가 들어와도 저주를 받고 나가도 저주를 받으리라…… 21. 여호와께서 네 몸에 염병이 들게 하사 네가 들어가 얻을 땅에서 필경 너를 멸하실 것이며. 22. 여호와께서 폐병과 열병과 상한과 학질과 한재와 풍재와 썩는 재앙으로 너를 치시리니, 이 재앙들이 너를 따라서 너를 진멸케 할 것이라…… 25c. 네가 또 세계 만국 중에 흩음을 당하고, 26. 네 시체가 공중의 모든 새와 땅 짐승들의 밥이 될 것이나 그것들을 쫓아 줄 자가 없을 것이며…… 43. 너의 중에 우거하는 이방인은 점점 높아져서 네 위에 뛰어나고 너는 점점 낮아질 것이며. 44. 그는 네게 꾸일지라도 너는 그에게 꾸지 못하리니, 그는 머리가 되고 너는 꼬리가 될 것이라…… 53. 네가 대적에게 에워싸이고 맹렬히 쳐서 곤란케 함을 당하므로 네 하나님 여호와께서 네게 주신 자녀 곧 네 몸의 소생의 고기를 먹을 것이라…… 58. 네가 만일 이 책에 기록한 이 율법의 모든 말씀을 지켜 행하지 아니하고 네 하나님 여호와라 하는 영화롭고 두려운 이름을 경외하지 아니하면, 59. 여호와께서 너의 재앙과 네 자손의 재앙을 극렬하게 하시리니 그 재앙이 크고 오래고 그 질병이 중하고 오랠 것이라…… 68. 여호와께서 너를 배에 실으시고 전에 네게 고하여 이르시기

를 네가 다시는 그 길을 보지 아니하리라 하시던 그 길로 너를 애굽으로 끌어가실 것이라 거기서 너희가 너희 몸을 대적에게 노비로 팔려 하나 너희를 살 자가 없으리라. (신 28:15~68)

저주에 관한 말씀은 복에 관한 말씀보다도 거의 3배 이상이나 길다. 하나님의 선민인 유대인이 여호와의 말씀의 언약을 파기할 경우 당하는 것은 얼마나 무서운 저주인가! 법을 아는 자만이 법의 두려움을 안다. 하물며 하나님과의 언약(계약)은 얼마나 더 무서운가! 따라서 정통파 유대인은 오늘도 두렵고 떨리는 마음으로 이 언약의 말씀을 지켜 행하려고 최선을 다한다.

우리는 이제 유대인이 실제 쉐마의 말씀(신 6:4~9, 11:13~21; 민 15:37~41) 중에 '복'이란 단어가 하나도 없는데도 그 말씀을 그토록 복의 말씀으로 귀하게 여기는 이유를 알 수 있다. 그것은 그들이 하나님께서 명하신 하나님과 그들 스스로와 그리고 자녀에게 행해야 할 의무를 지켜 행할 때 하나님이 약속하신 복을 받을 수 있다는 믿음이 있기 때문이다.

따라서 유대인의 쉐마는 그들의 신앙 고백이다. 이는 마치 기독교의 '사도신경'에 비유할 수 있다. 그러나 유대인의 쉐마에는 신앙 고백 이외에도 믿음을 실천하는 방법이 강하게 나타나 있다. 유대인의 쉐마는 유대인이 하나님과 연합됨을 다시 한 번 확인하게 하고 하나님에 대한 의무를 생각하게 한다. 그리고 그들은 언약의 표식들을 지켜 행함으로 인간의 헛된 욕망을 버리도록 교육한다(Donin, 1972, p. 164). 구약의 지상명령이기 때문이다.

법을 아는 자만이 법의 두려움을 안다.
하물며 하나님과의 언약(계약)은 얼마나 더 무서운가!
유대인은 오늘도 두렵고 떨리는 마음으로
이 언약의 말씀을 지켜 행하려고 최선을 다한다.

B. 유대인의 역사에 나타난 언약의 결과

1) 언약을 지켰을 경우 복과 생명

하나님은 이스라엘 백성과 시내산 언약을 맺었다. 그 후 예수님이 오실 때까지 이스라엘의 역사는 유대인의 흥망사다. 유대인의 흥망사는 하나님과의 언약을 잘 지켜 행했느냐, 아니면 지켜 행하지 않았느냐에 따라 결정되었다.

유대민족이 훌륭한 지도자와 백성들이 힘을 합하여 여호와의 언약을 잘 준행했을 때에는 흥했고, 그렇지 못했을 때는 망했다. 이것은 하나님이 이스라엘 백성과 맺은 언약을 얼마나 철저하게 잘 지키셨는가를 보여 준다. 하나님의 복의 결과는 평화와 번영으로 나타나고, 하나님의 저주의 결과는 징계로 나타났다.

> 이왕에 여호와께서 너희에게 선을 행하시고 너희로 번성케 하시기를 기뻐하시던 것같이 이제는 여호와께서 너희를 망하게 하시며 멸하시기를 기뻐하시리니 너희가 들어가 얻는 땅에서 뽑힐 것이요. (신 28:63)

다윗이나 솔로몬 시대처럼 하나님과 맺은 언약을 잘 지켜 행했을 때는 세계에서 가장 작은 나라들 중 하나(당시는 한국의 경상남북도를 합친 영토)일지라도 하나님의 복을 받아 세계의 머리가 되어 평화와 번영을 누리게 되었다. 뿐만 아니라 하나님의 말씀이 자손들에게 전수되어 영적 생명이 길게 전수될 수 있었다(왕상 3:14).

솔로몬 시대를 예로 들어보자. 하나님께서 솔로몬에게 조건부로 복을 약속하셨다.

> 네 하나님 여호와의 명을 지켜 그 길로 행하여 그 법률과 계명과 율례와 증거를 모세의 율법에 기록된 대로 지키라 그리하면 네가 무릇 무엇을 하든지 어디로 가든지 형통할지라. (왕상 2:3)

> 네가 만일 네 아비 다윗의 행함같이 내 길로 행하며 내 법도와 명령을 지키면 내가 또 네 날을 길게 하리라. (왕상3:14)

솔로몬은 아버지의 대를 이어 모세의 명을 좇아 각종 절기를 잘 지켜 행했고, 다윗의 정규를 좇아 하나님을 섬기는데 최선을 다했다.

> 모세의 명을 좇아 매일에 합의한 대로 안식일과 월삭과 정한 절기 곧 일 년의 세 절기 무교절과 칠칠절과 초막절에 드렸더라 솔로몬이 또 그 부친 다윗의 정규를 좇아 제사장들의 반차를 정하여 섬기게 하고 레위 사람에게도 그 직분을 맡겨 개일에 합의한 대로 찬송하며 제사장들 앞에서 수종들게 하며 또 문지기로 그 반차를 좇아 각 문을 지키게 하였으니 이는 하나님의 사

제1장 유대인 쉐마의 성경적 배경

람 다윗이 전에 이렇게 명하였음이라 제사장과 레위 사람이 국
고 일에든지 무슨 일에든지 왕의 명한 바를 다 어기지 아니하였
더라. (대하 8:13~15)

그 결과 솔로몬 시대에 유대인은 얼마나 번성했는가? 당시 "솔로몬 왕의 마시는 그릇은 다 금이요 레바논 나무 궁의 그릇들도 다 정금이었다"(대하 9:20). 왕이 예루살렘에서 은을 돌같이 흔하게 하고 백향목을 평지의 뽕나무같이 많게 하였다(대하 9:27).

솔로몬의 시대에 은을 귀히 여기지 아니한 이유는 "왕의 배들이 후람의 종들과 함께 다시스로 다니며 그 배가 삼 년에 일차씩 금과 은과 상아와 잔나비와 공작을 실어 왔기 때문이다"(대하 9:21). 이것은 하나님께서 스스로 여호와로 자기 하나님을 삼은 나라에게 복을 주신다는 것을 증명해 보인 것이다.

여호와로 자기 하나님을 삼은 나라 곧 하나님의 기업으로 빼신
바 된 백성은 복이 있도다. (시 33:12)

당시 그렇게 작은 이스라엘이란 국가가 세계 모든 열강 속에서 얼마나 큰 영향력을 미치고 있었나? 성경은 이렇게 적고 있다.

솔로몬 왕의 재산과 지혜가 천하열왕보다 큰지라 천하열왕이
하나님께서 솔로몬의 마음에 주신 지혜를 들으며 그 얼굴을 보
기 원하여 각기 예물을 가지고 왔으니 곧 은그릇과 금그릇과 의
복과 갑옷과 향품과 말과 노새라 해마다 정한 수가 있었더라 솔

로몬의 병거 매는 말의 외양간이 사천이요 마병이 일만 이천이
라 병거성에도 두고 예루살렘 왕에게도 두었으며 솔로몬이 유
브라데 강에서부터 블레셋 땅과 애굽 지경까지의 열왕을 관할
하였다. (대하 9:22~26)

하나님께서 유대인이 여호와의 율례와 법도를 자손에게 잘 가
르쳐 전수하고, 이를 지켜 행했을 때 그들에게 약속하신 언약을
지키신 것이다. 여호와 하나님께서 유대인게게 주신 땅 가나안에
서 복을 주셨다(신 28:8~10). 세계 만민이 그들을 두려워하였다(신
28:10). 실로 여호와께서 그들을 머리가 되고 꼬리가 되지 않게 하
시며 위에만 있고 아래에 있지 않게 하셨다(신 28:13). 세계 모든
민족 위에 뛰어나게 하셨다(신 28:1).

역사적으로 다른 열강들과 이스라엘과의 차이점은 무엇인가?
많이 있지만 그 중에 하나가 다른 열강들(예: 이집트, 바빌로니아, 로마,
구 소련, 독일 및 일본 등)은 주위 약한 나라들을 침공하여 수많은 사
람들을 죽이고 그들에게 아픔을 주었지만 이스라엘은 아무리 강
한 나라가 되어도 하나님이 주신 가나안 땅 영토 외에 다른 땅을
정복하지 않았다는 점이다. 하나님께서 이스라엘의 영토를 그렇
게 정하셨기 때문이다(창 15:18~21).

2) 언약 파기의 결과는 하나님의 징계

유대인이 하나님과 맺은 언약을 지켜 행하지 못했을 때는 하나님의 말씀이 전수되지 못하여 영적 사망에 처하게 되었다. 그렇게 되면 하나님은 오래 참으시지만 한계에 도달하면 징계할 수밖에 없다(렘 15:15; 롬 9:22). 그리고 하나님의 저주를 받아 징계를 받아야 했다. 그들이 하나님과 맺은 언약을 파기했을 때 구체적으로 어떠한 결과가 나타나는가?

앞서 솔로몬 때의 번성을 예로 들었다. 그러나 그가 젊었을 때는 하나님의 법도대로 나라를 잘 다스려 부강한 나라가 되었으나, 그가 늙어 하나님의 법도를 어겼을 때는 하나님의 저주의 심판을 받아 나라가 분단되는 빌미를 제공한다(왕상 11장 참조). 그리고 그의 아들대부터 북왕국과 남왕국으로 갈라지게 된다(왕상 12장과 대하 10:1~19 참조).

유대인은 항상 하나님의 징계가 나오면 언제나 하나님과의 언약을 상기한다. 선지자 느헤미야가 민족을 위해 드리는 기도 내용에서 찾아보자. 그는 민족이 위기에 처했을 때 하나님께 간구하는 서두에 하나님과 맺은 언약을 상기시킨다.

> 하늘의 하나님 여호와 크고 두려우신 하나님이여 주를 사랑하고 주의 계명을 지키는 자에게 언약을 지키시며 긍휼을 베푸시는 주여 간구하나이다. (느 1:5)

이어 하나님께서 모세에게 명하신 계명과 율례와 규례를 지키지 아니한 것을 인정하고 회개한다.

> 이제 종이 주의 종 이스라엘 자손을 위하여 주야로 기도하오며 이스라엘 자손의 주 앞에 범죄함을 자복하오니 주는 귀를 기울이시며 눈을 여시사 종의 기도를 들으시옵소서 나와 나의 아비 집이 범죄하여 주를 향하여 심히 악을 행하여 주의 종 모세에게 주께서 명하신 계명과 율례와 규례를 지키지 아니하였나이다. (느 1:6~7)

6절에 나타난 '나와 나의 아비 집의 범죄'는 쉐마의 정신을 이어받은 이스라엘 백성 각자의 가정을 대표해 기도하는 모습을 보여 준다. 여호수아도 "오직 나와 내 집은 여호와를 섬기겠노라"(수 24:15c)고 말했다. 이스라엘 백성은 회개할 때 '나'의 죄에서 '나와 나의 아비 집의 범죄' 그리고 '온 이스라엘 백성의 죄'로 끝난다. '이스라엘 백성은 하나'라는 공동체 의미가 있기 때문이다.

느헤미야는 하나님께 레위기 26장 27~45절과 신명기 29장 14절~30장 10절에 기록된 말씀을 회상시키며 이스라엘 민족의 예루살렘 회복을 간구한다.

> 옛적에 주께서 주의 종 모세에게 명하여 가라사대 만일 너희가 범죄하면 내가 너희를 열국 중에 흩을 것이요 만일 내게로 돌아와서 내 계명을 지켜 행하면 너희 쫓긴 자가 하늘 끝에 있을지라도 내가 거기서부터 모아 내 이름을 두려고 택한 곳에 돌아오게 하리라 하신 말씀을 이제 청컨대 기억하옵소서. (느 1:5~9)

이스라엘의 역사에서 발견할 수 있는 것은 하나님은 사랑의 하나님이기도 하지만 공의의 하나님이시기도 하다는 점이다. 우리가 분명히 알아야 할 사실은 "공의 없는 사랑은 진정한 사랑이 아니다"라는 점이다. 하나님은 이스라엘 백성을 사랑하시기 때문에 그들의 죄를 심판하는 공의를 실천하셨다.

> 초달을 차마 못하는 자는 그 자식을 미워함이라 자식을 사랑하는 자는 근실히 징계하느니라. (잠 13:24)

따라서 공의를 위한 징계 자체가 사랑의 또 다른 표현이다. 그렇기 때문에 이스라엘 백성에게 향한 이 복과 저주의 언약은 그들의 행위대로 정확하게 이행되었다. 이스라엘 백성이 다윗이나 솔로몬 때처럼 언약의 조건을 잘 이행했을 때는 비록 작은 나라일지라도 천하를 다스릴 수 있었다(삼하 5~6장, 왕상 1~11장 참조).

반면, 언약의 조건을 파기하고 타락했을 때에는 선지자를 보내어 그들을 권고했고, 그래도 돌아오지 않았을 때에는 이방 나라 아시리아나 바빌로니아를 통하여 혹독한 저주의 심판을 가하셨다. 이러한 심판의 역사는 구약의 선지서에 잘 나타나 있을 뿐만 아니라 현재까지 진행되고 있다(롬 11장 참조).

3) 이스라엘 백성이 받은 하나님의 징계의 고통

시내산 언약을 어긴 죄의 대가가 얼마나 큰가? 그 실례를 성경에서 찾아보자.

이스라엘이 외적에게 둘러싸여 부모들이 굶주림에 견디다 못해 자기 자녀들을 먹는 끔찍한 장면이 나타난다. B.C. 845년경 이스라엘 왕의 죄로 말미암아(왕하 13:1~3) 아람군이 쳐들어 왔을 때였다. 전쟁이 장기화되자 극심한 기근에 처한 이스라엘 백성이 태에서 난 아들을 먹는 장면이 나온다.

> 또 가로되 무슨 일이냐 여인이 대답하되 이 여인이 내게 이르기를 네 아들을 내라 우리가 오늘날 먹고 내일은 내 아들을 먹자 하매 우리가 드디어 내 아들을 삶아 먹었더니 이튿날에 내가 이르되 네 아들을 내라 우리가 먹으리라 하나 저가 그 아들을 숨겼나이다 왕이 그 여인의 말을 듣고 자기 옷을 찢으니라 저가 성 위로 지나갈 때에 백성이 본즉 그 속살에 굵은 베를 입었더라. (왕하 6:28~30)

이런 참혹한 장면은 약 259년 후 B.C. 586년경 예레미야 애가 2장 20~22절에서도 나타난다.

> 여호와여 감찰하소서 뉘게 이같이 행하셨는지요 여인들이 어찌 자기 열매 곧 손에 받든 아이를 먹으오며 제사장들과 선지자들이 어찌 주의 성소에서 살육을 당하오리이까 노유는 다 길바닥에 엎드러졌사오며 내 처녀들과 소년들이 칼에 죽었나이다 주

제1장 유대인 쉐마의 성경적 배경 171

께서 진노하신 날에 죽이시되 긍휼히 여기지 아니하시고 살육하셨나이다. (애 2:20~22)

"여인들이 어찌 자기 열매 곧 손에 받든 아이를 먹으오며……", 이 장면은 예레미야 선지자가 예레미야 19장 9절에 예언한 것이 현실로 나타난 것을 예레미야 애가 2장 20절에 기록한 것이다.

그들이 그 대적과 그들의 생명을 찾는 자에게 둘러싸여 곤핍을 당할 때에 내가 그들로 그 아들의 고기, 딸의 고기를 먹게 하고 또 각기 친구의 고기를 먹게 하리라 하셨다 하고……. (렘 19:9)

왜 유대인은 이렇게 참혹한 재앙을 당해야 했는가? 그 이유는 이스라엘 백성이 하나님과 맺은 언약을 파기했기 때문이다. 즉 쉐마를 실천하지 못한 불순종의 결과다(신 28:15~68).

특히 하나님은 이스라엘이 외적 율법 준수도 중요하지만 내적 하나님에 대한 사랑을 강조하셨는데 그들이 이를 파기했던 것이다.

즉 이스라엘 백성이 하나님을 향한 내적 순결과 사랑보다도 율법을 지킨다는 명목 아래 기계적이고 의식적인 제사에 치중했을 때 하나님의 분노의 심판을 피할 수 없었던 것이다. 하나님은 외적 율법을 지키는 것 자체보다는 순수한 동기에서 비롯된 영적인 예배를 추구하는 분이시다(삼상 15:22; 시 51:17).

유대인이 고난의 역사를 자녀들에게 가르치는 이유도 과거 아비의 집과 자신이 지은 죄를 끊임없이 회개하게 하기 위함이다. 예를 들어 보자. 예루살렘 성전이 파괴된 날을 기념하는 '티사바

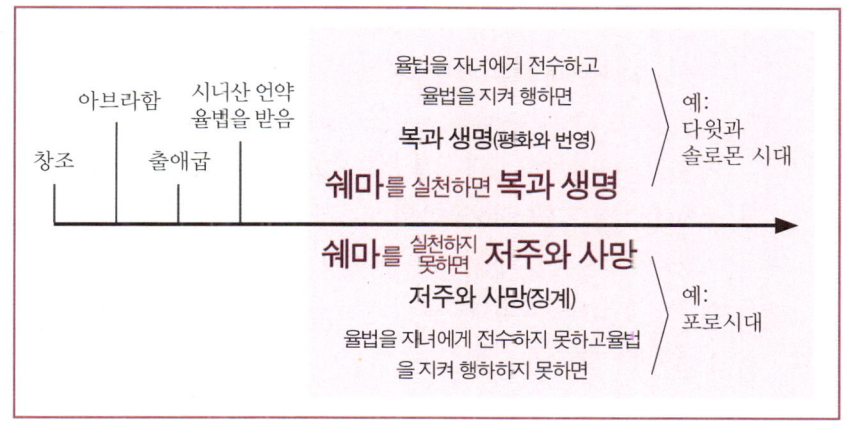

브'라는 절기에 읽는 애가서 일부를 보자. 이것은 하나님의 심판에 대한 유대인의 고통을 보여 준다.

* 예레미야 애가 3장 1~19절

여호와의 노하신 매로 인하여 고난당한 자는 내로다 나를 이끌어 흑암에 행하고 광명에 행치 않게 하셨으며 종일토록 손을 돌이켜 자주자주 나를 치시도다 나의 살과 가죽을 쇠하게 하시며 나의 뼈를 꺾으셨고 담즙과 수고를 쌓아 나를 에우셨으며 나로 흑암에 거하게 하시기를 죽은 지 오랜 자 같게 하셨도다 나를 둘러 싸서 나가지 못하게 하시고 나의 사슬을 무겁게 하셨으며 내가 부르짖어 도움을 구하나 내 기도를 물리치시며 다듬은 돌을 쌓아 내 길을 막으사 내 첩경을 굽게 하셨도다 저는 내게 대

하여 엎드리어 기다리는 곰과 은밀한 곳의 사자 같으사 나의 길
로 치우치게 하시며 내 몸을 찢으시며 나로 적막하게 하셨도다
활을 당기고 나로 과녁을 삼으심이여 전동의 살로 내 허리를 맞
추셨도다 나는 내 모든 백성에게 조롱거리 곧 종일토록 그들의
노랫거리가 되었도다 나를 쓴 것으로 배불리시고 쑥으로 취하
게 하셨으며 조약돌로 내 이를 꺾으시고 재로 나를 덮으셨도다
주께서 내 심령으로 평강을 멀리 떠나게 하시니 내가 복을 잊어
버렸음이여 스스로 이르기를 나의 힘과 여호와께 대한 내 소망
이 끊어졌다 하였도다 내 고초와 재난 곧 쑥과 담즙을 기억하소
서. (애 3:1~19)

* 예레미야 애가 4장 1~10절

슬프다 어찌 그리 금이 빛을 잃고 정금이 변하였으며 성소의 돌
이 각 거리 머리에 쏟아졌는고 시온의 아들들이 보배로와 정금
에 비할러니 어찌 그리 토기장이의 만든 질항아리같이 여김이
되었는고 들개는 오히려 젖을 내어 새끼를 먹이나 처녀 내 백성
은 잔인하여 광야의 타조 같도다 젖먹이가 목말라서 혀가 입천
장에 붙음이여 어린아이가 떡을 구하나 떼어 줄 사람이 없도다
진수를 먹던 자가 거리에 외로움이여 전에는 붉은 옷을 입고 길
리운 자가 이제는 거름더미를 안았도다 전에 소돔이 사람의 손
을 대지 않고 경각간에 무너지더니 이제 처녀 내 백성의 죄가
소돔의 죄악보다 중하도다 전에는 존귀한 자의 몸이 눈보다 깨
끗하고 젖보다 희며 산호보다 붉어 그 윤택함이 마광한 청옥 같
더니 이제는 그 얼굴이 숯보다 검고 그 가죽이 뼈에 붙어 막대

기같이 말랐으니 거리에서 알 사람이 없도다 칼에 죽은 자가 주려 죽은 자보다 나음은 토지 소산이 끊어지므로 이들이 찔림같이 점점 쇠약하여 감이로다 처녀 내 백성의 멸망할 때에 자비한 부녀가 손으로 자기 자녀를 삶아 식물을 삼았도다. (애 4:1~10)

* 예레미야 애가 5장 6~22절

우리가 애굽 사람과 앗수르 사람과 악수하고 양식을 얻어 배불리고자 하였나이다 우리 열조는 범죄하고 없어졌고 우리는 그 죄악을 담당하였나이다 종들이 우리를 관할함이여 그 손에서 건져낼 자가 없나이다 광야에는 칼이 있으므로 죽기를 무릅써야 양식을 얻사오니 주림의 열기로 인하여 우리의 피부가 아궁이처럼 검으니이다 대적이 시온에서 부녀들을, 유다 각 성에서 처녀들을 욕보였나이다 방백들의 손이 매어달리며 장로들의 얼굴이 존경을 받지 못하나이다 소년들이 맷돌을 지오며 아이들이 섶을 지다가 엎드러지오며 노인은 다시 성문에 앉지 못하며 소년은 다시 노래하지 못하나이다 우리 마음에 희락이 그쳤고 우리의 무도가 변하여 애통이 되었사오며 우리 머리에서 면류관이 떨어졌사오니 오호라 우리의 범죄함을 인함이니이다 이러므로 우리 마음이 피곤하고 이러므로 우리 눈이 어두우며 시온 산이 황무하여 여우가 거기서 노나이다 여호와여 주는 영원히 계시오며 주의 보좌는 세세에 미치나이다 주께서 어찌하여 우리를 영원히 잊으시오며 우리를 이같이 오래 버리시나이까 여호와여 우리를 주께로 돌이키소서 그리하시면 우리가 주께로 들어가겠사오니 우리의 날을 다시 새롭게 하사 옛적 같게 하

> 옵소서 주께서 우리를 아주 버리셨사오며 우리에게 진노하심이 특심하시니이다. (애 5:6~22)

유대인은 회당에서 온 가족(자녀들 포함)과 이 말씀들을 의자에 앉지도 않고 슬픈 기색으로 울면서 읽는다. 하나님의 무심함을 원망도 한다.

> 주께서 어찌하여 우리를 영원히 잊으시오며 우리를 이같이 오래 버리시나이까. (20절)

그러나 마지막으로 하나님께 애원하는 모습으로 끝이 난다.

> 여호와여 우리를 주께로 돌이키소서 그리하시면 우리가 주께로 돌아가겠사오니 우리의 날을 다시 새롭게 하사 옛적 같게 하옵소서. (21절)

요약하면 유대인은 시내산에서 하나님과 언약을 맺었다. 그 언약을 지키는 방법이 '쉐마'다. 유대인이 '쉐마'를 실천하지 않아 하나님과 맺은 언약을 파기할 경우 그 대가로 참혹한 징계를 받는다. 징계를 받고 회개했을 때 하나님은 그들의 죄를 용서하신다. 그리고 하나님의 자비가 임하면, 다시 '독수리와 같이' 그들의 '청춘을 새롭게' 하신다(시 103:5). 여기에서 그들이 하나님과 맺은 언약을 강하게 지키고자 다짐하는 모습을 볼 수 있다.

이럴 때 유대인은 다시 새롭게 일어선다. 현재의 유대인은 이런 고난이 되풀이되지 않기 위하여 미리 자녀들에게 고난의 역사 교육을 시킨다. 이것이 그들의 지혜교육이다.

하나님 언약의 조건은 율법의 말씀을 이행하면
복과 생명이요, 불순종은 저주와 사망이다.
따라서 유대인 부모가 자녀들에게 말씀을 가르쳐
말씀대로 지켜 행하는 것이 복 받는 유일한 길이며,
이를 행하는 방법이 곧 유대인의 쉐마다.

C. 시내산 언약의 원리는 기독교인에게도 적용된다

유대인의 시내산 언약의 원리는 유대인에게만 적용되는가? 아니다. 영적 유대인인 기독교인에게도 동일하게 적용된다는 사실을 명심해야 한다. 왜냐하면 구약시대에 하나님의 백성이 유대인이라면, 신약시대 하나님의 백성은 기독교인이기 때문이다.

유대인이 시내산에서 율법을 받을 때 하나님의 언약의 백성이 된 것처럼 기독교인도 하나님과 인간의 중보자되신 예수님의 보혈로 죄사함 받고 하나님의 언약의 백성이 된다. 왜냐하면 신약시대의 기독교인도 "양자의 영을 받았으므로 구약의 유대인처럼 하나님을 아바 아버지라 부르짖을 수 있는 특권이 있기 때문이다" (롬 8:15, 9:4; 갈 4:5~6; 엡 1:5).

너희는 다시 두려워하는 종의 영을 받지 아니하였고 양자의 영

을 받았으므로 아바 아버지라 부르짖느니라. (롬 8:15)

너희가 아들인 고로 하나님이 그 아들의 영을 우리 마음 가운데 보내사 아바 아버지라 부르게 하셨느니라. (갈 4:6)

신약시대에 기독교인의 법적인 지위는 하나님의 자녀(sonship)다. 하나님의 자녀의 특권은 무엇인가? 하나님의 후사다. 그리스도와 함께 한 후사다(롬 8:17). 이것은 무엇을 뜻하는가? 신약시대의 기독교인은 그리스도께 속한 자이기 때문에 구약의 유대인처럼 아브라함의 자손이요, 약속대로 하나님의 유업을 이을 자(갈 3:29)란 뜻이다.

너희가 그리스도께 속한 자면 곧 아브라함의 자손이요 약속대로 유업을 이을 자니라. (갈 3:29)

'하나님의 후사'란 여호와 자신이 성도들의 상속의 몫이니(시 16:5) 선한 유업이다(6절). 성도들은 여호와를 그들의 유업으로 받는 영적인 제사장들이다(민 18:20). '그리스도와 함께 한 후사'란 기독교인들은 그분과의 연합으로 말미암아 "이것들을 유업으로 얻으리라"(계 21:7). 지금 그리스도의 영에 가담한 자들은 그의 형제로서 그의 영광에 가담할 것이요(요 17:24) 그와 함께 그의 보좌에 앉을 것이다(계 3:21). 따라서 그리스도를 위한 고난도 함께 받아야 한다(롬 8:17).

유대인이 하나님의 언약의 백성으로 하나님의 율법을 자자손손 가르쳐 지켜 행할 때 축복과 생명을 얻었고, 그렇지 못할 때는 저주와 사망이었던 것처럼, 기독교인도 하나님의 언약의 백성으로 하나님의 율법을 자자손손 가르쳐 지켜 행할 때 축복과 생명을 얻고, 그렇지 못할 때는 저주와 사망이 있을 뿐이다.

왜 유대인의 쉐마교육이 기독교인에게 필요한가? 다시 한번 명심해야 할 것은 쉐마를 지켜 행하는 것은 구원론이 아니고 선민교육인 기독교교육이기 때문이다. 구원론과 기독교교육을 동일한 주제로 간주하면 안 된다. 기독교의 구원론에서는 비기독교인이 왜 예수님을 믿어야 하고, 어떻게 예수님을 믿어 구원받느냐 하는 복음을 가르치지만, 기독교교육은 일단 예수님을 믿고 구원받은 성도가 어떻게 하나님의 형상을 닮아 가느냐 하는 성화의 과정, 즉 성숙한 신앙인이 되어 율법을 행함으로 열매 맺는 교육의 내용과 방법을 가르치는 것이다. 그것이 바로 하나님과 맺은 언약을 지켜 행하는 일이다.

따라서 구약이나 신약이나 모두 "구원은 믿음으로 받지만, 복은 행함으로 받는다"는 사실을 기억해야 한다. '행함'이란 하나님의 율례와 법도를 지켜 행함이다. 즉 하나님의 말씀대로 세상에서 구별되게 사는 것이다. 이것은 자신의 뜻대로 사는 것이 아니고 주님의 뜻대로 사는 것을 말한다. 주님의 뜻대로 살기 위해서는 자신의 생각, 즉 육을 포기해야 한다는 것을 명심해야 한다. 그럴 때에 하나님께서 주신 땅에서 복을 받는다는 뜻이다.

그러나 여기에서 하나님의 백성은 복의 개념을 잘 이해해야 한다. 땅에서의 복만 생각하면 기복신앙으로 치우치기 쉽다. 따라서 주님의 뜻대로 살기 위해서는 구약의 다니엘이나 신약의 바울처럼 세상에서 고난을 당할 수도 있다는 것을 염두에 두어야 한다. 왜냐하면 구약시대나 신약시대나 하나님의 율례와 법도대로 사는 의인은 고난을 많이 받기 때문이다(시 34:19).

그렇다면 "하나님의 백성이 이 세상에서 받는 고난도 복으로 간주할 수 있는가?"라는 질문이 대두된다.

이에 대한 답은 '물론'이다. 왜냐하면 의인은 이 땅에서의 복도 중요하지만, 더 큰 복을 하늘에 두어야 하기 때문이다. 왜냐하면 현재의 고난은 장차 우리에게 나타날 영광과 족히 비교할 수 없기 때문이다(롬 8:18). 따라서 "의를 위하여 고난을 받으면 복 있는 자다"(벧전 3:14).

> 선을 행함으로 고난받는 것이 하나님의 뜻일진대 악을 행함으로 고난 받는 것보다 나으니라. (벧전 3:17)

뿐만 아니라 하나님의 백성은 하나님께 받는 복을 짧은 당대에만 국한하여 평가할 것이 아니라, 원대하게 역사 속에서 찾을 수 있는 안목을 가져야 한다. 이 세상에서 의인이 고난을 당하는 것 같지만 나중에는 승리한다는 사실이다. "회리바람이 지나가면 악인은 없어져도 의인은 영원한 기초"(잠 10:25)가 되기 때문이다. 예수님께서도 고난을 당하셨지만 승리하셨다(벧전 3:18). 반대로 악인이 형통한 것 같지만 나중에는 패배한다는 사실이다. 이것은 역사를 통해 증명된 사실들이다.

따라서 하나님의 백성은 "악인의 형통을 부러워하지 말며 그와 함께 있기도 원하지 말아야 한다"(잠 24:1). 분명한 것은 "악인은 그 환난에 엎드러져도 의인은 그 죽음에도 소망이 있다"(잠 14:32)는 사실을 믿어야 한다. 왜냐하면 하나님이 의인과 악인을 심판하시기 때문이다.

> 내가 심중에 이르기를 의인과 악인을 하나님이 심판하시리니 이는 모든 목적과 모든 일이 이룰 때가 있음이라. (전 3:17)

결론적으로 율법을 지켜 행하는 것과 쉐마 말씀의 중요성은 신약시대에도 그대로 적용되어야 한다. 유대인이셨던 예수님도 쉐마 말씀에 나타난 신명기 6장 4절과 5절 말씀을 "온 율법과 선지자의 강령 중 첫 번째 큰 계명(대신 관계)"(마 22:40; 막 12:29~30)이라고 말씀하셨다. 그리고 예수님의 제자 요한도 "하나님을 사랑하는 것은 하나님의 계명을 지키는 것이다"(요일 5:3)라고 못박았다.

> 우리가 하나님을 사랑하고 그의 계명들을 지킬 때에 이로써 우리가 하나님의 자녀 사랑하는 줄을 아느니라. (요일 5:2)

[믿음과 행함 그리고 복에 대한 더 자세한 내용은 저자의 저서《부모여 자녀를 제자 삼아라》(쉐마, 2005), 제1권 제3장 Ⅲ. '율법을 행함에도 단계가 있는가' 참조]

**구약이나 신약이나 모두
"구원은 믿음으로 받지만, 복은 율법을 행함으로 받는다"는
사실을 기억해야 한다.**

2. 쉐마의 입장에서 본 축복의 그리심 산과 저주의 에발 산

A. 3대가 참여하는 체험 학습 프로그램

모세는 자신이 죽기 전에 후계자 여호수아를 임명한다(민 27:18~23). 물론 가나안을 정복하기 위하여 요단강을 건너기 전이었다. 모세는 이스라엘 백성에게 이 율법을 지켜 행할 것과 자녀에게 가르칠 것을 강조했다(신 4:10, 6:7, 11:19, 32:46). 시내산 언약의 조건을 지키면 복이요 생명이지만, 지키지 못하면 저주요 사망이라는 사실을 잊지 말라는 당부였다.

> 내가 오늘날 복과 저주를 너희 앞에 두나니 너희가 만일 내가 오늘날 너희에게 명하는 너희 하나님 여호와의 명령을 들으면 복이 될 것이요 너희가 만일 내가 오늘날 너희에게 명하는 도에서 돌이켜 떠나 너희 하나님 여호와의 명령을 듣지 아니하고 본래 알지 못하던 다른 신들을 좇으면 저주를 받으리라. (신 11:26~28)

모세는 여기에서 설교로만 끝나지 않는다. 또다시 여호수아와 이스라엘 백성에게 시내산 언약의 사건을 자손 대대로 기억하는 새로운 교육 방법을 가르쳐 준다(신 11:26~31, 27:11~26). 하나님의 백성이 하나님이 주신 율법을 지켜 행하는 것과 이를 자녀에게 가르쳐 전수하는 의무가 얼마나 중요한지를 가르치기 위하여, 축복의 산과 저주의 산에 나뉘어 서서 율법을 하나하나 확인케 하는 교육법이다. 전하는 자의 내용을 귀로만 듣는 교육이 아니고 온 이스라엘 백성이 몸으로 참여하여 보고 응답하는 체험 학습

유대인은 현재도 언약을 지키기 위해 토라를 경외하며 매일 성경 연구에 몰두한다.
(사진: 새벽기도 시간에 토라를 읽는 정통파 유대인들)

프로그램이다. 즉 교육학에서 말하는 교수법은 강의 학습법이 아니고 체험 학습법이다. 유대인 자녀교육법의 특성 중 하나다.

> 네 하나님 여호와께서 네가 가서 얻을 땅으로 너를 인도하여 들이실 때에 너는 그리심 산에서 축복을 선포하고 에발 산에서 저주를 선포하라. (신 11:29)

이 프로그램의 행사는 후일 이스라엘 백성이 요단강을 건너 가나안을 정복한 후 북쪽의 세겜 땅에서 모세가 지시한 대로 이루어진다. 그 근처에 두 산, 그리심 산과 에발 산이 있다. 그리심 산은 축복의 산이고 에발 산은 저주의 산이다(신 11:29). 그곳에서 축복과 저주를 선도하라는 말씀이다.

실로 하나님의 간절한 소원이 담긴 눈물나는 당부의 말씀이다. 왜 모세는 다시 이 언약의 말씀을 확인하며 신앙을 고백하도록 명령해야 하는가?(신 11:26~31, 27:11~26; 수 8:30~35) 그만큼 중요하기 때문이다. 이 언약을 지켜 행하느냐, 아니면 지키지 않느냐에 따라 이스라엘 민족의 복과 저주, 생명과 사망이 달렸기 때문이다. 즉 죽느냐 사느냐 하는 생존의 문제가 달렸기 때문이다. 모세는 이렇게 강조한다.

> 너희 중에 계신 너희 하나님 여호와는 질투하시는 하나님이신 즉 너희 하나님 여호와께서 네게 진노하사 너를 지면에서 멸절시키실까 두려워하노라. (신 6:15)

하나님께 순종하지 않고 이방신을 쫓거나 여호와를 시험하면 죽임을 당한다는 뜻이다.

여호수아기에는 모세의 후계자 여호수아가 이 말씀들을 실행에 옮기는 장면들이 소개된다(수 8:30~35). 에발 산에 철연장으로 다듬지 아니한 새 돌로 제단을 쌓고 여호와께 번제와 화목제를 그 위에 드렸다. 그리고 모세가 기록한 율법을 이스라엘 자손의 목전에서 그 돌에 기록하였다(수 8:32). 그리고 이스라엘의 여섯 지파(시므온과 레위와 유다와 잇사갈과 요셉과 베냐민 지파)는 축복을 하기 위하여 그리심 산에 서게 하고, 여섯 지파(르우벤과 갓과 아셀과 스불론과 단과 납달리 지파)는 저주를 하기 위해 에발 산에 서게 했다(신 27:12~13). 그리고 그 중간에 여호수아가 무릇 율법책에 기록된 대로 축복과 저주가 담긴 율법의 모든 말씀을 낭독하였다(수

8:33~34). 율법 하나하나를 낭독할 때마다 온 백성들이 "아멘", "아멘"으로 확인하며 응답하였다.

> 이 율법의 모든 말씀을 실행치 아니하는 자는 저주를 받을 것이라 할 것이요 모든 백성은 아멘 할지니라. (신 27:26)

이 행사를 통하여 이스라엘 민족 공동체 교육의 특성을 발견할 수 있다. 온 가족이 함께 참석하였다는 점이다. 여인과 아이와 그들 중에 동거하는 객들도 참석하였다. 이스라엘 백성들 중 빠진 사람이 한 사람도 없었다는 점에 주목해야 한다.

> 모세의 명한 것은 여호수아가 이스라엘 온 회중과 여인과 아이와 그들 중에 동거하는 객들 앞에 낭독하지 아니한 말이 하나도 없었더라. (수 8:35)

이것이 왜 기독교교육학적인 입장에서 매우 중요한가? 모세가 명한 것을 "여호수아가 이스라엘 온 회중과 여인과 아이와 그들 중에 동거하는 객들 앞에 낭독했다"(수 8:35)는 사실이다. 즉 이 프로그램에 참석한 이들은 할아버지와 할머니, 아버지와 어머니 그리고 손자들 3세대가 모두 참석했다는 데 큰 의미가 있다. 과외공부에 간 손자나 PC방에 간 손자가 하나도 없다는 사실에 주목해야 한다.

가정이나 교회에서 혹은 공동체가 주관하는 행사에는 3대가 함께 참석해야 후대에 있을 영적, 정서적, 역사적 및 문화적 세대차이를 막을 수 있다. 똑같은 경험을 함께 나누기 때문이다. 그렇게 해야 자녀들도 할아버지 세대와 부모 세대를 이해하고 존경하게 된다. 함께 증인이 되었기 때문이다. 이것이 바로 유대인이 효를 가르치는 방법 중의 하나다.

유대인의 이런 공동체적 교육 방법은 3,400년이 지난 현재, 미국에 사는 하나님을 믿는 종교심이 있는 유대인 공동체에게도 그대로 전수되었다. 그들은 자신들의 절기 때에는 모두가 자신들의 생업이나 오락을 금하고 절기에 몰두한다. 공동체에 속한 유대인 가족들 3세대가 함께 동일한 절기 행사 프로그램에 참여한다.

그 결과 미국의 대도시에 있는 대부분의 학교들은 유대인의 절기에 휴교 조치를 할 정도다. 유대인 교사들이나 학생들이 학교에 나오지 않기 때문이다. (참고: 미국의 각 학교에는 유대인 교사들이 많다) 그래서 미국의 달력에는 유대인의 주요 절기들을 모두 표시해 놓았다. 미국 전체에서 유대인의 인구가 불과 2% 밖에 되지 않는 것에 비하면 그들이 미국 사회에 미치는 영향은 실로 대단하다.

한국 교회가 매사에 연령별로 모여서 자신들만의 행사에 참여하는 것과 너무나 대조적이다. 그렇기 때문에 한국 교회는 세대 간에 많은 세대차이가 나게 되었다. 그리고 이 세대차이는 다시는 회복할 수 없는 지경에 이르게 되어, 기성 세대와 젊은 세대 사이에 대화가 통하지 않는다.

따라서 한국 교회도 3대가 함께 참석하여 어울리는 프로그램을 많이 만들어 실천하는 데 전력을 다해야 한다. 예배, 기도회, 구역예배 및 절기 행사는 물론 더 많은 프로그램을 만들어야 한다. 저자가 교육부흥회 때 한 가정 3세대를 함께 모으는 이유가 여기에 있다.

왜 모세는 다시 이 언약의 말씀을
축복의 그리심 산과 저주의 에발 산에서 확인하며
신앙을 고백하도록 명령해야 하는가?
그만큼 중요하기 때문이다.
복과 저주, 생명과 사망이 달렸기 때문이다.

 **랍비의 유머**

하나님

어떤 로마인이 랍비를 찾아와서 "당신들은 하나님 이야기만 하고 있는데, 도대체 그 하나님이 어디에 있는지 가르쳐 주시오"라고 말하며, 가르쳐 주면 자기도 하나님을 믿겠다고 하였다.

랍비는 물론 이 심술궂은 질문을 못 들은 척할 수가 없었다. 그래서 랍비는 그 로마인을 밖으로 데리고 나가 태양을 가리키며 말했다.

"저 태양을 똑바로 쳐다보시오."

그러자 로마인은 태양을 잠깐 쳐다보고는 소리쳤다.

"엉터리 같은 소리는 집어치우시오! 어떻게 태양을 똑바로 쳐다볼 수 있단 말이오."

그러자, 랍비는 다음과 같이 말했다.

"당신이 하나님께서 창조하신 많은 것들 가운데 하나인 태양조차 바로 볼 수가 없다면 어떻게 위대하신 하나님을 눈으로 볼 수 있겠소."

_Tokayer, 탈무드 1; 탈무드의 지혜, 동아일보, 2007, pp. 206~207.

B. 유대인은 이방의 빛이 되기 위해 율법을 지켜 행한다

이제 하나님이 유대인에게 그토록 말씀을 자녀에게 가르쳐 전수하고 지켜 행하라고 명하신 의도를 하나님의 원대한 구속사적 입장에서 생각해 볼 필요가 있다. "유대인이 모세의 율법을 자녀에게 전수하고 지켜 행할 때 그들만 복을 받는가?"라는 질문이다. 아니다. 장차 이방인도 유대인을 통하여 복을 받게 될 것이라는 사실이다. 따라서 하나님이 유대인을 택하신 목적 자체가 그들이 이방의 빛이 되게 하기 위함이란 사실에 주목해야 한다.

> 나 여호와가 의로 너를 불렀은즉 내가 네 손을 잡아 너를 보호하며 너를 세워 백성의 언약과 이방의 빛이 되게 하리니. (사 42:6b)

> 열방은 네 빛으로, 열왕은 비취는 네 광명으로 나아오리라. (사 60:3)

하나님은 얼마나 유대인을 통한 이방의 구원에 강한 뜻을 세우셨는가? 이는 유대인의 역사를 통하여 알아 볼 수 있다. 하나님은 왜 이스라엘 민족이 하나님께 범죄하여 하나님의 심판을 받아 바빌로니아에 포로로 잡혀 갔을 때라도 다시 그들을 일으키시어 돌아오게 하셨는가? 이스라엘 민족만을 위해서인가? 아니다. 하나님은 이스라엘 민족만을 위해서라면 이것은 오히려 경한 일(too small a thing for you)이라고 말씀하신다(사 49:6).

그렇다면 더 큰 목적은 무엇인가? 그것은 하나님이 이스라엘 백성을 이방의 빛(a light for the Gentiles)을 삼아 하나님의 구원을 베풀어서 땅 끝까지 이르게 하시기 위함이다. 즉 유대인을 끝까지 살려두신 이유가 이방을 구원하시기 위함이란 뜻이다.

> 그가 가라사대 네가 나의 종이 되어 야곱의 지파들을 일으키며 이스라엘 중에 보전된 자를 돌아오게 할 것은 오히려 경한 일이라 내가 또 너로 이방의 빛을 삼아 나의 구원을 베풀어서 땅 끝까지 이르게 하리라. (사 49:6)

하나님의 구원이 땅 끝까지 이르게 하시는 방법이 무엇인가? 유대인을 통하여 예수님이 나오시고 그 분을 통하여 이방인에게도 구원의 길이 열리게 하기 위함이다.

> 열방은 네 빛으로, 열왕은 비취는 네 광명으로 나아오리라. (사 60:3)

뿐만 아니라, 유대인이 율법을 자손 대대로 가르쳐 지켜 행할 때 그 율법이 계속 전수되어 신약 성도들에게도 모든 성경의 기초인 구약성경을 갖게 할 수 있기 때문이다. 이것은 무엇을 뜻하는가? 구원을 위한 복음의 빛과 생명과 말씀의 빛이 유대인을 통하여 이루어지고 보전 전수된다는 뜻이다. 실로 하나님의 구원의 비밀은 놀랍지 않을 수 없다.

따라서 유대인이 율법 맡은 자로 사느냐 죽느냐에 따라 아담 이후 타락한 온 인류의 구원이 이루어지느냐 안 이루어지느냐 하는 중차대한 결과를 초래한다는 사실을 기억해야 한다. 하나님이 유대인에게 그토록 쉐마를 강조하신 이유가 여기에 있다.

> 내가 오늘날 복과 저주를 너희 앞에 두나니……. (신 11:26)

모세는 이스라엘 백성들에게 선택을 요구한다. 복과 생명이냐? 아니면, 저주와 사망이냐? 오직 두 길밖에 없다. 중간은 없다. 어느 것을 선택할 것이냐? 유대인이 어렵고 힘이 들더라도 율법을 자녀들에게 가르쳐 전수하여 그렇게 까다롭게 지키려는 이유가 여기에 있다. 복을 받고 생존하기 위함이다. 한 걸음 더 나아가 이방인에게도 장차 예수님을 통한 구원의 길을 열어주고 율법(말씀)을 전하여 주기 위함이다.

여기에서 한국 교회는 무엇을 배워야 할 것인가? 한국 교회도 하나님의 은혜를 입었다. 그리고 한국 기독교 역사 120년 동안 많은 성장을 했다. 2004년 12월 한국 교회 미래를 준비하는 모임과 한국 갤럽이 공동으로 '한국 교회 미래 리포트'란 제목의 여론조사 결과 기독교인이 무려 1,050여 만 명으로 전체 남한 인구의 21.6%나 된다(미주크리스천신문, 2005년 1월 29일). 전 세계 한인 디아스포라 교회 수도 총 55개국에 4,472개로 미국이 3,437개로 가장 많고, 뒤를 이어 캐나다 270개, 일본 212개, 호주 147개, 브라질 69개, 독일 59개, 아르헨티나 52개, 영국 48개 순으로 나타났다(미주크리스천신문, 미국 내 한인교회 총 3,437, 2005년 1월 29일).

기독교인은 바로 하나님의 '말씀 맡은 자'(롬 3:2)란 뜻이다. 유대인 식으로 표현하면 '말씀 맡은 자'는 '율법 맡은 자'란 뜻이다. 한국 교회가 계속해서 주님 오실 때까지 말씀을 맡을 수 있을 것인가? 현재 한국 교회는 전도도 힘들고 성장도 한계에 와 있다. 매우 부정적이다.

이 한계를 어떻게 극복할 것인가? 유대인처럼 부모가 자녀들에게 말씀을 잘 전수하는 것이다. 한국의 미래는 한국 교회가 하나님의 말씀 맡은 자들이 얼마나 자녀들에게 말씀을 잘 가르쳐 자손 대대로 전수하느냐에 따라 복과 저주, 생명과 사망이 판가름 난다는 사실을 명심해야 한다. 따라서 하나님이 모세를 통하여 이스라엘 백성에게 "내가 오늘날 복과 저주를 너희 앞에 두나니"(신 11:26)라고 하신 말씀을 한국 교회를 향한 하나님의 음성으로 들을 수 있는 귀가 있어야 한다.

하나님은 오늘날 한국 교회에게 선택을 요구하신다. 복과 생명이냐? 아니면, 저주와 사망이냐? 오직 두 길밖에 없다. 중간은 없다. 우리는 복과 생명을 택해야 한다. 한국 기독교인이 어렵고 힘들더라도 하나님의 말씀을 자녀들에게 잘 가르쳐 지켜 행해야 할 이유가 여기에 있다.

신약교회 2,000년간 왜 어느 민족도 하나님의 말씀을 자녀들에게 자손 대대로 전수하는 데 성공하지 못했는가? 여러 가지 이유가 있지만 그 중 한 가지로 율법을 경외하고 지켜 행하는 일에 대하여 유대인과 기독교인을 비교해 볼 필요가 있다.

율법을 얼마나 귀하게 여기고 강하게 잘 지킬 수 있느냐의 정도는 유대인이나 기독교인이나 차이가 없어야 한다. 모두 하나님의 선민이기 때문이다. 그런데도 불구하고 유대인이 역사적으로 더 잘 지켜 행하는 이유는 무엇인가? 여러 가지가 있겠지만 그 한 가지는 유대민족이 실제로 시내산에서 하나님과 대면하여 언약을 체결한 두렵고 떨리는 사건이 있었기 때문이다. 이것이 그들을 자손 대대로 자녀들에게 세대차이 없이 율법을 전하게 하는데 크게 공헌했을 것이다.

> 네가 호렙 산에서 네 하나님 여호와 앞에 섰던 날에 여호와께서 내게 이르시기를 나를 위하여 백성을 모으라 내가 그들에게 내 말을 들려서 그들로 세상에 사는 날 동안 나 경외함을 배우게 하며 그 자녀에게 가르치게 하려 하노라 하시매. (신 4:10)

> 너희는 이 일을 너희 자녀에게 고하고 너희 자녀는 자기 자녀에게 고하고 그 자녀는 후 시대에 고할 것이니라. (욜 1:3)

똑같은 말씀일지라도 예수님을 마음으로 믿고 의에 이르고 입으로 시인하여 구원받은(롬 10:10) 신약의 기독교인과는 많은 차이가 날 것이다. 이를 극복하는 방법은 무엇일까? 크게 두 가지를 들 수 있다.

첫째는 믿을 때 성령을 선물로 받아 유대인이 체험했던 시내산 언약의 사건이 나에게 있었던 사건으로 강하게 체험하여 동일하게 받아들이는 것이다. 즉 구약성경이 유대인의 성경일 뿐만 아니라 기독교인의 성경도 된다는 사실을 의심 없이 받아들여 율법을 지켜 행해야 한다.

기독교 2,000년의 역사에 이런 믿음의 선조들이 수없이 많았다. 한국의 믿음의 선조들도 일제 점령기에 율법을 지키기 위하여 많은 이들이 순교하지 않았는가? 신사 참배 뿐만 아니라 주일(안식일)을 지키기 위해서도 순교를 한 신앙의 거장들이 많았다. 그런데 요즘은 교회에서 이런 율법을 두렵고 떨리는 마음으로 지켜 행하는 것을 강조하지도 않고 가르치지도 않는 것이 문제다. 율법 교육이 유대인의 것이라 하여 배척하는 것은 크게 잘못된 것이다.

['왜 기독교교육에 유대인의 율법이 필요한가'에 대해서는 저자의 저서 《부모여 자녀를 제자 삼아라》(쉐마, 2005), 제1권 제2장 '유대인의 율법은 악한가' 참조]

둘째는 유대인의 쉐마교육을 철저하게 연구하여 익혀서 그대로 자손 대대로 가르쳐 실천해야 한다. 그들이 자녀들에게 수천 년 동안 가르쳐 지켜 행하게 된 노하우를 배워야 한다. 저자가 쉐마교육을 연구하여 책을 저술하고 전하는 이유가 여기에 있다.

하나님은 오늘날 한국 교회에게 선택을 요구하신다.
복과 생명이냐? 저주와 사망이냐?
오직 두 길밖에 없다.
우리는 복과 생명을 위하여
유대인처럼 쉐마를 가르쳐 자손 대대로 말씀을 전수해야 한다.

SHEMA · SHEMA · SHEMA
제 2 장

유대민족이 받은
지상명령, 쉐마의 내용

I. 쉐마의 서론: 시내산 언약을 지키기 위한 방법
II. 쉐마(신 6:4~9) 강해: 하나님이 부모에게 주신 특권이며 의무
III. 교육학적으로 본 쉐마교육 방법의 우수성
IV. 기독교인도 쉐마(신 6:4~9)를 실천하야 하는가

제2장 붉은색 III. IV. 항은 제3권어 이어집니다.

I. 쉐마의 서론: 시내산 언약을 지키기 위한 방법

1. 가나안에 들어가 행할 생활 지침(신 6:1~3)

모세는 쉐마(신 6:4~9)를 명하기 전에 이에 대한 서론으로 가나안에 들어가 행할 생활 지침을 명했다. 광야 생활을 마치고 가나안에 들어가기 바로 전 모압 평지에서다.

> 이는 곧 너희 하나님 여호와께서 너희에게 가르치라 명하신 바 명령과 규례와 법도라 너희가 건너가서 얻을 땅에서 행할 것이니 곧 너와 네 아들과 네 손자로 평생에 네 하나님 여호와를 경외하며 내가 너희에게 명한 그 모든 규례와 명령을 지키게 하기 위한 것이며 또 네 날을 장구케 하기 위한 것이라 이스라엘아 듣고 삼가 그것을 행하라 그리하면 네가 복을 얻고 네 열조의 하나님 여호와께서 네게 허락하심같이 젖과 꿀이 흐르는 땅에서 너의 수효가 심히 번성하리라. (신 6:1~3)

모세는 쉐마를 실천해야 할 장소를 "너희가 건너가서 얻을 땅"(1절c), 즉 하나님이 택한 백성, 유대인에게 약속의 땅으로 주신 가나안에서라고 명시했다. 이 말씀들을 몇 가지 주제로 나누어 설명해 보자.

첫째, 모세는 먼저 그곳에 들어가서 '규례와 법도'를 지켜 성결하게 생활할 것을 가르치라고 명했다(1절a).

이것은 교육이다. **바른 행동은 반복된 교육에서 나오기 때문이다.** 한국식으로 표현한다면 구별된 행동을 하는 '유대식 양반교육'을 시키라는 뜻이다.

모세는 비장한 각오로 이 말씀을 명했을 것이다. 그 이유는 완연히 다른 환경에서 살아야 하기 때문이다. 광야에서는 다른 민족의 세속 문화 없이 자신들만 모인 공동체에서 하나님의 말씀을 받고 제사만 드리며 여호와 하나님만을 섬겼다. 먹는 것도 하늘에서 내려오는 만나만 먹었다. 그런데 이제 가나안에 들어가면 이방인과 섞여 살아야 하기 때문에 온갖 우상과 세속 문화가 그들을 유혹할 것을 모세는 알았다. 그리고 그들은 자신들 스스로 농사나 목축을 하며 생업을 유지해야 했다.

유대인에게 부과된 두 가지 의무(명령)인 '규례와 법도'(신 6:1b)는 무엇을 뜻하는가? 규례는 도덕법(decrees, the moral laws)을 말하고, 법도는 사회 규범(the social ordinances)을 말한다. 모든 각 개인은 하나같이 반드시 이 두 가지를 연구하고 지켜 행하여 거룩한 행동을 해야 한다. 그래서 온 유대 공동체가 하나님을 두려워하는 속성(a God fearing entity)을 가져야 한다(Hirsch, 1990, p. 679). 이것이 하나님의 백성으로 구별된 고상한 자손이 되는 것이다(Scherman & Zlotowitz, *The Chumash*, 2005, p. 972).

둘째, 이 명령은 구체적으로 누가 지켜야 하는가? "너희 하나님 여호와께서 너희에게 가르치라 명하신 바"(1절a), 즉 이 말씀을 듣는 모든 유대인을 말한다.

'너희'라는 단어는 2절과 3절에도 나온다. 히브리 성경에는 1절에 나오는 '너희'가 복수로 되어 있는데, 2, 3절에 나오는 '너희'는 단수로 되어 있다. 그 이유는 무엇인가? 유대인의 성경 신학자 허쉬(Samson Raphael Hirsch)는 이렇게 해석했다.

> 성경에서 이런 형태의 변화는 유대인의 개념이 '하나'라는 뜻이다. 한 속성(one single entity)을 가진 한 국가, 한 민족이란 뜻이다. 따라서 율법을 지켜야 할 의무는 유대 국가의 어느 대표 층들에게만 있는 것이 아니라, 그 '하나'의 국가에 포함된 모든 개개인이 한마음으로 동일하게 지켜 행해야 한다. (Hirsch, 1990, p. 679)

유대인은 자녀들을 이렇게 교육시키기 때문에 한 개인이 죄를 져도 온 공동체가 그 죄에 대해 아파하며 회개한다. 그리고 그 죄에 대해 유대 공동체가 모두 책임의식을 갖는다. 그래서 그들은 죄를 회개할 때도 '나의 죄'에서 시작하여 '우리의 죄'로 끝난다. 그 이유는 유대인 공동체에서 한 사람이 범죄해도 전체가 벌을 받기 때문이다.

이런 예는 이스라엘 민족이 광야 생활을 마치고 가나안을 정복할 때, 아간 한 사람으로 인하여 아이 성의 전투에서 패배한 데서도 찾아 볼 수 있다(수 7:1~26).

> 세라의 아들 아간이 바친 물건에 대하여 범죄함으로, 이스라엘 온 회중에 진노가 임하지 아니하였느냐 그 죄악으로 망한 자가 그 사람뿐이 아니었느니라. (수 22:20)

전 세계 어디를 가나 유대인은 자신들의 공동체별로 일사분란하게 움직이는 이유가 여기에 있다.

셋째, 모세는 율례와 법도를 교육시키는 기간도 설정했다. "너와 네 아들과 네 손자로 평생에……"(2절a), '너'와 '네 아들'과 '네 손자', 즉 삼 대다 (3대 가정교육신학에 대해서는 본서 제1권 제2부 제3장 '아브라함이 지상명령을 실천한 방법' 참조).

왜 삼 대인가? 아브라함과 이삭과 야곱, 즉 삼 대가 세대차이가 없으면 영원히 세대차이가 없는 것처럼, 삼 대만 잘 지켜 행한다면 그 바른 행동은 영원히 지속될 수 있기 때문이다. 따라서 이 기간은 삼 세대만 뜻하는 것이 아니다. 자손 대대로 무한정 계속되어야 하는 것을 뜻한다.

매 세대마다 각 개인이 지켜야 할 기간도 명시되어 있다. 어느 특정한 인생의 기간, 즉 어렸을 때나 젊은 시기 뿐만이 아니라 일평생(all the days of your life)을 통하여 "네 하나님 여호와를 경외하며"(2절b), "너희에게 명한 그 모든 규례와 명령을 지키라"(2절c)고 명했다. 그래야 여호와께서 주신 땅의 그들의 보유기간(their tenure)이 길어지고 풍성한 열매를 맺을 것이다(Scherman & Zlotowitz, *The Chumash*, 2005, p. 972).

"네 하나님 여호와를 경외하는"(2절b) 것은 바른 신앙을 말한다. 여호와를 경외하는 신앙 없이는 하나님 말씀에 순종할 수 없기 때문이다.

"너희에게 명한 그 모든 규례와 명령을 지키라"(2절c)는 말씀은 '바른 행위'를 말한다. 하나님의 율법을 지켜 행하는 것이다. 바른 신앙은 바른 행동으로 표현되어야 하기 때문이다. 이것이 바로 신앙의 열매다.

이 길만이 유대 국가의 국민이 가나안에서 번성하며 국민 개개인이 풍성한 복을 받는 비밀이다(3절). 여기에서 모세가 자녀들을 언급하며 "너의 수효가 심히 번성하리라"(3절c)는 뜻은 단지 인구만 늘어나 군사적으로 강해지는 것이 아니다. 부모가 진정한 하나님의 영적 및 도덕적 가치를 유산으로 대물림하여 개인적으로 하나님의 영성과 도덕적 이미지가 충만한 어린 자녀들의 수효가 많아질 때 비로소 유대 국가의 총체적인 인성의 보고(the nation's treasure of humanity)가 될 것이라는 뜻이다(Hirsch, 1990, p. 680). 그 때에 하나님이 약속하신 대로 유대 국가는 강성한 나라가 될 것이란 뜻이다.

여기까지는 쉐마의 서론이다. 다음에 이어지는 자녀에게 말씀을 전수하라는 신명기 6장 4~9절의 말씀이 쉐마다. 구약의 중심주제다. 따라서 신명기 6장 1~9절의 말씀을 요약한다면, 첫째는 여호와를 경외하는 신앙, 둘째는 바른 신앙생활, 셋째는 부모가 자녀에게 말씀을 대물림하라는 것이다. 첫째와 둘째는 서론이고, 셋째는 유대인이 가장 중요하게 여기는 본론이다.

따라서 유대인의 하나님에 대한 우선순위는 대를 이어 말씀을 전수하는 쉐마(본론)가 먼저이고, 그 다음이 신앙, 그리고 마지막이 바른 신앙생활이다.

교육신학적으로 유대인의 자녀교육이 왜 옳은가? 그것은 만약 유대인에게 말씀이 전수되지 않았다면 말씀에 근거한 신앙을 가질 수 없었고, 말씀에 근거한 신앙생활도 할 수 없었기 때문이다. 다시 말하면, 그들은 쉐마교육에 성공했기 때문에 말씀에 기초한 신앙을 가질 수 있었고, 바른 신앙생활도 할 수 있었다는 것이다. 그만큼 말씀을 전수하는 쉐마가 중요하다.

반면 기독교 2,000년간 기독교교육의 문제는 무엇인가? 가장 강조한 것이 성령 충만한 신앙이고, 그 다음이 신앙생활이다. 그리고 가장 중요한 대를 잇는 말씀 전수는 소홀하게 여겼다. 그 결과 어느 민족이든지 대를 이어 말씀을 전수하는 데는 실패했다. 다행히 가신교에서는 '오직 은혜, 오직 믿음, 오직 말씀'을 강조하여 초대교회처럼 성령 충만한 신앙을 되살리는 데는 성공했다. 그렇지만 개신교도 대를 이어 말씀을 전수하는 데는 실패했다. 그 이유는 쉐마를 실천하지 못했기 때문이다.

신명기 6장 1~9절 말씀은,
첫째, 여호와를 경외하는 신앙과 신앙생활(신 6:1~3),
둘째, 부모가 자녀에게 말씀을 대물림하라는 것이다(신 6:4~9).
전자는 서론, 후자는 본론이다.
따라서 유대인의 하나님에 대한 우선 순위는
본론인 대를 잇는 말씀 전수가 먼저고, 그 다음이 신앙과 신앙생활이다.
반면 기독교는 성령 충만한 신앙이 먼저고, 그 다음이 이방 전도다.
그리고 가장 중요한 대를 잇는 말씀 전수를 소홀히 여겼다.
그 결과…….

2. 쉐마(שְׁמַע)란 무엇인가

A. 쉐마의 정의

지금까지 하나님이 이스라엘과 장엄한 시내산 언약을 맺는 과정과 언약의 조건에 대하여 설명했다.

하나님은 이스라엘 백성이 애굽에서 400년 동안 종살이를 할 때 그들을 노예에서 해방시키신 분이다. 그리고 전지전능하신 하나님은 이스라엘 민족을 얼마나 사랑하시는가를 입증하기 위하여 하나님의 큰 권능으로 많은 기적과 표적을 보여 주셨다. 그리고 율법을 주시면서 이를 자녀에게 가르치고, 순종하여 지켜 행하라고 명령하셨다. 이 명령을 가장 잘 순종할 수 있는 방법이 바로 쉐마다.

따라서 쉐마에는 유대인의 삶의 근본 목적이 담겨 있다. 유대인은 쉐마를 실천해야 할 목적이 있기 때문에 그들의 삶에 항상 의욕이 넘친다. 그리고 강한 의지력을 갖고 있다. 쉐마는 유대인이 아무리 힘든 고난의 역사 속에서도 남게 하는 생존의 비밀이다.

유대인의 근본적인 신본주의적 교육 철학은 어디에서 시작되는가? 유대인의 종교교육, 즉 사상 학문의 근본 지침은 '쉐마'에서 시작된다. 다시 말하면, 쉐마 없이는 유대인 자녀교육을 말할 수도 없거니와 오늘날의 유대인도 있을 수 없다. 유대인의 역사적 우수성은 그들의 종교교육인 쉐마에서부터 시작되었다. 이것은 무엇을 말하는가? 많은 이들이 유대인 자녀교육을 거론하지만 그들의 쉐마교육을 모르고는 깊이 있는 유대인 자녀교육을 말할 수 없다는 것을 말한다.

유대인들이 두렵고 떨리는 시내산 언약을 어떻게 잘 지켜 행할 수 있겠는가? 복과 생명이냐, 아니면 저주와 사망이냐, 이 갈림길에서 복과 생명을 택할 수 있는 유일한 길이 쉐마다. 유대인이 하나님의 은혜에 보답하고 하나님을 사랑하며, 하나님의 말씀을 자녀에게 전수하는 방법, 그 자체가 쉐마의 말씀을 지켜 행하는 일이기 때문이다.

'쉐마'란 무엇인가? '쉐마'를 정의해 보자. '쉐마'를 알기 위해서는 모세오경 중 신명기를 알아야 한다. 신명기는 모세 할아버지가 이스라엘 백성에게 40년 광야 생활을 마감하고 가나안에 들어가기 전 피를 토하듯 간곡하게 부탁한 고별 설교이며 유언이다.

'쉐마'의 원뜻은 신명기 6장 4절의 "이스라엘아 들으라. 우리 하나님 여호와는 오직 하나인 여호와시니(Hear, O Israel, the LORD is our God, the LORD is One)"의 첫 글자인 '들으라(שְׁמַע, 쉐마, Hear)'란 히브리어 단어다. 따라서 "쉐마 이스라엘"은 "이스라엘아 들으라"란 뜻이다.

'들으라(쉐마)'는 단어에는 '순종하다(obey)'란 뜻도 있다(Birnbaum, 1991, pp. 554~555). 따라서 이 말씀은 선민인 이스라엘 백성에게 "여호와 하나님의 말씀을 듣고 순종하여 지켜 행하라"는 간절한 하나님의 소원이 담겨져 있다(Hirsch, 1989e, p. 88: 저자 주: Hirsch는 19세기의 유대인 정통파 랍비이며 주석가임).

구약의 지상명령과 연관하여 정의하자면, '쉐마'는 "여호와 하나님의 말씀을 듣고 순종하여 부모가 자녀에게 말씀을 가르쳐 말씀의 제자로 삼아 자손 대대로 그 말씀(율법)을 지켜 행하라"다.

'쉐마'란
"여호와 하나님의 말씀을 자손에게 대를 이어 전수하고
그 말씀(율법)에 순종하여 지켜 행하라"이다.

B. '들으라(쉐마)'와 '귀'의 관계

유대인의 쉐마를 이해하기 위해서는 그들이 강조하는 '귀(Ear)'의 뜻을 알아야 한다. 인간의 몸에는 눈, 코, 귀, 입 등 여러 신체 기관들이 있다. 그 중에 유대인이 가장 귀중하게 여기는 부분은 무엇인가? '귀'이다. 귀는 '들으라(쉐마)'와 관련이 있기 때문이다. 귀가 없으면 하나님의 말씀을 들을 수가 없다. 하나님의 말씀을 듣지 않고는 믿음이 생길 수 없다. 그런 면에서 "믿음은 들음에서 난다"(롬 10:17)는 바울의 표현은 유대인의 쉐마적 표현이다.

따라서 유대인은 하나님의 말씀을 전 할 때 특별히 '귀'를 강조한다. 하나님께서 친히 귀를 언급하시면서 말씀하셨기 때문이다. 먼저 구약의 예를 들어보자.

> 너로 내가 애굽에서 행한 일들 곧 내가 그 가운데서 행한 표징을 네 아들과 네 자손의 귀에 전하게 하려 함이라 너희가 나를 여호와인 줄 알리라. (출 10:2)

하나님께서 친히 모세에게 아말렉 사건을 "책에 기록하여 기념하게 하고 여호수아의 귀에 외워 들리라"고 말씀하셨다(출 17:14).

모세도 하나님께 배운 대로 귀를 언급하면서 이렇게 말했다.

> 모세가 온 이스라엘을 불러 그들에게 이르되 이스라엘아 오늘 내가 너희 귀에 말하는 규례와 법도를 듣고 그것을 배우며 지켜 행하라. (신 5:1)

예레미야 선지자도 하나님과 모세에게 배운 대로 하나님의 말씀을 받아 전할 때에 "부녀들이여 여호와의 말씀을 들으라. 너희 귀에 그 입의 말씀을 받으라. 너희 딸들에게 애곡을 가르치며, 각기 이웃에게 애가를 가르치라"(렘 9:20)고 말했다. 바룩도 유다의 모든 방백들에게 하나님의 말씀(두루마리)을 전할 때에도 "귀에 낭독하라"고 했다.

> 그들이 바룩에게 이르되 앉아서 이를 우리 귀에 낭독하라 바룩이 그들의 귀에 낭독하매 그들이 그 모든 말씀을 듣고 놀라 서로 보며 바룩에게 이르되 우리가 이 모든 말을 왕에게 고하리라. (렘 36:15~16)

신약성경의 예를 보자. 예수님도 중요한 말씀을 하신 후 여러 번 "귀 있는 자는 들을지어다(He who has ears, let him hear.)"(마 11:15, 13:9, 13:43; 막 4:9, 4:23; 눅 8:8)라고 말씀하셨다. 계시록에도 일곱 번이나 "귀 있는 자는 성령이 교회들에게 하시는 말씀을 들을지어다"(계 2:7, 11, 17, 29, 3:6, 13, 22)라는 말씀이 반복하여 나온다.

이것은 무엇을 뜻하는가? 신·구약 성경을 저술한 저자들은 성경의 용어 사용에 수천 년 동안 세대차이가 없다는 것을 말한다. 그리고 그 용어의 의미도 시대에 따라 변하는 것이 아니고 동일하다. 세대차이가 없다.

누구나 귀는 다 가지고 있다. 그런데 왜 '귀 있는 자'는 들으라고 말씀하셨을까? '귀'는 어떠한 의미가 있는가? 귀도 하나님의 말씀을 들을 만한 귀가 있고 듣지 못할 만한 귀가 있다는 것을 말한다. 들을 만한 귀는 할례를 받은 귀이고, 들을 수 없는 귀는 할례를 받지 못한 귀다.

귀가 할례를 받는다는 뜻은 무엇인가? 스테반은 사도행전 7장에서 구약의 방법으로 유대인을 강하게 책망할 때 하나님의 말씀에 반역하는 사람을 '마음과 귀에 할례를 받지 못한 사람'이라고 표현했다(행 7:51).

> 목이 곧고 마음과 귀에 할례를 받지 못한 사람들아 너희가 항상 성령을 거스려 너희 조상과 같이 너희도 하는도다. (행 7:51)

이것은 '마음이 할례를 받은 것'은 '귀가 할례를 받은 것'과 동일한 뜻임을 말한다. 즉 '귀'는 곧 '마음'을 뜻한다. 그래서 예수님은 "마음에 담아두라"는 말씀을 "귀에 담아 두라"(눅 9:44)고 하셨다.

> 이 말을 너희 귀에 담아 두라(Let these sayings sink down into your ears) 인자가 장차 사람들의 손에 넘기우리라……. (눅 9:44)

사도행전 7장 51절에 스테반이 유대인에게 한 말씀의 뜻은 '마음이 교만하여 목이 곧은 사람'은 '마음에 할례 받지 못한 사람'이란 뜻이다. 이런 사람은 성령님을 거스르는 사람이다. 하나님의 말씀을 욕으로 여기고 듣지 못한다(렘 6:10). 이것은 구약적인 표현이다.

> 나도 그들을 대항하여 그 대적의 땅으로 끌어갔음을 깨닫고 그 할례받지 아니한 마음이 낮아져서 그 죄악의 형벌을 순히 받으면 내가 야곱과 맺은 내 언약과 이삭과 맺은 내 언약을 생각하며 아브라함과 맺은 내 언약을 생각하고 그 땅을 권고하리라. (레 26:41~42)

그렇다면, '마음이 할례를 받은 사람'은 어떤 사람인가? 겸손하여 마음이 낮은 사람이다(레 26:41). 순결한 사람이다. 성령님을 따르는 사람이다. 그래서 모세는 목이 곧고 교만한 이스라엘 백성에게 마음의 할례를 하라고 명령한다.

> 너희는 마음에 할례를 행하고 다시는 목을 곧게 하지 말라. (신 10:16)

신약시대의 바울도 모세처럼 유대인다운 유대인에 대한 정의를 내릴 때 표면적 유대인보다는 이면적 유대인을 더 강조했고, 표면적 육신의 할례보다는 마음의 할례를 더 강조했다(롬 2:28~29). 이것은 눈에 보이는 육신의 할례도 중요하지만, 겸손하고 순결하게 되는 눈에 보이지 않는 마음의 할례가 더 중요하다는 뜻이다. 유대인의 표면적 육신의 할례는 신약시대의 세례와 비교된다. 세례는 구원의 표(벧전 3:21)이기 때문이다.

이상의 내용을 정리하면, 쉐마(들으라)는 '귀'와 '마음(EQ)에 관련되어 있다. 따라서 쉐마를 실천하고자 하는 사람은 먼저 '귀 있는 자'가 된다. '귀 있는 자'는 '귀에 할례를 받은 자'다. '귀에 할례를 받은 자'는 '마음에 할례를 받은 자'다. '마음에 할례를 받은 자'는 '겸손한 낮은 마음을 가진 사람'이다. 성령님을 따르는 사람이다. 하나님의 말씀을 듣고 순종하여 구약의 지상명령을 실천하는 사람이다. 따라서 '쉐마'는 가정과 교회와 민족을 살리는 가장 귀한 단어다.

기독교인이 귀에 할례를 받기 위한, 즉 겸손한 낮은 마음을 갖고 성령님을 따르는 방법은 무엇인가? 성령세례를 받고 성령이 충만해야 한다(행 4:8~14; 행 13:9). 그러면 하나님의 말씀이 외쳐질 때 귀에 들어오게 된다. 그리고 그 말씀과 성령님에 순종하게 된다. 따라서 성령세례는 귀에 할례를 받는 것과 동일하다.

'귀 있는 자'는 '마음과 귀에 할례를 받은 자'다.
기독교인이 귀에 할례를 받기 위한,
즉 겸손한 낮은 마음을 갖고 성령님을 따르는 방법은
성령세례를 받고 성령이 충만해야 한다(행 4:8~14; 행 13:9).

알아두면 유익한 정보

토막 상식

한국말에도 어른이 말을 해도 순종하지 않는 사람을 "말을 듣지 않는다"고 한다. 그리고 말을 해도 그 말의 뜻을 알아듣지 못하는 사람을 "말 귀가 어둡다"고 말한다. 이것도 유대인의 풍습과 비슷하다. 물론 영어에도 엄마가 자녀에게 순종하라고 할 때 "Sweetheart, listen to me(엄마 말대로 해)."(출처: 웹검색 예문)라고 말한다. 따라서 동서양을 막론하고 '들으라'란 단어는 '순종하라'란 의미로 사용된다는 것을 알 수 있다.

시청각 위주의 기독교교육의 문제점과 대안

'쉐마(들으라)'는 '귀'와 불가분의 관계가 있다. 유대인이 '귀'를 그렇게 강조한 것은 '쉐마'를 강조하기 위함이다. 이것은 무엇을 뜻하는가? 기독교는 시각의 종교가 아니라 청각의 종교임을 뜻한다. 따라서 유대인은 언제나 자녀들에게 하나님의 말씀을 소리내어 읽게 하고 귀로 듣게 훈련시킨다.

이것은 현대 기독교교육의 방법으로 너무 많은 시청각(영상) 성경교재를 사용하는 것에 대한 경종을 울려준다. 자녀들이 영상 교재에 너무 습관화 되어 있으면 말씀을 읽으려고 노력하지 않는다. 눈으로 쉽게 보려고만 한다. 그리고 더 큰 문제는 영상 교재들이 성경 말씀처럼 글자 하나 하나에 들어 있는 하나님의 오묘한 뜻을 설명하는데 매우 적합하지 못하다는 데 있다. 그리고 영상 교육 자료는 읽고 듣는 교육 자료보다 전달 효과는 좋더라도 오래 생각을 할 수 없게 된다. 따라서 이제 하나님의 말씀을 자세히 읽고 듣는 하나님의 교육 방법으로 돌아가야 한다.

저자 주 유대인이 영상교육을 피하는 이유에 대해서는 저자의 저서 《현용수의 인성교육 노하우》(동아일보, 2008), 제2권 제2부 제3장 2. B. '유대인이 영상교육을 피하는 심리학적 이유'와 C. '유대인이 영상교육을 피하는 교육학적 이유' 참조

기독교는 시각의 종교가 아니라 청각의 종교다.
유대인은 자녀들에게 하나님의 말씀을
소리내어 읽고 귀로 듣기를 훈련시킨다.
따라서 현대에 너무 많은 시청각 성경교재는 자제할 필요가 있다.

C. 쉐마는 모든 유대인의 유언이다

창세기 18장 19절의 말씀이 선민의 조상 아브라함 개인에게 주신 지상명령이라면, '쉐마'(신 6:4~9)는 유대민족 전체에게 주신 지상명령이다. 창세기 12장 1~13절 말씀이 아브라함 개인이 하나님의 선택을 받은 사건이라면, 출애굽기 12~14장의 이스라엘 백성이 홍해를 건너는 사건은 유대민족 전체가 하나님의 선택을 받은 것과 비교된다. 다만 '쉐마'는 선민의 조상 아브라함 개인에게 주신 지상명령을 그의 후손 유대민족이 시내산에서 받은 율법으로 더 구체화한 것이다.

쉐마의 내용은 모두 이스라엘 백성과 자녀에게 하나님의 말씀 교육을 강조하는 내용들이다. 즉 자녀에게 율법(말씀)을 가르쳐 '율법(말씀) 맡은 자'로 키우는 노하우다. 이것은 부모가 자녀를 말씀의 제자 삼는 방법이다. 따라서 쉐마는 "여호와 하나님의 말씀을 듣고 순종하여 부모가 자녀에게 말씀을 가르쳐 말씀의 제자로 삼아 자손 대대로 지켜 행하라"라고 정의할 수 있다. 쉐마는 하나님이 아브라함에게 주신 구약의 지상명령을 더 구체화한 내용이다. 즉 하나님의 간절한 소원이 담겨 있는 구약의 지상명령이다.

유대인은 이 쉐마 말씀을 축복의 말씀으로 대단히 귀하게 여긴다. 유대인이 기도할 때에 소리 내어 음송하고 지켜야 할 쉐마는 모세오경의 613개 율법 중 175번째부터 시작하는 세 군데가 있다.
(저자 주: '음송'은 소리내어 암송하는 것을 말한다.)

첫째, 신명기 6장 4~9절, **둘째**, 신명기 11장 13~21절, **셋째**, 민수기 15장 37~41절의 말씀이다. 먼저 그 말씀들의 내용을 읽어 보자.

[저자 주: 이마에 붙이고 팔목에 매는 '경문(tefillin)'에 넣는 말씀들은 출 13:1~10, 출 13:11~16, 신 6:4~9, 신 11:13~21, 네 부분이다. 이 네 군데 말씀에 "네 손의 기호와 네 미간의 표를 삼으라"(출 13:9, 16; 신 6:8, 11:18)는 말씀이 있기 때문이다. 차후 설명함]

* **제1말씀: 신명기 6장 4~9절**

이스라엘아 들으라. 우리 하나님 여호와는 오직 하나인 여호와시니, 너는 마음을 다하고 성품을 다하고 힘을 다하여 네 하나님 여호와를 사랑하라. 오늘날 내가 네게 명하는 이 말씀을 너는 마음에 새기고 네 자녀에게 부지런히 가르치며 집에 앉았을 때에든지 길에 행할 때에든지 누웠을 때에든지 일어날 때에든지 이 말씀을 강론할 것이며, 너는 또 그것을 네 손목에 매어 기호를 삼으며, 네 미간에 붙여 표를 삼고, 또 네 집 문설주와 바깥 문에 기록할지니라. (신 6:4~9)

* **제2말씀: 신명기 11장 13~21절**

내가 오늘날 너희에게 명하는 나의 명령을 너희가 만일 청종하고 너희의 하나님 여호와를 사랑하여 마음을 다하고 성품을 다하여 섬기면 여호와께서 너희 땅에 이른 비, 늦은 비를 적당한 때에 내리시리니 너희가 곡식과 포도주와 기름을 얻을 것이요, 또 육축을 위하여 들에 풀이 나게 하시리니 네가 먹고 배부를

것이라. 너희는 스스로 삼가라. 두렵건대 마음에 미혹하여 돌이켜 다른 신들을 섬기며 그것에게 절하므로 여호와께서 너희에게 진노하사 하늘을 닫아 비를 내리지 아니하여 땅으로 소산을 내지 않게 하시므로 너희가 여호와의 주신 아름다운 땅에서 속히 멸망할까 하노라. 이러므로 너희는 나의 이 말을 너희 마음과 뜻에 두고 또 그것으로 너희 손목에 매어 기호를 삼고 너희 미간에 붙여 표를 삼으며, 또 그것을 너희의 자녀에게 가르치며 집에 앉았을 때에든지, 길에 행할 때에든지, 누웠을 때에든지, 일어날 때에든지 이 말씀을 강론하고 또 네 집 문설주와 바깥문에 기록하라. 그리하면 여호와께서 너희 열조에게 주리라고 맹세하신 땅에서 너희의 날과 너희 자녀의 날이 많아서 하늘이 땅을 덮는 날의 장구함 같으리라. (신 11:13~21)

* 제3말씀: 민수기 15장 37~41절

여호와께서 모세에게 일러 가라사대 이스라엘 자손에게 명하여 그들의 대대로 그 옷단 귀에 술을 만들고 청색 끈을 그 귀의 술에 더하라. 이 술은 너희로 보고 여호와의 모든 계명을 기억하여 준행하고 너희로 방종케 하는 자기의 마음과 눈의 욕심을 좇지 않게 하기 위함이라. 그리하면 너희가 나의 모든 계명을 기억하고 준행하여 너희의 하나님 앞에 거룩하리라. 나는 너희의 하나님이 되려 하여 너희를 애굽 땅에서 인도하여 낸 여호와 너희 하나님이니라. 나는 여호와 너희 하나님이니라. (민 15:37~41)

위의 유대인의 쉐마 말씀은 그들이 매일매일 기도할 때에 읽는 기도책에 쓰여져 있다. 쉐마는 인간의 역사는 하나님의 주권에 속해 있으며 하나님은 독특하시고 불가분의 분이심을 선언하며, 우리는 우리 생활에서 매 성품과 소유를 그분의 뜻에 맞게 순종해야 한다고 가르친다(Scherman & Zlotowitz, *The Complete Art Scroll Siddur*, 2004, p. 90). 즉 인간의 모든 개성과 노고를 하나님의 뜻에 맞추는 교육이다.

시내산에서 조상들이 하나님께로부터 십계명을 받았을 때를 생각하면서, 즉 그 당시 시내산 언약을 생각하면서 하나님의 명령들을 지켜 행할 것을 다짐하며 외워야 한다.

유대인 부모는 이 쉐마를 자녀들에게 얼마나 철저하게 교육시키는가? 유대인 자녀가 세상에 태어나서 처음으로 접하는 영적 교육이 '쉐마'란 단어다. 유대인 자녀는 어머니 무릎 밑에서 발음을 제대로 하지 못할 때부터 이 '쉐마'란 단어를 배운다.

유대인은 하루 세 번 기도를 드린다. 하루의 세 번 중 두 번은 기도할 때마다 그들의 기도서에 있는 축복의 말씀인 쉐마(신 6:4~9)를 음송한다.

유대인은 마지막 임종시에 자녀들에게 무엇을 유언으로 남기는가? 쉐마다. 할아버지가 나이 늙어 죽을 때가 되면 모든 가족과 주위 사람들을 모은다. 그리고 마지막 이 세상을 하직하면서 자녀들의 얼굴을 하나씩 살펴본 후에 그들 앞에서 최후로 이렇게 유언한다. 이것은 자신도 모르게 유언처럼 부탁하는 말이다.

오 이스라엘아 들으라.
우리 하나님 여호와는 오직 하나인 여호와시니,
너는 마음을 다하고 성품을 다하고 힘을 다하여
네 하나님 여호와를 사랑하라.
오늘날 내가 네게 명하는 이 말씀을 너는 마음에 새기고
네 자녀에게 부지런히 가르치며
집에 앉았을 때에든지 길에 행할 때에든지
누웠을 때에든지 일어날 때에든지
이 말씀을 강론할 것이며,
너는 또 그것을 네 손목에 매어 기호를 삼으며,
네 미간에 붙여 표를 삼고,
또 네 집 문설주와 바깥문에 기록할지니라. (신 6:4~9)

그리고는 숨을 편안히 거둔다. 태어나 들려갈 길을 최선을 다해 다 갔기 때문이다. 왜냐하면 쉐마를 지켜 행했기 때문이다. 따라서 그들은 땅의 재산을 유언으로 남기는 것이 아니라, 하나님의 말씀을 유언으로 남긴다.

한국인 할아버지라면 죽는 순간에 어떠한 유언을 남기겠는가? 혹시 땅의 재산을 유산으로 남기지는 않겠는가? "강남에 있는 빌딩은 큰아들이 가질 것이며, 영등포에 있는 상점은 둘째 아들이 가질 것이며……" 하지는 않겠는가?
유대인이 자손 대대로 하나님의 말씀을 전수할 수 있었던 이유는 무엇인가? 그들이 한국인과 인종이 다르기 때문이 아니다. 그들은 태어나면서부터 말씀 전수란 사명이 온몸의 피 속에 흐르고

뼈 속 깊이 새기고 살기 때문이다. 이 사명을 감당하기 위한 유대인의 부모들은 어떠한가? 그들 자체가 하나님의 말씀이 온몸의 피 속에 흐르고 뼈 속 깊이 새기고 살아야 한다. 그렇지 않으면 자녀들에게 말씀을 전수할 수 없었을 것이다.

유대인은 어떻게 이런 삶을 살 수 있는가? 하나님의 말씀이 세세토록 전수되어 율법을 지켜 행하는 것이 그들 삶의 최우선 순위였기 때문이다. 즉 쉐마는 바로 하나님이 유대인에게 주신 지상명령이기 때문이다. 이 지상명령은 아브라함에게 주신 지상명령(창 18:19)과 동일하다. 다만 더 구체화되었을 뿐이다.

유대인은 하루를 쉐마로 시작하여 쉐마로 마치는 것처럼, 그들의 일생도 쉐마에서 시작하여 쉐마로 끝을 맺는다. "쉐마와 멀어지는 것은 유대교에서 침몰하는 것이다. 이것은 하나님과의 결별을 뜻한다"(Birnbaum, 1991, pp. 554~555; Hirsch, 1989e, p. 88).

그만큼 유대인은 쉐마를 귀하게 여기고 매일 매일의 삶에 새기며 산다. 그리고 자녀교육을 위하여 쉐마교육에 강한 의무감을 갖는다. 평생 삶의 목적이 자녀에게 쉐마를 가르치는 것이라고 해도 과언이 아니다.

왜냐하면 세대차이 없이 하나님의 말씀을 자손 대대로 전달하기 위함이다. 유대인의 근본 사상의 형성은 쉐마에 뿌리를 두고 있다.

그렇다면 유대인 부모는 어떻게 자녀에게 대하여 이러한 삶을 살 수 있는가? 그들도 사람인데……. 그 비밀은 무엇인가?

저자가 연구한 유대인의 쉐마교육 저서들은 그들이 어떻게 하나님의 말씀에 배인 삶의 철학을 가지고 그 철학을 실천하면서 살 수 있는지 그 방법을 소개하는 책이다. 이어지는 유대인의 아버지 교육, 효도 교육, 어머니 교육 및 고난의 역사 교육 등이다.

유대인은 하루를 쉐마로 시작하여 쉐마로 마치는 것처럼,
그들의 일생도 쉐마에서 시작하여 쉐마로 끝을 맺는다.
쉐마와 멀어지는 것은 유대교에서 침몰하는 것이다.
이것은 하나님과의 결별을 뜻한다.

 랍비의 토막 상식

유대인이 보는 지식과 지혜의 차이

오늘날의 우리들은 지식과 지혜의 차이를 모르고 있는 것 같다. 몇 백 년 전과 비교해서 생각해 보면, 우리 인간이 알고 있는 지식이란 실로 엄청난 것이다. 또한 계속 그 양이 늘어가고 있다. 하지만 탈무드를 비롯한 유대인들이 배우고 있는 많은 고전들을 보면, 인생을 통한 지혜는 오히려 퇴보하고 있다는 생각이 든다.

유대인들 가정에서는 매 주마다 돌아오는 안식일에는 모든 식구들이 한자리에 모이고, 아버지가 탈무드에 대해 가르쳐 준다. 이처럼 유대인들에게는 안식일이 곧 가족의 날이다. 이러한 탓에서인지 오늘날의 유대인들도 안식일에는 여행을 삼가고 장사도 쉬는 것이 보통이다.

유대인들에게 교육이라면, 시설이 잘 갖추어진 학교보다는 가정을 생각하게 된다. 그만큼 가정에서 배우는 교육을 중요시하기 때문이다. 유대인 자녀들이 학교에서 배우는 것은 지식에 그치지만, 가정에서는 온갖 지혜를 배우게 되며, 또한 그 아이들의 생활이 대부분 가정에서 이루어지고 있기 때문이다.

아랍에 파견된 어느 일본인이 많은 사람이 붐비는 공항에서 총기사고를 냈을 때 대부분의 유대인들은 그 일본인을 가리켜 '학교에서 지식만 배운 녀석'이라고 비웃었다.

인간의 지혜가 탈무드라는 경전을 낳았고, 인간의 지식이

'대륙간 탄도탄'을 만들어 냈다. 지식은 날마다 새롭게 발전해가지만 지혜만은 옛날과 차이가 없다고 유대인들은 믿고 있다. 이러한 이유 때문에 유대인들은 수천 년 전에 만들어진 성경과 탈무드를 믿는 것이다.

이들은 지식이 기록된 책과 지혜가 기록된 책을 구별하고 있으며, 지식의 책 못지않게 지혜의 책을 읽어야 한다고 믿고 있다. 하지만 유대민족의 고전을 보면, 책을 통해 배우는 지혜보다는 부모를 통해 배우는 지혜가 가장 소중하고 훌륭한 것이라고 가르치고 있다.

유대인은 지식이 기록된 책과 지혜가 기록된 책을 구별한다.
지식의 책보다는 지혜의 책을 더 읽는다.
하지만, 유대인은 책의 지혜보다
부모를 통해 배우는 지혜가 가장 소중하고 훌륭한 것이라고 가르친다.

_Tokayer, 탈무드 5, 탈무드의 잠언집, 동아일보, 2009, pp. 169~171.
'책에서 지식을 배우고, 인생에서 지혜를 배운다' 참조

II. 쉐마(신 6:4~9) 강해: 하나님이 부모에게 주신 특권이며 의무

성경에서 말하는 부모의 의무는 무엇인가? 부모의 가장 중요한 의무는 자녀교육이다. 하나님께서 선택하신 이스라엘 사회 공동체의 일원으로 키우기 위함이다. 이스라엘 사회 공동체의 일원이 되기 위한 필수 조건이 부모의 토라교육이다.

탈무드에서는 부모의 토라교육에 대하여 "토라 속에서 자녀교육을 한 사람은 이 세상에서 그 열매를 맛보는 사람에 속하며 그 자산은 다가올 세계에서 그를 위해 남아 있게 된다", 그리고 "토라를 연구하는 아들을 가진 사람은 결코 죽지 않는 것과 같다"(Cohen, 1983, p. 66)고 강조했다.

후대에 '말씀 맡은 자'가 계속 대를 잇는다는 것은 가계와 이스라엘의 공동체가 결코 죽지 않고 살아 남는다는 말이다. 그리고 후대에게 무엇보다도 여호와의 말씀이 가장 큰 자산이 될 것이라는 뜻이다.

따라서 부모의 임무는 짊어져야 할 멍에가 아니라 누려야 할 특권이다. 유대인은 자녀들에게 항상 '의무'라는 용어보다는 '특권'이라는 용어에 강조점을 둔다. 의무이기 때문에 율법을 지키는 것은 힘겹게 생각되지만, 특권이기 때문에 율법을 지키면 자신감을 갖고 기쁨으로 지킬 수 있기 때문이다.

우리를 복 주시려고 자녀를 주시는 것이 하나님의 계획이기 때문에, 하나님께서 주신 부모의 임무는 그 복이 연장되고 확장되게 하는 일이다. 하나님 앞에서 부모로서의 임무를 무시하면 그 임무에 따르는 복도 상실하게 되고 대신 의도하지 않은 무거운 짐을 부모들이 떠맡게 된다(MacArthur, 2001, p. 28).

이제 기독교교육학적 입장에서 쉐마의 세 부분 중 첫 번째 부분인 신명기 6장 4~9절을 중심으로 그 쉐마 말씀의 내용을 알아 보자. 아울러 두 번째, 세 번째 부분인 신명기 11장 13~21절, 민수기 15장 37~41절의 말씀도 검토해 보자.

신명기 6장 4절에서부터 9절은 세 부분으로 나눌 수 있다.
첫째, 하나님은 한 분이심을 강조하고(신 6:4),
둘째, 이스라엘 백성이 하나님께 해야 할 도리(신 6:5),
셋째, 이스라엘 백성이 자신과 자신의 자녀에게 해야 할 도리로 나누어진다(신 6:6~9).
각 부분별로 설명해 보자.

특별히 신명기 6장 4~5절 말씀이 기독교인에게도 중요한 것은 예수님께서 친히 유대인 서기관(율법사)에게 모든 계명을 두 강령으로 요약하신 계명 중 첫 번째 계명으로 말씀하셨기 때문이다(마 22:37; 막 12:33).

> 서기관 중 한 사람이 저희의 변론하는 것을 듣고 예수께서 대답 잘하신 줄을 알고 나아와 묻되 모든 계명 중에 첫째가 무엇이

> 니이까 예수께서 대답하시되 첫째는 이것이니 이스라엘아 들으라 주 곧 우리 하나님은 유일한 주시라 네 마음을 다하고 목숨을 다하고 뜻을 다하고 힘을 다하여 주 너의 하나님을 사랑하라 하신 것이요 둘째는 이것이니 네 이웃을 네 몸과 같이 사랑하라 하신 것이라 이에서 더 큰 계명이 없느니라. (막 12:28~31)

이 점에서도 예수님은 물론 하나님의 아들이시고 말씀으로 오신 분이기도 하지만 예수님 스스로 유대인의 쉐마교육을 얼마나 철저하게 받으셨는가를 알 수 있다. 따라서 유대인 교육을 모르면 신약을 올바로 해석할 수 없다는 사실을 잊어서는 안 된다.

1. '하나님은 오직 한 분'의 세 가지 뜻(신 6:4)

쉐마의 첫 부분은 어떤 말씀으로 시작되는가? 하나님은 오직 한 분이심을 강조한다.

> 이스라엘아 들으라. 우리 하나님 여호와는 오직 하나인 여호와시니(Hear, O Israel, the Lord is our God, the Lord is One and Only). (신 6:4)

유대인이 구약성경에서 가장 귀하게 여기는 말씀이다. 유대인의 기도서에는 이 말씀을 특별히 강조하기 위하여 큰 글씨로 쓰여겨 있다. 그리고 매일 두 번 쉐마를 기도할 때에는 정신을 집중하기 위하여 오른손으로 두 눈을 가리고, 하나님의 절대 주권을 수용하며 정신을 바짝 차려 큰 소리로 외운다(Scherman & Zlotowitz, The Complete Art Scroll Siddur, 2004, p. 259).

"쉐마, 이스라엘: 하셈 엘로헤이누 하셈 에하드."

[저자 주: '하셈'은 히브리어로 '그 이름'이란 뜻으로 하나님의 이름인 '여호와'를 뜻한다. 왜 유대인이 하나님의 이름을 직접 부르지 못하는지에 대한 자세한 내용은 저자의 저서 《IQ는 아버지 EQ는 어머니 몫이다》(쉐마, 2005), 제1권 제3부 제4장 I. 1. '왜 가정은 성전인가' 참조]

그리고 어느 때나 이 말씀을 음송하고 상기하며 다닌다. 이 말씀의 참뜻은 무엇인가?

첫째, 신명기 6장 4절의 말씀은 단지 여호와는 유일신이라는 개념보다는 여호와 하나님만이 창조주이시며, 우리의 하나님이시며, 그의 말씀만을 청종해야 된다는 원칙을 강조한 말씀이다(Hirsch, 1989). 이는 여호와 하나님만이 절대 신성을 가지신 분이란 뜻이다(Keil & Delitzsch, 1989a, p. 323).

'여호와'는 하나님이시며 영원하신 분이란 뜻이다. 그분은 과거나 현재나 영원히 계신 분이다(Who was, is and always will be). 그리고 모든 것의 주인이시다. '우리의 하나님'은 전지전능하신 분이란 뜻이다(Scherman & Zlotowitz, The Complete Art Scroll Siddur, 2004, p. 91). 따라서 본뜻은 여호와 하나님 이외에 어떠한 다른 신이나 우상도 용납해서는 안 된다는 강한 의지가 나타나 있다.

둘째, 유대인은 똑같은 토라 말씀 중에도 유독 신명기 6장 4절 말씀을 중요하게 여긴다. 이것은 그들의 히브리어 두루마리 성경의 표기에서도 볼 수 있다. 히브리어 두루마리 성경에는 신명기 6장 4절을 6단어로 표기했다. 그 중 **첫 단어인** '쉐마(שְׁמַע, 들으라)'와 마지막 단어인 '에하드(אֶחָד, – 하나)'의 마지막 자(字)를 크게 쓴다.

그 이유는 두 단어의 마지막 두 자(字)를 합치어 '증인'이란 히브리 단어 '아드(עֵד)'를 형성하기 위함이다. 왜 유대인에게 '증인'이란 단어가 중요한가? 그것은 쉐마를 발음하는 유대인 한 사람 한 사람마다 하나님의 연합에 증인이 되며, 이를 온 세계에 선언한다는 사상을 암시한다(Scherman & Zlotowitz, *The Complete Art Scroll Siddur*, 1992, p. 91). 즉 유대인 공동체 전체가 하나님과 이스라엘 백성 사이에 맺은 시내산 언약의 증인이 될 뿐만 아니라, 온 이방 세계 앞에 이를 선언한다는 뜻이다.

셋째, 하나님은 한 분이심을 강조할 때에 쓰여진 "여호와는 하나이시니(the Jehova is One and Only)"란 말씀의 뜻은 무엇인가? 물론 하나님은 '한 분'이라는 뜻 외에 다른 뜻이 또 있는가? 하나님은 '사랑'이란 뜻도 있다.

유대인은 그 이유를 이 말씀에 쓰여진 히브리 단어들의 수치가 (Numerical Value)에서 찾는다. '하나(One, אֶחָד=13)'라는 히브리 알파벳 수치가(the numerical value)는 '13'인데, 이는 '사랑(Love, 아하바, אהבה=13)'이라는 히브리 알파벳 수치가인 '13'과 일치된다(Birnbaum, 1991, p. 555). [저자 주: 히브리어 알파벳은 각 자(字)마다 고유한 수치가를 가지고 있다.] 즉 '하나'와 '사랑'이란 히브리 알파벳의 수치가가 모두 '13'이기 때문에 이 말씀은 곧 "하나님은 '한 분'이시며, 그 한 분은 '사랑'이시다"란 뜻으로 해석할 수 있다.

성경에서 숫자는 많은 의미를 갖는 수가 있다. 3, 4, 7, 12, 40 등이다. 성경에서 '13'이란 수가 하나님의 '사랑'을 표현하는 역사적인 사건이 있다. 하나님이 죄로 사망에 처한 인류를 구속하시기 위하여 독생자 예수님을 이 땅에 보내시고, 그로 하여금 십자가를 지게 하신 사건이다. 예수님이 십자가에서 운명하신 고난의 날이 바로 '13'일(성 금요일)이다.

더 정확하게 말하면, 유대인 월력으로 니산월 13일 오후 3시경이다. 태양력으로 13일(금요일) 오후 3시경이다. 13일은 하나님이 인간에게 지고의 사랑을 표현하신 날이다.

> 우리가 아직 죄인 되었을 때에 그리스도께서 우리를 위하여 죽으심으로 하나님께서 우리에게 대한 자기의 사랑을 확증하셨느니라. (롬 5:8)

> 하나님은 사랑이심이라. (요일 4:8)

'하나'와 '사랑'이란 히브리 알파벳의 수치가가 모두 '13'이다.
"하나님은 '한 분'이시며, 그 분은 '사랑'이시다"란 뜻이다.
'13'이란 수가 하나님의 '사랑'을 표현하는 역사적인 사건이 있다.
예수님이 십자가를 지신 고난의 날이 '13'일(성 금요일)이다.

 랍비의 토막 상식

인간 대 하나님

이스라엘아 들으라. 우리 하나님 여호와는 오직 하나인 여호와시니, 너는 마음을 다하고 성품을 다하고 힘을 다하여 네 하나님 여호와를 사랑하라. (신명기 제6장 제4~5절)

맨 처음의 첫 구절은 유대인들 사이에서는 널리 알려져 있다. 유대인 어린이가 맨 처음 배우는 말인 동시에 유대인이 죽을 때 마지막으로 하는 말(유언)이기도 하다. 유대인이 유일신을 믿고 있음을 나타내는 말이기 때문이다. 유대인은 오직 한 신만을 믿도록 명령받고 있다.

히브리어의 '하나'라는 말은 '에하드'인데, 1이라는 숫자만이 아니라 '독특한(unique)'의 뜻도 지니고 있다. 먼저 본문의 처음 부분은 아버지의 무릎에 어린이가 앉아 있는 것과 같은 것이다. [저자 주: 유대인 아버지는 자녀를 무릎에 앉혀 놓고 다정하게 성경을 가르친다. 자세한 것은 저자의 저서 《유대인 아버지의 4차원 영재교육》(동아일보, 2006), 제3부 제4장 pp. 276~279의 사진과 내용 참조] 그 어린이는 아버지를 의식할 것이다. 그 다음에 그는 아버지를 사랑하게 되고, 그리고 아버지를 따르게 될 것이다.

이 말씀은 그러한 상태를 인간 대 하나님이란 관계로 나타내고 있다. 맨 처음에는 하나님을 알고, 그 다음에는 하나님을 사랑하고, 그리고 그 다음에는 하나님을 따르도록 가르치고 있다.

_Tokayer, 탈무드 2: 탈무드와 모세오경, 동아일보, 2007, pp. 266~267.

2. 하나님이 명하신 성도의 의무(신 6:5~7a)

A. 이스라엘 백성이 하나님께 해야 할 도리는 무엇인가(신 6:5)

신명기 6장 5절 말씀을 보자. "너는 마음을 다하고 성품을 다하고 힘을 다하여 네 하나님 여호와를 사랑하라"고 말씀하신다. 이 말씀은 "인간이 어떻게 하나님을 사랑해야 하나"라는 인간의 하나님에 대한 수직적인 도리를 가르쳐 준다.

인간은 하나님을 사랑할 때 "마음을 다하고 성품을 다하고 힘을 다해야 한다"(신 6 5a). 여기 세 가지 '마음을 다하고', '성품을 다하고', '힘을 다하여'란 뜻은 무엇인가? 각 단어의 뜻을 살펴보자.

첫째, '마음을 다하고(with all your heart)'란 뜻은 무엇인가?
유대인의 지혜자는 '마음(heart)'은 열망하고(craving) 동경하는(aspiration) 좌소(seat)의 비유로 사용된다고 말한다. 어떤 마음으로 하나님을 사랑해야 하는가? 인간에게는 두 가지 경향(inclination)이 있는데 율법을 행하려고 하는 선한 경향은 따르고, 반면 죄를 짓게 하는 악한 경향은 배척해야 한다는 것이다. 이것이 하나님을 잘 사랑하는 것이다(Rashi, 2003, Vol. V, p. 71).

악한 경향은 인간이 땅의 것에 소망을 두는 것을 말한다. 먹고 마시고 육적 쾌락의 욕망을 말한다(Scherman & Zlotowiz, The Chumash, 1994, p. 973). 그리고 하나님을 향한 마음이 여러 가지 생각으로 인하여 나누어져서는 안 된다.

둘째, '성품을 다하여(with all your soul)'란 뜻은 무엇인가?

하나님을 섬기기 위해서는 목숨까지 바칠 각오를 하라는 뜻이다(Berachos 54a). 우상 숭배를 강요할 경우 율법을 지키기 위하여 죄를 짓느니 순교를 해야 한다는 것이다. 유대인의 지혜자는 설사 하나님이 당신의 생명을 취하는 순교를 원하는 상황이 오더라도 그것을 거절하지 말고 하나님을 사랑해야 한다고 말한다.

이 말의 뜻은 유대인이 이런 태도로 살게 될 때 그는 단지 인간을 죽이는 살인자에게 희생을 당하는 것이 아니고, 하나님에게 자신의 목숨(soul)을 포기하며 영적 크기를 저울에 달아보라는 것이다(Scherman & Zlotowitz, The Chumash, 2005, p. 974). 따라서 하나님을 사랑할 때 적당하게 하는 것이 아니라 목숨을 바쳐 죽기까지 사랑하라는 말씀이다.

이것은 무엇을 뜻하는가? 기독교의 초대교회를 일으켰던 베드로나 바울의 순교 신앙은 유대교에서 내려왔다는 것을 증명한다. 그들은 구약의 다니엘이 느부갓네살 왕의 신상 앞에 절하지 않기 위한 순교의 신앙(단 3:1~18)을 가졌었던 것처럼 이를 본받은 것이다. 뿐만 아니라 이러한 순교신앙은 한국 초대교회의 주기철 목사나 손양원 목사 같은 분들에게까지 이어졌다.

따라서 구약이나 신약이나 하나님을 잘 믿는 경건한 신앙인은 율법을 지키기 위하여 순교까지 하는 예가 허다하다는 사실을 잊어서는 안 된다. 그것은 그만큼 부모가 자녀들에게 옳은 신앙교육을 시켰기 때문이다.

셋째, '힘을 다하여(with all your resources)'란 뜻은 무엇인가?
예를 들면 이런 것이다. "하나님을 사랑하는데 설사 자신이 갖

유대인의 삶은 하나님 우선주의다. 하나님의 이름을 위하여 순교까지 한다.
사진은 한 유대인이 순교하기 전 이마에 경문을 메고 기도복을 두루고 쉐마를 음송하는 모습.

고 있는 모든 돈(재산)을 손해 본다 하여도"란 뜻이다. 어떤 이들은 돈(재산)을 지키기 위해 목숨을 버리기까지 한다. 재산의 가치를 목숨보다 귀하게 여기기 때문이다. 그러나 그 어느 것보다도 하나님을 사랑하는 것이 가장 중요한 우선순위가 되어야 한다(p. 974). (저자 주: 영어 성경은 유대인의 성경 번역을 참고한 것임)

따라서 신명기 6장 5절의 "너는 마음을 다하고 성품을 다하고 힘을 다하여 네 하나님 여호와를 사랑하라"고 하신 말씀은 "율법을 행하려고 하는 선한 경향은 따르고, 반면 죄를 짓게 하는 악한 경향은 배척하며, 하나님을 섬기기 위해서는 목숨까지 바칠 각오를 하고, 그 어느 것보다도 하나님 사랑하는 것을 가장 중요한 우선순위에 놓고 사랑하라"는 뜻이다.

여기에서 주목할 것은 왜 하나님께서 성도들에게 "여호와를 경외(fear)하라"고 하지 않고 "사랑(love)하라"고 명령하셨나 하는 점이다. '경외'와 '사랑'은 어떤 차이가 있는가? 여호와를 사랑하는(love) 것은 두려워하는(fear) 것보다 더 깊은 의미가 있다. 왜냐하면 사랑에는 자기 희생이 요구되기 때문이다(Birnbaum, 1991, p. 555).

만약 하나님의 율법에 순종하는 이유가 하나님이 두렵기 때문이라면 율법이 짐이 된다. 율법이 짐이 되기 시작하면 언젠가는 하나님을 떠나게 된다. 그러나 하나님을 사랑하기 때문이라면 율법을 위한 희생 자체가 기쁨이 된다(Rashi, 1994, Vol. V, p. 79).

따라서 여호와께 드리는 자기 희생은 의무적이기보다는 마음을 다하고 성품을 다하고 힘을 다하여 기쁨으로 드리는 자발적인 사랑을 강조하고 있다. 탈무드에는 두려움으로 공양하는 자보다 사랑으로 공양하는 자가 더 큰 자라고 말했다(Donin, 1972, p. 143).

"너는 마음을 다하고 성품을 다하고 힘을 다하여
네 하나님 여호와를 사랑하라"(신 6:5)는 말씀은
"율법을 행하려는 선한 경향은 따르고,
반면 죄를 짓게 하는 악한 경향은 배척하며,
하나님을 섬기는 데는 순교할 각오를 하고,
그 어느 것보다도 하나님 사랑하는 것을
가장 중요한 우선순위에 놓고 사랑하라"는 뜻이다.

B. 이스라엘 백성이 자녀에게 해야 할 으뜸 도리(신 6:6~9)

1) 왜 말씀을 마음에 새겨야 하는가

하나님의 말씀은 어디에 새겨야 하는가? 신명기 6장 6절을 보면 본인들에 대한 의무가 나온다. "오늘날 내가 네게 명하는 이 말씀을 너는 마음에 새기라"고 명령하신다. 이 말씀은 말씀을 가르치는 부모가 하나님의 말씀을 어떻게 읽어야 하는가를 말해 준다. 먼저 가르치는 자가 말씀을 마음에 새겨야 말씀이 입에서 자유롭게 나와 자녀들을 가르치며 일상생활에서도 말씀을 적용하며 살 수 있다. 부모 자신이 말씀을 모른다면 어떻게 자녀에게 말씀을 가르칠 수 있는가? 신명기 6장 6절의 말씀을 더 구체적으로 알아보자.

'오늘날'이란 단어의 뜻은 무엇인가? 모세가 신명기에 쓴 '오늘날'은 시내산에서 율법을 받은 이후 40년이 지난 후이다. 그런데도 '오늘날'이라고 표현한 것은 시내산의 사건과 말씀(율법)을 구식이나 시대에 뒤떨어진 도그마(outmoded dogma)처럼 생각하지 말고, 새롭고 신선하고 흥분된 마음으로 대하라는 뜻이다. 마치 시내산에서 '오늘' 토라를 받은 것처럼(Rashi, 1994, p. 80). 그래서 토라의 말씀에 자극을 받고 도전을 받아야 한다. 이것이 유대주의에서 말하는 쉐마의 중요한 요체이기 때문이다(Scherman & Zlotowitz, The Chumash, 2005, p. 974).

그렇다. 기독교인들도 구약성경 뿐만 아니라 신약의 말씀을 읽을 때에 현재 하나님을 대면하듯이 예수님을 대하듯이 두렵고 떨리는 마음으로, 그리고 하나님의 사랑을 체험하면서 의심 없이 정성스럽게 읽어야 한다. 하나님의 말씀을 이렇게 읽을 때 항상 새로운 자극을 받아 읽는 말씀에 지겨워하지도 않고 습관적으로 말씀을 읽는 데 부담이 안 된다.

하나님의 말씀은 어디에 새겨야 하는가? 머리인가 아니면 마음인가? 마음이다. 왜 하나님의 말씀을 머리에 새기지 않고 마음에 새겨야 하는가? 신·구약 성경 어디에도 머리에 새기라는 구절이 없다. 마음에 새기라고 말씀하신다.

> 그들에게 이르되 내가 오늘날 너희에게 증거한 모든 말을 너희 마음에 두고 너희 자녀에게 명하여 이 율법의 모든 말씀을 지켜 행하게 하라. (신 32:46)

> 그것을 항상 네 마음에 새기며 네 목에 매라. (잠 6:21)

왜 하나님의 말씀을 마음에 새겨야 하는가? 말씀을 머리(IQ)로만 알지 말고 마음(EQ)으로, 과거 모세가 시내산에서 말씀 받았을 때의 감동을 현재처럼 체험하며 읽으라는 뜻이다. 말씀을 읽을 때 죄를 회개하고 은혜를 받아 그 말씀을 실생활에서 기쁨으로 지켜 행하라는 뜻이다. 즉 하나님과의 첫사랑을 늘 지켜 행하라는 뜻이다.

우리는 하나님의 말씀을 머리로만 알 때 율법대로 사는 자가 아니라 율법을 남용하는 율법주의자가 되기 쉽다는 점을 명심해야 한다. 신약성경에 예수님을 괴롭힌 바리새인들의 문제는 무엇인가? 그들은 하나님의 말씀을 머리에만 새겼기 때문에 율법에 관하여 너무나 잘 알고 있었지만 메시아로 오신 예수님을 만나지 못한 것이다. 그러나 같은 바리새인이며 산헤드린 회원이며 관원이었던 니고데모는 예수님을 방문한 후 하나님의 말씀을 마음에 새겼기 때문에 예수님이 말씀하실 때 마음의 문을 열고 받아들여 구원의 반열에 선 것이다(요 3:1~22).

의인은 어떤 사람인가? 마음에 항상 하나님의 말씀이 있는 사람이다.

> 의인의 입은 지혜를 말하고 그 혀는 공의를 이르며 그 마음에는 하나님의 법이 있으니 그 걸음에 실족함이 없으리로다. (시 37:30~31)

오늘날 기독교인들 중에도 하나님의 말씀을 머리에 새긴 사람들은 어떤 사람들인가? 말씀은 너무나 많이 아는데 그 말씀으로 사람을 판단만 하여 자신만 옳다고 하는 사람들이다. 즉 용서와 사랑이 없는 사람들이다. 반면 하나님의 말씀을 마음에 새긴 사람들은 용서와 사랑이 넘치는 사람들이다.

따라서 교회에서는 남을 율법으로 판단만 하는 IQ 목사보다는 허물을 덮어주고 용서하는 EQ 목사가 되어야 한다. 교역자의 허물만 밝히는 IQ 장로보다는 교역자의 허물을 덮을 줄 아는 EQ 장로가 되어야 한다. 음정과 박자만 잘 맞는 IQ 성가대보다는 그들이 부르는 찬송이 하늘나라에 상달되는 EQ 성가대가 되어야 한다. 말씀만 잘 암기하는 IQ 교사보다는 말씀과 기도에 능한 EQ

유대인은 집에 있을 때나 길을 행할 때나 하나님의 말씀을
읽거나 음송하며 다니도록 교육 받는다.
(사진: 유대인 소년이 길을 걸으며 토라를 읽고 있다.)

    교사가 되어야 한다. 그래야 학생들이 은혜를 받을 수 있다. 그리고 상담 논리에만 밝은 IQ 상담자보다는 상대방의 아픔을 말씀과 눈물의 기도로 감싸줄 수 있는 EQ 상담자가 되어야 한다. 그래야 상담 받는 사람이 하나님의 능력으로 치유를 받을 수 있다.

    EQ가 개발되기 위해서는 먼저 성령의 능력을 받기 위하여 기도하는 무리가 많아야 한다. 그래야 교회가 따뜻한 하나님의 방주가 될 수 있다.

    하나님께서는 이스라엘 백성들에게 얼마나 하나님의 말씀을 마음에 새기기를 원하시는가? 누구든지 달려가면서도 하나님의 말씀을 읽을 수 있게 판에 똑똑히 새기라고 말씀하셨다.

> 주께서 나에게 대답하셨다. "너는 이 묵시를 기록하여라. 판에 똑똑히 새겨서, 누구든지 달려가면서도 읽을 수 있게 하여라."
> (합 2:2)

실제로 유대인 촌에 가보면 길을 걸으면서도 하나님의 말씀을 읽고 다니는 사람들을 볼 수 있다(사진 참조).

하나님의 말씀을 마음에 새긴 성도는 세상 풍파나 원수의 목전에서도 두려움이 없다. 이사야 선지자는 두려워하는 이스라엘 백성에게 이렇게 말했다.

> 의를 아는 자들아, 마음에 내 율법이 있는 백성들아, 너희는 나를 듣고 사람의 훼방을 두려워 말라. 사람의 비방에 놀라지 말라.
> (사 51:7)

하나님의 말씀을 맡은 자는 위험에서도 하나님께서 보호해 주신다는 믿음을 가져야 한다.

하나님의 말씀을 머리에 새기면
율법적인 'IQ 사람'이 되지만,
마음에 새기면 사랑이 풍부한 'EQ 사람'이 된다.
'EQ 사람'은 말씀을 읽을 때 죄를 회개하고
은혜를 받아 그 말씀을 기쁨으로 지켜 행한다.

2) 누가 자녀에게 말씀을 가르쳐야 하는가

신명기 6장 7절을 보면, 부모들이 자녀에게 해야 할 의무가 있다. "네 자녀에게 부지런히 가르치며(You shall teach them to your sons)"라고 당부하셨다. 여기에서 주목해야 할 것은 누가 누구를 가르쳐야 하는가를 알아야 한다. 하나님은 누가 자녀들에게 말씀을 전수하기를 원하시나? 왜 어른들에게 "하나님 말씀을 네 이웃에게 가르치라" 하지 않고 "네 자녀에게 가르치라"고 강조했는가 하는 점이다. 이에 대한 답으로 세 가지 의미를 찾을 수 있다.

첫째, 성경적 가정의 구도에서 부모는 선생이고 자녀는 학생이라는 개념이다. 문자적으로 단수 '아들(son)'을 얘기할 때는 여러 아들 중에 하나를 가리키는 것이지만, '아들들(sons)'로 표현할 때는 '학생들(disciples)'이란 뜻을 포함하고 있다(Rashi, 2003, Vol. V, p. 72).

여기에서 '학생'은 무엇을 뜻하는가? 단순히 교사로부터 배우는 자가 아니고, 스승의 가르침을 받아 선생의 사상과 생활을 본받는 '제자'를 뜻한다. 즉 **부모가 자녀에게 성경을 가르쳐 말씀의 제자를 삼으라는 뜻이다. 특히 유대인 가정에서는 아버지가 가정의 제사장으로서 자녀들에게 말씀을 가르친다.**

[자세한 내용은 저자의 저서 《유대인 아버지의 4차원 영재교육》(동아일보, 2006), 제1부 제2장 '유대인 아버지의 종교교육' 참조]

그 이유는 무엇인가? 성도의 '자녀'는 부모에게 '자녀'인 동시에 부모로부터 말씀을 받는 '제자'의 개념이 있기 때문이다. 이 때에 말씀을 가르치는 부모는 선지자로서 제자에게 말씀을 가르치는 사명을 감당하는 것이다(Rashi, 1994, Vol. V, p. 81). 왜냐하면, 성도

가정에서 자녀에게 말씀을 가르쳐야 할 사람은 목사가 아니라 부모다.
(사진: 유대인 아버지가 밤에 가정에서 아들들에게 말씀을 가르치고 있다.)

의 자녀는 하나님의 자녀이며, 하나님의 자녀는 '말씀 맡은 자'로 양육되는 제자(학생)이기 때문이다.

따라서 성도는 자신의 자녀들이 자신의 소유이기 이전에 하나님의 소유이기 때문에 자녀의 스승이 되어 하나님의 형상대로 키워야 할 의무가 있다.

둘째, 이는 나의 자녀에게 복음을 전할 첫 번째 책임이 교회 주일학교 선생이나 목사에게 있는 것이 아니라 부모에게 있다는 점이다. 즉 자녀의 종교교육에 있어서 첫째 가는 교사는 부모이며, 그 이외의 사람들은 모두 부모를 도와주는 사람들이다.

하나님도 모세가 야곱의 집에게 이렇게 전하라고 말씀하셨다.

이스라엘의 아들들에게 가르치라. (출 19:3)

[저자 주: 여기에서 말하는 '야곱의 집'은 여성이 주관하는 '가정(house or home)'을 뜻한다.]

이것은 무엇을 뜻하는가? 만약 토라가 유대인의 가정에 먼저 들어가지 않았다면 유대주의가 계속 대를 이어 이어지는 것은 있을 수 없다는 것을 의미한다(Kaplan, *Tefillin*, 2005, pp. 57).

셋째, 만약 성경학자가 두 부류의 학생들, **학교의 학생과 자녀**가 있을 경우, 둘을 함께 가르칠 수 없을 때 누구를 먼저 가르쳐야 하는가? 유대인의 지혜자 람반(Ramban)은 자녀를 먼저 가르치라고 권한다(Scherman & Zlotowitz, *The Chumash*, 2005, p. 975). 이 말씀은 "부모는 하나님의 말씀을 수평적인 이웃에게보다, 종속적이고 수직적인 자녀에게 먼저 가르쳐야 할 의무가 있다"는 것을 뜻한다. 이런 면에서 유대인은 기독교 목사가 자녀보다 교회 교인에게 말씀을 더 많이 가르치는 것을 도저히 이해 할 수가 없다고 말한다.

탈무드에는 부모가 자식에게 하나님의 율법을 가르쳐 전수하는 것이 무엇보다 소중한 것임을 보여 주는 전설이 있다.

> 하나님이 유대민족에게 십계명을 내리실 때, 유대민족은 반드시 그것을 지킬 것이라는 맹세를 그들로부터 받으려고 하셨다. 그래서 유대인들은 그들의 위대한 조상인 아브라함과 이삭과 야곱의 이름을 걸고 반드시 십계명을 지키겠노라고 맹세했지만,

하나님은 허락하지 않으셨다. 그래서 유대인들은 앞으로 손에 넣게 될 모든 쿠궈를 걸고 맹세했지만 하나님은 역시 허락하지 않으셨다. 결국 끝에 가서, 유대인들은 자식들에게 반드시 십계명을 전하겠노라고 자식들을 앞세워 맹세하자 비로소 하나님은 좋다고 허락하여 주셨다. (Tokayer, 탈무드 1: 탈무드의 지혜, 2007. p. 192)

여기에서 두 가지 질문을 할 수 있다. 하나님은 왜 유대민족으로부터 반드시 계명을 지킬 것이라는 맹세를 받아내려고 하셨는가? 하나님의 백성이 율법을 지켜 행하는 것이 하나님의 형상을 닮게 하기 위해 그만큼 중요하기 때문이다. 또한 온 가족이 율법을 지켜 행하는 것은 말씀 전수에도 크게 도움을 준다.

하나님은 왜 유대인들이 다른 어느 것보다도 자식들에게 반드시 십계명을 전하겠노라고 자식들을 앞세워 맹세할 때 비로소 좋다고 허락해 주셨는가? 두 가지로 설명할 수 있다.

첫째, 자녀의 가치가 그만큼 중요하다는 것이다. 유대인에게 자식은 그들의 위대한 조상인 아브라함과 이삭과 야곱의 이름이나 모든 부귀보다도 더 소중하다는 뜻이다. 왜냐하면 인간의 생명은 하나님의 형상대로 지음받은 천하보다 더 귀한 존재이기 때문이다. 더구나 유대인의 자녀들은 하나님의 율법을 받아 하나님의 영원한 약속의 기업인 가나안을 유산으로 이어받을 자들이기 때문이다. 즉 천국을 확장하는 도구이기 때문이다.

둘째, 하나님의 최대 관심사는 타락한 인류를 구원하시는 것이다. 그런데 만약 유대인의 부모가 하나님의 말씀을 자녀들에게 전수하지 않는다면 어떻게 하나님의 구속의 역사가 진행될 수 있겠는가? 따라서 하나님이 유대인 부모가 자녀에게 말씀을 전수하겠다고 맹세하게 하신 것은 말씀을 전수하는 것과 그 말씀(율법)을 지켜 행하는 것, 두 마리 토끼를 한꺼번에 잡을 수 있는 묘안이었다.

한국 교회도 이제 전도의 우선순위를 바꾸어야 한다. 전도의 우선순위를 횡적인 이웃 전도나 이방 나라 세계선교보다도 제일 가까운 자녀 전도에 먼저 두어야 한다. 먼저 가정이 건전한 복음으로 충만한 후 세계선교도 있지, 가정이 건전치 못하면 이웃 전도나 세계선교는 곧 한계를 느끼게 된다.

가르칠 때 어떻게 가르쳐야 하는가? '부지런히' 가르쳐야 한다. '부지런히 가르치다'에 해당하는 원어 '쇠난탐(שִׁנַּנְתָּם)'에는 '날카로움(sharpness)'이란 뜻이 있다(Rashi, 2003, Vol. V, p. 72). 따라서 부모의 입에는 항상 날카로운 하나님의 말씀이 있어서 언제든지 막힘없이 자녀에게 말씀을 가르쳐야 한다는 뜻이다. 또한 이 말씀은 생명력 있는 하나님의 말씀(히 4:12)으로 자녀들의 마음과 영혼을 예리하게 찌르듯 감동시키고 교훈하라는 뜻도 있다.

또한 유대인은 전통적으로 '네 자녀에게 부지런히 가르치며'의 '부지런히'는 히브리어로 "돌판에 조각을 해서 끌로 새겨 놓은 듯이 가르치라"는 표현을 하고 있다(Tokayer, 탈무드 2; 탈무드와 모세오경, 2007, pp. 268~269). 이것은 하나님의 말씀을 일점 일획도 변개 없이 자자손손 전수해야 되기 때문이다.

따라서 하나님의 말씀을 대충 대충 가르치면 안 된다. 까다롭게 가르쳐야 한다. 정확하게 가르쳐야 한다. 그리고 어릴 때부터 마음에 새길 수 있도록 반복해서 가르쳐야 한다. 뿐만 아니라 그들은 유대 전통과 역사도 그렇게 까다롭게 전수할 수 있도록 가르친다. 그것들이 모두 연합하여 말씀 전수를 돕는 방법들이기 때문이다. 유대민족이 역사적으로 모든 면에서 까다로운 이유도 그들이 이런 교육을 받았기 때문이다.

유대인이 조상 대대로 내려온 쉐마 내용을 철저하게 믿는 데는 그들 나름대로의 이유가 있다. 그것은 바른 하나님 말씀 교육은 바로 이스라엘 백성의 장래의 승패, 즉 사느냐, 죽느냐의 문제와 직결되어 있기 때문이다. 그들은 앞으로 하나님께 복을 받느냐 저주를 받느냐 하는 문제는 자신들이 하나님의 말씀으로 얼마나 자녀교육을 잘 시켰느냐, 못 시켰느냐에 달렸다고 믿는다.

이것은 이미 그들의 역사에서도 증명된 사실이다. 그렇기 때문에 그들은 "게으르지 말고 부지런히 규칙적으로 가르치라"(신 6:6)고 강조한다.

만약 성경학자가 학교의 학생과 자녀 둘을 함께 가르칠 수 없을 경우 누구를 먼저 가르쳐야 하는가?
유대인은 자녀를 먼저 가르치라고 권한다.
부모는 하나님의 말씀을 수직적인 자녀에게 먼저 가르쳐야 하기 때문이다.

책의 민족

네 자녀에게 부지런히 가르치며 집에 앉았을 때에든지 길에 행할 때에든지 누웠을 때에든지 일어날 때에든지 이 말씀을 강론할 것이며……. (신명기 제6장 제7절)

'네 자녀에게 부지런히 가르치며'의 '부지런히'는 히브리어로 "조각을 해서 끌로 새겨 놓은 듯이 가르치라"는 표현을 하고 있다. 이것은 유대인의 전통을 전함에 있어서 교육이 얼마나 중요한가를 뜻하고 있다. 가르친다는 것은 하나님을 존경하는 일이 된다. 유대인에게 있어서 하나님을 존경하는 최고의 기도는 공부하는 것이다. 회당은 모두 공부할 장소를 가지고 있었다. 예배의 가장 중요한 점은 모인 사람들이 모두 '토라'를 공부하는 일이었다. 그것은 배우지 않는 한, 종교는 미신이 되어 버린다는 것을 잘 알고 있었기 때문이다. 모든 사람이 함께 공부하고 서로 가르치고 배우지 않으면 안 되었다. 양친은 반드시 교사가 되지 않으면 안 된다.

여기에서 유대인은 이 세상에서 최초로 의무교육이라는 것을 발견하고 실시했다. 그래서 유대인은 '책의 민족'이라 불리게 되었다.

_Tokayer, 탈무드 2: 탈무드와 모세오경, 동아일보, 2007, pp. 268~269.

3. 쉐마교육을 하는 때(신 6:7b)

A. 언제 자녀에게 말씀을 가르쳐야 하는가

부모는 자녀에게 언제 말씀을 가르쳐야 하는가? 신명기 6장 7~9절을 보자.

> 네 자녀에게 부지런히 가르치며, 집에 앉았을 때에든지 길에 행할 때에든지 누웠을 때에든지 일어날 때에든지 이 말씀을 강론할 것이며, 너는 또 그것을 네 손목에 매어 기호를 삼으며, 네 미간에 붙여 표를 삼고 또 네 집 문설주와 바깥 문에 기록할지니라. (신 6:7~9)

이 말씀은 두 가지로 나눌 수 있다. 하나는 자녀를 교육할 때(7절)이고, 다른 하나는 교육하는 방법(8~9절)이다.

먼저, 부모가 자녀를 교육할 때를 보자. "집에 앉았을 때에든지 길에 행할 때에든지 누웠을 때에든지 일어날 때에든지"의 전체 말씀의 흐름은 부모가 자녀에게 항상 말씀을 가르치라는 뜻이다. 랍비 라쉬에 의하면, "누웠을 때에든지 일어날 때에든지"는 부모가 낮에 낮잠을 잘 때에나 혹은 한밤중에 일어날 때에도 자녀에게 말씀을 가르치라는 뜻이다(Rashi, 1994, Vol. V, p. 81).

이것은 무엇을 뜻하는가? 기회가 있을 때마다 가르치라는 것이 아니다. 더 적극적인 뜻으로 항상 부모가 자녀와 함께 있을 기회를 집에서나 밖에서 만들어야 한다. 그리고 그때마다 자녀들을 가르치라는 뜻이다. "그렇게 해야 당신이 하나님을 사랑한다는 목

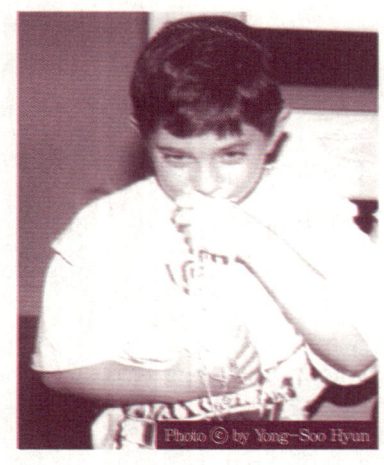

유대인은 하루에 세 번 기도를 하는데 새벽과 저녁에는 쉐마를 음송한다.
(사진: 유대인 소년이 잠자기 전 율법을 상징하는 찌찌트를 입에 대며 기도 시간에 쉐마를 음송하고 있다.)

적을 달성할 수 있다"(Scherman & Zlotowiz, 1994, p. 975). 다시 말하면, 부모가 밤낮 장소를 불문하고 입만 벙긋하면 '말씀'이 튀어나와 자녀에게 말씀을 전수하여 '말씀 맡은 자'로 키우라는 뜻이다.

이는 한국 부모들이 입만 벙긋하면 아이들에게 "숙제 했느냐, 밥 먹었느냐"고 말하는 것과 큰 대조를 이룬다.

미국 뉴욕 주 여성지도자수련회 강사로 초빙되었을 때 어느 사

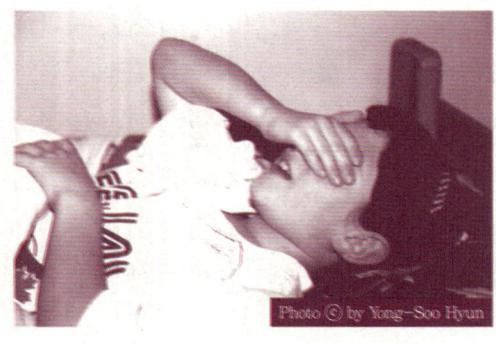

잠자기 전에 쉐마를 음송하는 유대인 소년. 손으로 눈을 가리는 이유는 잡념을 없애고 기도에 몰두하기 위함이다.

모에게서 들은 이야기다. 여섯 살 난 한국인 2세 아들이 식구들이 모인 자리에서 이런 수수께끼를 냈다고 한다.

"한국인 어머니가 자녀에게 가장 많이 사용하는 말이 무엇일까요?"

여러 가지로 답했다.

"숙제 했니?"

"밥 먹어라"

"공부해라" 등등.

그런데 한 사람도 정답을 맞히지 못했다. 아들의 입에서 나온 정답은 무엇일까?

그것은 "더 먹어"였다.

한국인이 유대인과 인종이 다르기 때문에 말씀 전수에 실패하는 것이 아니다. 근본적으로 자녀에게 말씀을 전수하고자 하는 정신과 열정이 다르기 때문이다. 이제 한국인 부모들도 자녀에게 가장 많이 사용하는 말이 육(肉)의 양식인 '밥'을 "더 먹어!"가 아니고 영적 양식인 '하나님의 말씀'을 "더 먹어!"로 바꿔야 한다. 한국인 부모가 자녀들 육의 양식인 밥을 먹이는 정성만큼 영적 양식인 말씀 교육에 열성을 보인다면 어느 가정이나 자녀들을 '말씀 맡은 자'로 키우는 데 성공할 것이다.

이제 한국인 어머니도 자녀에게 '밥'만 "더 먹어!"가 아니고
영적 양식인 '하나님의 말씀'을 "더 먹어!"로 바꾸어야 한다.
'밥' 먹이는 정성만큼 '말씀'을 먹인다면
자녀들을 '말씀 맡은 자'로 키우는 데 성공할 것이다.

제2장 유대민족이 받은 지상명령, 쉐마의 내용

B. 인간의 구성 요소와 성장 방법: 어느 목사가 열받은 이유

텍사스의 어느 목사님에게서 전화가 왔다(2003년).

"우리 교회에서 꼭 쉐마교육 부흥회를 해야 합니다."

그런데 이 목사님의 목소리가 약간 상기되어 있었다.

그는 말을 이었다.

"우리 교회에 열세 살 먹은 아들과 함께 사는 홀어머니가 있는데요, 그 아들녀석이 못되어서 어머니를 바닥에 쓰러뜨리고 뺨과 온몸을 때려 어머니가 교회 나올 때 온몸에 멍이 들어 나옵니다. 세상에 어찌 이런 일이 있을 수 있습니까?"

그런데 이 목사님이 더 열받은 이유는 이렇다.

"현 교수님, 미국 어머니들은 자식한테 얻어맞으면 경찰을 불러 자식이라도 감옥에 보내는데요, 한국 어머니들은 얻어맞기만 하고 경찰을 안 부릅니다. 정말 목사로서 속이 상합니다."

왜 이런 일이 일어나는가? 자녀에게 밥만 더 먹였기 때문이다. 자녀를 낳아 밥만 먹이면 짐승보다 못한 인간이 되기 쉽다. 왜냐하면 짐승은 배가 부르면 남을 해치지 않지만 못된 인간은 배가 불러도 사람을 해치기 때문이다.

가장 중요한 것은 인간에게는 영혼과 육이 있는데, 육은 음식을 더 먹어야 성장하지만, 영혼은 하나님의 말씀을 더 먹어야 하나님의 형상을 닮아 참사람이 될 수 있다는 사실이다.

> 청년이 무엇으로 그 행실을 깨끗케 하리이까 주의 말씀을 따라 삼갈 것이니이다. (시 119:9)

인간의 구성 요소와 성장 방법

구분 인간의 구성 요소	성장하게 하는 방법	성장 목적	말씀없이 음식만 먹일 경우	말씀과 음식을 함께 먹일 경우
영혼	하나님의 말씀을 먹임	하나님의 형상을 닮아감	짐승보다 못한 사람이 됨	하나님의 형상을 닮아 효자가 됨
육	음식을 먹임	건강한 육의 성장		

어떻게 하나님의 말씀대로 살 수 있는가? 그 방법은 하나님의 말씀이 나의 입에 있으며 나의 마음에 있어야 한다(신 30:14). 주의 말씀을 자신의 마음에 두는 자는 범죄치 않는 법이다(시 119:11). 하나님의 말씀은 살았고 운동력이 있어 좌우에 날선 어떤 검보다도 예리하여 혼과 영과 및 관절과 골수를 찔러 쪼개기까지 하며 또 마음의 생각과 뜻을 감찰하시기 때문이다(히 4:12). 따라서 부모는 자녀들이 범죄치 않게 하기 위하여 하나님의 말씀을 매일 먹여야 한다.

하나님의 말씀이 입에 있으면 그 말씀은 마음으로 내려가 소화가 되어 성령의 능력(시 103:20; 히 1:3)으로 나타나 영혼의 힘이 된다. 이것은 마치 밥이 입에 있으면, 위로 내려가 소화가 되어 육신의 힘이 되는 것과 같다.

> 여호와의 율법은 완전하여 영혼을 소성케 하고 여호와의 증거는 확실하여 우둔한 자로 지혜롭게 하며 여호와의 교훈은 정직

하여 마음을 기쁘게 하고 여호와의 계명은 순결하여 눈을 밝게 하도다. (시 19:7~8)

따라서 자녀들은 부모나 회중의 스승들이 가르치는 말씀을 잘 박힌 못 같이 마음판에 새기어야 한다(전 12:11).

자녀를 낳아 밥만 먹이면 짐승보다 못한 인간이 되기 쉽다.
짐승은 배가 부르면 남을 해치지 않지만
못된 인간은 배가 불러도 사람을 해치기 때문이다.

 랍비의 유머

배움의 민족 유대인

유대인이 이스라엘에서 추방(追放)되자 게토로 알려져 있는 유대인가(街. 동네 혹은 촌)라든지 유대인 부락이 스페인으로부터 러시아, 터키, 중국에까지 온 세계에 탄생하게 되었다. 하나의 민족이 멸망한다고 하는 것은 보통 나라를 잃는 것을 의미한다. 이것을 더욱 정확히 말한다면 자기의 종교나 문화를 빼앗기고 강한 민족에게 항복하는 것이다. 유대인은 국토를 잃었지만 유대민족은 멸망하지 않았음을 나타내 보인 것이다.

1,800년 이상의 오랜 세월을 유대인은 스스로를 지키기 위해 칼이나 창을 갖고 있지 않았다. 그 이유는 습격으로부터 유대인촌을 지키기 위해 높은 벽을 간혹 쌓긴 했지만, 나라가 없었던 유대인은 지켜야 할 땅이나 군대가 없었기 때문이다.

그래서 유대인이 자기의 문화를 지키기 위해 사용했던 무기는 오직 배움 그것뿐이었다. 성경을 배움으로써 유대인이 되고 아이들에게 성경을 가르치는 것으로써 유대인임을 가르쳐왔다.

_Tokayer, 탈무드 5: 탈무드의 잠언집, 동아일보, 2009, pp. 39~41.

4. 쉐마교육의 방법: 율법에 기초한 시청각 교육

A. 쉐마 언약의 표식들: 테필린, 메주사, 찌찌트

쉐마교육의 방법은 유대인 자녀교육의 전체(저자의 쉐마교육 시리즈 전체)에서 발견할 수 있다. 여기서는 기도할 때 쉐마를 음송하는 방법과 율법을 기억시키는 방법 등에 대하여 알아보자. 먼저 신명기 6장 8절과 9절 말씀을 보자.

> 너는 또 그것을 네 손목에 매어 기호를 삼으며 네 미간에 붙여
> 표를 삼고 또 네 집 문설주와 바깥문에 기록할지니라. (신 6:8~9)

유대인은 이를 문자적으로 해석한다. 그리고 이 말씀대로 가시적인 시청각 교육을 시키고 있다. 그들은 여호와의 율례와 법도를 하나님의 언약으로 간주한다. 이 언약은 하나님과 선민인 유대인과의 계약이다. 계약은 조건부다. 따라서 유대인은 이 계약을 지켜야 하나님이 그들에게 약속하신 복을 받을 수 있다고 믿는다. 복 받는 조건에 대한 말씀은 세 가지 쉐마 말씀 중 두 번째인 신명기 11장 13~21절에 명시되어 있다.

하나님께서 유대인에게 계약대로 잘 살 경우 다음과 같은 복을 주시겠다고 약속하셨다.

> 여호와께서 너희 땅에 이른 비, 늦은 비를 적당한 때에 내리시리니 너희가 곡식과 포도주와 기름을 얻을 것이요, 또 육축을 위하여 들에 풀이 나게 하시리니 네가 먹고 배부를 것이라. (신 11:14~15)

계약을 어길 경우 다음과 같은 저주를 주시겠다고 경고하셨다.

> 여호와께서 너희에게 진노하사 하늘을 닫아 비를 내리지 아니하여 땅으로 소산을 내지 않게 하시므로 너희가 여호와의 주신 아름다운 땅에서 속히 멸망할까 하노라. (신 11:17)

따라서 그들은 위의 세 가지 쉐마 말씀에 근거하여 이 계약을 지키기 위한 언약의 표식들을 만들었다. '테필린(tefillin; 경문)', '메주사(mezuzah)', 그리고 '술 단 저고리(tzitzit; 민 15:38)'가 바로 그 언약의 표식들이다.

이 언약의 표식들은 하나님에 대한 사랑과 경외(Love and Reverence)의 표시다(Donin, 1972). 그들이 이것을 지키는 목적은 하나님과 율법의 임재하심을 기억하려는 것이며, 또한 이것을 하나님에 대한 의무의 이행으로 여긴다(민 15:37~41).

유대인은 실제로 언약의 표식들을 어떻게 사용하고 있는가? 실제 예를 들어 설명해보자.

첫째, 테필린

쉐마 말씀 중 "너는 또 그것을 네 손목에 매어 기호를 삼으며 네 미간에 붙여 표를 삼고"(신 6:8)란 말씀에 따라 매일 새벽에 기도할 때에 쉐마, 즉 축복의 말씀을 넣은 조그만 사각형 상자를 미간(이마)과 손목에 끈으로 매고 기도한다. 그 상자를 '테필린'이라고 한다. 우리말 성경에는 '경문'(마 23:5)이라고 번역되었다. 예수

쉐마 말씀을 쓰는 양피지와 먹, 붓 등의 기구. 서기관이 토라를 쓸 때처럼 경외하는 마음으로 쉐마의 축복의 말씀을 정성껏 쓴다.

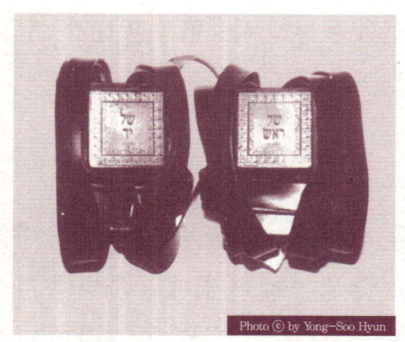

유대인의 축복의 말씀인 쉐마 말씀을 써서 넣은 경문. 기도할 때에 이마와 팔목에 맨다.

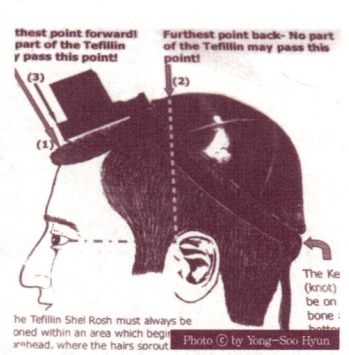

유대인은 성년식을 준비하면서 경문 매는 법을 배운다. 사진은 이마에 경문 매는 위치를 설명하는 모습.

님과 바울도 유대인이었기 때문에 이런 교육을 받고 실천하셨다.

성지 순례 시 구입한 '예수님의 일생'에 관한 비디오를 보면 예수님이 40일 금식 기도를 하실 때에 테필린을 이마에 매고 기도하시는 모습을 볼 수 있다. [단, 정통파 유대인은 여자와 노예와 13세 이전의 아들(성년식을 치르지 않은 아들)은 테필린 사용을 금지한다.]

둘째, 메주사

쉐마 말씀 중 "또 네 집 문설주와 바깥 문에 기록할지니라"(신 6:9)란 말씀에 따라 유대인은 쉐마, 즉 축복의 말씀을 조그만 직사각형 상자 속에 넣어 문설주에 붙여 놓는다. 이를 '메주사'라고 한다. 그들은 출입할 때마다 그 쉐마에 손을 댄다. 그리고 그 손을 자신의 입술에 대고 키스를 한다.

쉐마 말씀을 넣은 각종 메주사. 메주사는 문설주 오른편에 규격에 맞게 설치 한다. 그리고 문을 들고 날 때마다 손을 메주사에 댄 후 그 손에 키스 한다.

셋째, 술 단 저고리와 찌찌트

'술 단 저고리'는 세 가지 쉐마 말씀 중 세 번째인 민수기 15장 37~41절 말씀에 근거한다.

> 여호와께서 모세에게 일러 가라사대 이스라엘 자손에게 명하여 그들의 대대로 그 옷단 귀에 술을 만들고 청색 끈을 그 귀의 술에 더하라. (민 15:37~38)

하나님께서는 그 술을 다는 목적도 이렇게 말씀해 주셨다.

> 이 술은 너희로 보고 여호와의 모든 계명을 기억하여 준행하고 너희로 방종케 하는 자기의 마음과 눈의 욕심을 좇지 않게 하기 위함이라. (민 15:39)

탈무드에는 '눈의 욕심'을 '눈에 보이는 성적 자극'을 뜻한다고 적혀 있다(Talmud, Berachoth 13a). 술단 저고리를 입는 것은 이런 유혹을 차단하는 '방벽(Barrier)'역할을 하는데, 찌찌트는 이 방벽을 더욱 강하게 만들어 준다(Kaplan, Tzitzith, A Thread of Light, 2006, p. 48).

이 말씀에 따라 유대인은 '술 단 저고리'라는 '찌찌트'를 만들어 입는다. 이를 혹은 '탈리트 카탄(tallit katan)'이라고도 한다.

유대인은 이 옷을 만들 때에도 교육학적으로 613개의 율법의 수와 연관 지어 만든다. '찌찌트(tzitzit)'는 원래 옷에 다는 술(threads)을 말한다. '찌찌트(ציצית)'란 히브리 자음들의 알파벳 수치를 더하면 600이 된다. 이 600에 여덟 가닥의 술과 다섯 매

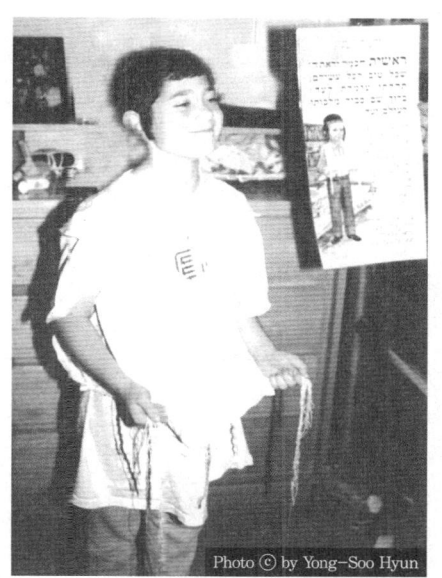

유대인은 쉐마를 시각적이나 촉각적으로 교육 효과를 보도록 가르친다. 그 방법으로 유대인 남자는 항상 613개의 율법을 상징하는 '술 단 저고리(찌찌트)'를 내의처럼 입고 다닌다.
(사진: 찌찌트를 입고 포즈를 취한 유대인 소년)

듭(the eight threads and the five knots)인 13을 더하면 도합 613이 된다. 613이란 숫자는 613개의 토라의 율법들을 상징한다(Lamm, 1993, p. 29). 이 8가닥의 찌찌트 중 한 가닥의 색깔은 원래 하늘색인 청색이어야 한다. 하나님이 성경에 그렇게 명했기 때문이다(민 15:37~38).

찌찌트의 한 가닥을 청색으로 염색하는 이유는 하늘이 청색이기 때문이다. 그런데 청색으로 만드는 방법도 특별한 달팽이에서 나오는 피로 만들어야 하는데, 오직 그 달팽이 피만이 하늘 청색이라는 것이다. 그들이 예루살렘 성전이 파괴된 이후 수천 년 동안 이방에 흩어져 살면서 그 달팽이를 구하기 힘들어서 못 만들고 일반 천의 색과 같은 무명천의 흰 색을 사용했다. 그러다가 20

유대인의 찌찌트는 613개의 율법을 상징한다

$$600 + 8 + 5 = 613$$

보기: 600 = '찌찌트'란 히브리 자음들의 알파벳 수치
8 = 여덟 가닥의 술
5 = 다섯 매듭

세기 들어 그 달팽이를 사막에서 발견하여 청색 찌찌트를 만들기 시작했다. 그러나 그것도 비싸서 보통 무명으로 만든 흰색 찌찌트를 사용하는 경우가 많다.

정통파 유대인 남성은 대소변을 가리기 시작한 3~4세부터, 혹은 처음 머리를 깎은 후부터 그 천을 상의 속에 내복처럼 항상 입고 다닌다. (저자 주: 유대인의 남자 어린이들은 출생 후 3년 동안 머리를 깎지 않다가 3살이 되었을 때 깎는다.) 그들은 이 여호와의 율법을 상징하는 술과 매듭을 볼 때마다 여호와의 모든 계명을 기억하여 준행하고 방종케 하는 자기의 마음과 눈의 욕심을 좇지 않으려고 노력한다(민 15:39).

유대인은 하나님과 맺은 언약을 지키기 위하여
쉐마 언약의 표식들을 만들었다.
'테필린', '메주사', 그리고 '술 단 저고리'다.
이 언약의 표식들은 하나님에 대한 사랑과 경외의 표시다.

B. 네 손의 기호와 네 미간의 표를 삼아라: 테필린

여기까지 쉐마에 대하여 강해할 때 주로 다음 세 군데 말씀, 신명기 6장 4~9절, 신명기 11장 13~21절, 민수기 15장 37~41절에 대하여 설명했다. 그런데 실제로 유대인 남성이 팔과 이마의 표를 삼는 '테필린(tefillin; 경문)'에는 민수기의 말씀은 빠지고 대신 출애굽기의 두 군데 말씀이 첨가되었다. 따라서 테필린에 들어가는 말씀들은 출애굽기 13장 1~10절, 출애굽기 13장 11~16절, 신명기 6장 4~9절, 신명기 11장 13~21절, 네 군데의 말씀이다.

그 이유는 무엇인가? 모세오경 중 하나님이 "네 손의 기호와 네 미간의 표를 삼으라"(출 13:9, 16; 신 6:8, 11:18)고 명령하신 말씀이 이 네 군데에만 있기 때문이다. 성경 말씀을 보자.

* 제1말씀: 출애굽기 13장 1~10절

> 여호와께서 모세에게 일러 가라사대 이스라엘 자손 중에 사람이나 짐승이나 무론하고 초태생은 다 거룩히 구별하여 내게 돌리라 이는 내 것이니라 하시니라 모세가 백성에게 이르되 너희는 애굽에서 곧 종 되었던 집에서 나온 그날을 기념하여 유교병을 먹지 말라 여호와께서 그 손의 권능으로 너희를 그 곳에서 인도하여 내셨음이니라 아빕월 이날에 너희가 나왔으니 여호와께서 너를 인도하여 가나안 사람과 헷 사람과 아모리 사람과 히위 사람과 여부스 사람의 땅 곧 네게 주시려고 네 조상들에게 맹세하신 바 젖과 꿀이 흐르는 땅에 이르게 하시거든 너는 이 달에 이 예식을 지켜 칠 일 동안 무교병을 먹고 제칠일에는 여호와께 절기를 지키라 칠 일 동안에는 무교병을 먹고 유교병을

너희 곳에 있게 하지 말며 네 지경 안에서 누룩을 네게 보이지도 말게 하며 너는 그 날에 네 아들에게 뵈어 이르기를 이 예식은 내가 애굽에서 나올 때에 여호와께서 나를 위하여 행하신 일을 인함이라 하고 이것으로 네 손의 기호와 네 미간의 표를 삼고 여호와의 율법으로 네 입에 있게 하라 이는 여호와께서 능하신 손으로 너를 애굽에서 인도하여 내셨음이니 연년이 기한에 이르러 이 규례를 지킬지니라. (출 13:1~10)

* 제2말씀: 출애굽기 13장 11~16절

여호와께서 너와 네 조상에게 맹세하신 대로 너를 가나안 사람의 땅에 인도하시고 그 땅을 네게 주시거든 너는 무릇 초태생과 네게 있는 생축의 초태생을 다 구별하여 여호와께 돌리라 수컷은 여호와의 것이니라 나귀의 첫 새끼는 다 어린 양으로 대속할 것이요 그렇게 아니하려면 그 목을 꺾을 것이며 너의 아들 중 모든 장자 된 자는 다 대속할지니라 장래에 네 아들이 네게 묻기를 이것이 어찜이냐 하거든 너는 그에게 이르기를 여호와께서 그 손의 권능으로 우리를 애굽에서 곧 종이 되었던 집에서 인도하여 내실새 그때에 바로가 강퍅하여 우리를 보내지 아니하매 여호와께서 애굽 나라 가운데 처음 낳은 것을 사람의 장자로부터 생축의 처음 낳은 것까지 다 죽이신 고로 초태생의 수컷은 다 여호와께 희생으로 드리고 우리 장자는 다 대속하나니 이것으로 네 손의 기호와 네 미간의 표를 삼으라 여호와께서 그 손의 권능으로 우리를 애굽에서 인도하여 내셨음이니라 할지니라. (출 13:11~16)

* 제3말씀: 신명기 6장 4~9절

이스라엘아 들으라 우리 하나님 여호와는 오직 하나인 여호와시니 너는 마음을 다하고 성품을 다하고 힘을 다하여 네 하나님 여호와를 사랑하라 오늘날 내가 네게 명하는 이 말씀을 너는 마음에 새기고 네 자녀에게 부지런히 가르치며 집에 앉았을 때에든지 길에 행할 때에든지 누웠을 때에든지 일어날 때어든지 이 말씀을 강론할 것이며 너는 또 그것을 네 손목에 매어 기호를 삼으며 네 미간에 붙여 표를 삼고 또 네 집 문설주와 바깥 문에 기록할지니라. (신 6:4~9)

* 제4말씀: 신명기 11장 13~21절

내가 오늘날 너희에게 명하는 나의 명령을 너희가 만일 청종하고 너희의 하나님 여호와를 사랑하여 마음을 다하고 성품을 다하여 섬기면 여호와께서 너희 땅에 이른 비, 늦은 비를 적당한 때에 내리시리니 너희가 곡식과 포도주와 기름을 얻을 것이요 또 육축을 위하여 들에 풀이 나게 하시리니 네가 먹고 배부를 것이라 너희는 스스로 삼가라 두렵건대 마음에 미혹하여 돌이켜 다른 신들을 섬기며 그것에게 절하므로 여호와께서 너희에게 진노하사 하늘을 닫아 비를 내리지 아니하여 땅으로 소산을 내지 않게 하시므로 너희가 여호와의 주신 아름다운 땅에서 속히 멸망할까 하노라 이러므로 너희는 나의 이 말을 너희 마음과 뜻에 두고 또 그것으로 너희 손목에 매어 기호를 삼고 너희 미간에 붙여 표를 삼으며 또 그것을 너희의 자녀에게 가르치며 집에 앉았을 때에든지, 길에 행할 때에든지, 누웠을 때에든지, 일어날 때에든지 이 말씀을 강론하고 또 네 집 문설주와 바깥문에 기록하라 그리하면 여호와께서 너희 열조에게 주리라고 맹세하신 땅에서 너희의 날과 너희 자녀의 날이 많아서 하늘이 땅을 덮는 날의 장구함 같으리라. (신 11:13~21)

앞에서 쉐마의 대표되는 신명기 6장 4~9절 말씀을 강해했기 때문에 여기서는 구체적으로 강해하지 않는다.

요약하면, 여호와의 크신 구원을 자손들에게 가르치고 기억하고 지켜 행하라는 말씀이다. 즉 부모는 자손들에게 하나님의 말씀을 가르치고 전수하여 말씀의 제자를 삼으라는 명령이다.

"그리하면 여호와께서 너희 열조에게 주리라고 맹세하신 땅에서 너희의 날과 너희 자녀의 날이 많아서 하늘이 땅을 덮는 날의 장구함 같으리라"(신 11:21)고 약속하셨다. 이것이 하나님의 간절하신 소원이다. 이 지상명령이 이루어져야 토라가 자손 대대로 대물림되어 신약의 예수님이 오실 수 있기 때문이다.

'테필린'이란 '테필라(Tefillah)'라는 말에서 유래되었다. '테필라'는 '기도'라는 뜻이 있다. 따라서 테필린은 기도할 때 매는 상자라는 뜻을 갖는다. 거룩한 하나님의 말씀이 들어있는 테필린은 오직 13세에 성년식을 치른 남성들에게만 허용된다. (저자 주: 유대인의 남자의 성년식에 관해서는 본서 제3권 제5부 제2장 '쉐마와 유대인의 성년식' 참조)

하나는 손목에, 하나는 이마에 맨다. 손목에 매는 경문을 '쉘 야드(Shel Yad)'라고 한다. 여기에는 네 군데 말씀을 모두 한 장에 써

유대인은 아직도 서기관 랍비가 쉐마 말씀을 양피지에 필사하고 있다.
[사진: 서기관 랍비 Kraft씨가 경문(테필린) 속에 넣을 쉐마 말씀을 양피지에 필사하고 있다.]

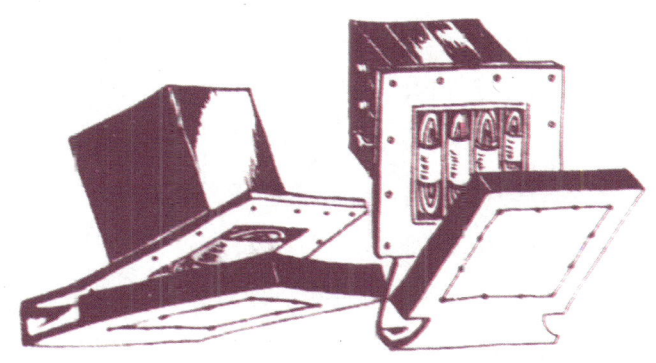

손목에 마는 경문에는 네 말씀을 모두 한 장에 써서 넣고, 이마에 매는 경문은 네 군데의 말씀을 각각 써서 네 칸으로 나누어진 상자 안에 넣는다.
(사진의 왼쪽 상자는 손목에 매는 경문이고, 오른쪽 상자는 이마에 매는 경문이다.)

제2장 유대민족이 받은 지상명령, 쉐마의 내용 261

테플린 상자와 손등에 전능하신 하나님의 이름, '쉐다이'를 뜻하는 '쉰(ש)'자를 표시한다.
[사진: '쉐마지도자클리닉'에서 저자가 테필린을 손목에 맬 때 손등의 '쉰(ש)'자를 설명하고 있다.]

서 경문 속에 넣는다. 이마에 매는 경문은 '쉘 로스(Shel Ross)'라고 한다. 네 군데 말씀을 각각 따로 써서 네 칸으로 나누어진 상자 안에 넣는다.

유대인은 테필린 속의 말씀이 토라를 요약한 축소판이라고 생각한다. 그러므로 이 말씀도 반드시 서기관 랍비가 양피지에 손으로 쓴 것이어야 유효하다. 인쇄된 것은 넣을 수 없다.

테필린을 쓰는 방법도 토라를 쓰는 방법과 같다. 그래서 이스라엘 백성들은 테필린을 '작은 토라'라고 부른다. 따라서 쉐마를 음송하기 전 테필린을 만질 때도 토라를 만질 때처럼 입으로 키스를 한다.

테필린 상자를 만드는 가죽 재료나 양피지 그리고 말씀을 쓰는 먹물까지도 유대인이 먹을 수 있는 '코셔'여야 한다. 그 이유는 하나님께서 이스라엘 백성에게 하나님의 말씀을 받아 먹으라(겔 2:8, 3:3)고 말씀하셨기 때문이다.

> 내게 이르시되 인자야 내가 네게 주는 이 두루마리를 네 배에 넣으며 네 창자에 채우라 하시기에 내가 먹으니 그것이 내 입에서 달기가 꿀 같더라. (겔 3:3)

서기관이 양피지에 쓴 테필린 속의 말씀도 토라처럼 이방인에게 판매할 수 없다. 그런데도 쉐마지도자클리닉 졸업생들이 미국 유대인 책방에 가서 경문을 사가지고 올 수 있는 이유는 무엇인가? 그것은 테필린 말씀이 빠진 경문, 즉 겉 상자만 사가지고 온 것이다. 책방의 랍비가 거룩한 하나님의 말씀은 빼고 팔기 때문이다.

유대인은 왜 이 말씀을 손목에 매고 이마에 매는가? 이유는 간단하다. 하나님께서 그렇게 하라고 명령하셨기 때문이다. 여기에서 유대인은 토라에 있는 모든 명령을 율법으로 만들어 지켜 행하려는 그들의 강한 의지를 볼 수 있다. 따라서 유대인의 자녀교육을 통하여 '하나님의 말씀에 대한 순종', 그것이 선민의 첫 번째 삶의 덕목임을 발견할 수 있다. 유대인의 이런 시청각 교육은 하나님의 말씀대로 살려는 삶의 표본이 된다.

이런 면에서 기독교인들은 항상 말씀대로 살라고 말은 많이 하지만, 정말 말씀대로 살고 있는지 다시 한번 생각해 볼 필요가 있다. 뿐만 아니라 유대인은 테필린을 미간과 손목에 붙이고 기도할 때 전능자 하나님의 능력이 더하심을 믿는다. 그 근거는 테필린 상자와 매놓은 끈의 매듭에서 찾아볼 수 있다.

테필린 상자에는 히브리 알파벳 '쉰(שׁ)'을 쓰고, 미간에 붙이는 끈의 매듭은 '달레트(ד)', 손목에 붙이는 끈의 매듭은 '요드(י)' 모양을 만들어야 한다. 즉 테필린은 기본 구조로 세 가지 히브리어, 쉰, 달레트 및 요드로 구성되어 있다.

이것은 하나님의 이름인 '쉐다이(שׁדי)', 즉 전능자(Almight)를 뜻한다. 동일한 하나님의 이름이 문설주에 붙이는 메주사에도 있다. 탈무드는 이 하나님의 이름이 신명기 28장 10절의 "너를 여호와의 이름으로 일컬음을 세계 만민이 보고 너를 두려워하리라"는 말씀에 의거하고 있다(Kaplan, *Tefillin*, 2005, p. 16).

하나님은 어떻게 유대인을 이와 같이 훈련시키셨는가? 모세를 통하여 하나님 말씀의 절대성과 위대함을 반복하며 가르치셨다.

> 모세가 이 율법의 말씀을 다 책에 써서 마친 후에 여호와의 언약궤를 메는 레위 사람에게 명하여 가로되 이 율법책을 가져다가 너희 하나님 여호와의 언약궤 곁에 두어 너희에게 증거가 되게 하라 내가 너희의 패역함과 목이 곧은 것을 아나니 오늘날 내가 생존하여 너희와 함께 하여도 너희가 여호와를 거역하였거든 하물며 내가 죽은 후의 일이랴 너희 지파 모든 장로와 유사들을 내 앞에 모으라 내가 이 말씀을 그들의 귀에 들리고 그들에게 천지로 증거를 삼으리라. (신 31:24~28)

모세는 모세오경의 율법을 다 책에 쓴 후에 "너희 하나님 여호와의 언약궤 곁에 두어 너희에게 증거가 되게 하라"(신 31:26)고 명령하셨다. 그리고 유대인의 패역함을 이렇게 표현했다.

> 내가 너희의 패역함과 목이 곧은 것을 아나니 오늘날 내가 생존하여 너희와 함께 하여도 너희가 여호와를 거역하였거든 하물며 내가 죽은 후의 일이랴. (신 31:27)

"…… 하물며 내가 죽은 후의 일이랴"(신 31:27c)라는 대목에서는 모세의 비탄함을 볼 수 있다. 이 말씀은 당시 유대인에게만 해당되는 것이 아니고 오늘날 우리 세대에도 그대로 적용되는 말씀임을 명심해야 한다.

그리고 모세는 유대인을 직접 가르치기 시작한다.

> 너희 지파 모든 장로와 유사들을 내 앞에 모으라 내가 이 말씀을 그들의 귀에 들리고 그들에게 천지로 증거를 삼으리라. (신 31:28)

**유대인은 왜 네 군데 테필린 말씀을
손목에 매고 이마에 매는가?
하나님께서 그렇게 하라고 명령하셨기 때문이다.
이것이 진정 하나님의 말씀대로 사는 표본이다.**

C. 유대인의 기도복: 탈릿

1) 언제 탈릿을 사용는가

위에서 쉐마언약의 표식인 테필린, 메주사 그리고 찌찌트에 관해 설명하였다. 이제 기도복인 탈릿(Tallit)에 대하여 설명해보자.

탈릿의 구조는 큰 직사각형 보자기 모양의 쇼올에 양 옆에는 이스라엘 국기에서 볼 수 있는 동일한 직선줄들이 그어져 있고, 그 아래 끝단 네 귀퉁이에는 술이 달려 있다. 이 술들이 613개의 율법을 상징하는 찌찌트다. 따라서 기도복은 양 옆에 직선줄들이 그려진 직사격형 보자기의 네 귀퉁이에 찌찌트가 달린 쇼올이라고 말할 수 있다. 이를 '탈릿' 혹은 '기도복 쇼올'(Prayer Shawl)이라고 부른다.

유대인은 기도할 때 탈릿이라는 기도복을 머리 끝부터 허리까지 두룬다.
(사진: 새벽기도 시간에 이마에 경문을 매고, 탈릿을 두루고 기도책을 읽으며 기도하는 유대인)

유대인이 새벽기도나 추가예배(무싸프, Mussaf)에 탈릿을 두르도록 규정하고 있다. 특히 새벽기도를 드릴 때에는 반드시 탈릿이라는 기도복을 두르고 테필린을 이마와 팔목에 매고 기도한다.

그러나 다른 예배 때나 기도회 때에는 탈릿을 두른다고 하더라도 테필린은 매지 않는다. 예를 들어 안식일 대예배나 보통 오후 예배(민하 Minchah)에는 인도자만 탈릿을 두른다. 그러나 누구나 테필린을 매는 것은 아니다. 그 외에도 기도회 때는 인도자들만 탈릿만을 두른다. 그러나 어떤 이들은 샤밧(안식일)의 저녁예배나 그 밖의 절기 예배에도 탈릿만을 두르는 사람들이 많다. 보통 오후 예배나 밤에 기도할 때는 평상 복장으로 기도하는 이들도 많다.

2) 누가 탈릿을 사용할 자격이 있는가

현재 전 세계 유대인은 크게 두 그룹으로 나뉘어진다. 중동계 유대인[세파딤(Sephardim)이라 함]과 독일을 중심한 유럽계 유대인[아스키나짐(Ashkenazim)이라 함]이다. 두 그룹은 모두 정통파 유대인이라고 해도 자신들의 오랜 전통에 의하여 행동양식들이 약간씩 다를 수도 있다.

탈릿을 사용할 수 있는 자격도 차이가 난다. 중동계 정통파 유대인은 13세에 성년식을 한 남자에게만 기도복 쇼올을 사용할 수 있는 자격이 주어진다. 그러나 독일을 중심한 유럽계 정통파 유대인의 경우 성년식을 한 남성 중 결혼한 남자에게단 주어진다. 따라서 탈릿의 크기도 신체의 크기에 따라 다양하다. 몸을 쉽게 감쌀 수 있는 크기면 족하다. 여성에게는 거룩한 말씀이 달린 탈릿은 물론 찌찌트 및 테필린을 사용할 자격이 주어지지 않는다.

그러나 진보성향인 개혁파에선 여자용 탈릿을 따로 개발하여 사용하는데 남자용에 비하여 그 모양 및 색상이 다양하다. 그들은 여성 랍비도 허용할 뿐만 아니라 여성 성년식도 하게하고 탈릿은 물론 찌찌트 및 테필린도 사용할 수 있다. 본서에서는 정통파 유대인을 기준으로 설명한다.

유대인들이 새벽기도를 할 때 반드시 탈릿을 두루는 이유는 기도하는 사람이 탈릿을 사용함으로써 쉽게 하나님께 집중할 수 있기 때문이다. 탈릿은 기도자를 외부와 차단하여 주는 역할을 한다. (이에 대한 교육학적 유익은 이어지는 본서 제3권 제4부 제2장 III. 2. '교육학 및 심리학적 유익' 참조) 천의 재료는 무명이나 모로 만든 것이 사용되며 비단도 허용된다. 그러나 두 가지 이상의 재료를 섞어 짠 천은 탈릿의 재료로 사용할 수 없다. 따라서 천의 재료와 디자인에 따라 가격도 다르다. 모든 기도 용품은 유대인 책방에서 구입할 수 있다.

**유대인은 새벽기도 시간에 꼭 탈릿을 머리와 온 몸에 두른다.
탈릿(기도복)은 양쪽으로 직선줄들이 그려진
직사각형 보자기의 네 귀퉁이에 찌찌트가 달린 쇼울이다.**

D. 유대인의 기도 방법

1) 유대인은 하루 중 언제 쉐마를 음송하는가

유대인은 하루 중 언제 쉐마기도를 하는가? 몇 번 기도하는가? 유대인은 하루 세 번 정규적으로 기도하는데, 그 중 두 번은 쉐마를 음송한다. 아침과 밤 기도 시간이다.

그들은 왜 하루에 '아침'과 '밤' 두 번씩 쉐마를 음송하는가? 신명기 6장 7절의 "네 자녀에게 부지런히 가르치며⋯⋯ 누웠을 때에든지 일어날 때에든지 이 말씀을 강론할 것이며"라는 말씀에서 '누웠을 때'는 '밤에 잠자리에 들 때'로, '일어날 때'는 '아침에 일어나서'로 해석한다(Rashi, 2003, Vol. V, p. 73). 그러므로 유대인은 밤에 잠자리에 들기 전 한 번, 그리고 아침에 잠 자리에서 일어나서 한 번 쉐마를 은송한다.

쉐마를 음송하는 밤과 새벽의 기도 시간은 어떻게 구분해 놓았는가? 밤 시간은 해질 때부터 새벽까지다. 새벽 시간이란 자고 일어나 청색과 초록색을 구별할 수 있는 시간을 말한다.

유대인에게는 하루의 순서 개념(창세기 1장)도 '아침에서 밤'이 아니고 '밤에서 아침'이다. 이는 유대인의 삶의 철학이 신본주의에 입각하여 '어둠에서 빛'으로, '고난에서 승리'로, '절망에서 희망'으로, '죄의 멍에에서 해방하는 자유함'으로 끝난다는 것을 뜻한다.

유대인은 자녀들에게도 쉐마를 음송하게 하는가? 물론이다. 유대인 어머니는 자녀들에게 잠들기 전 쉐마를 음송하게 한다. 그 이유는 혹시 잠을 자다가 죽을 경우 어른들처럼 쉐마가 마지막 유언이 되게 하기 위함이다. 쉐마에는 세대차이가 없다.

만일 아들이 밖에서 축제를 하고 돌아와 아직 쉐마를 음송하지 않았다면 부모는 "새벽은 아직 멀었으니 이제라도 음송하라"고 말해 주어야 한다. 새벽은 해뜨기 한 시간 15분 전을 말한다.

유대인은 아침 저녁으로 자녀의 말씀 교육에 관한 기도를 드리며 그때마다 무슨 생각을 할까? 아침에는 자녀에게 말씀 가르칠 것을 다짐할 것이고, 밤에는 오늘 하루는 얼마나 자녀에게 하나님 말씀을 잘 가르쳤나를 반성해 보지 않겠는가?

그 이유는 유대인은 하나님과 맺은 언약을 충실히 이행할 때에 하나님께서 계약의 조건으로 약속하신 "…… 네가 들어와도 복을 받고 나가도 복을 받을 것이니라……."(신 28:1~14)는 복을 받을 줄로 믿기 때문이다. 이는 유대인의 역사 속에서 이미 증명된 사실이다. 유대인이 하나님의 말씀대로 행했을 때에는 복을 받았고, 그렇지 못했을 때에는 저주를 받았다.

그렇다면, 유대인의 이런 언약 사상에 의한 신앙생활은 신약의 성도들에게도 적용이 되는가? 물론 적용된다. 신약의 성도들은 예수님을 통하여 하나님 아버지를 '아바 아버지'라고 부를 수 있는 양자의 영을 받았기 때문이다(롬 8:15).

> 너희는 다시 무서워하는 종의 영을 받지 아니하였고 양자의 영을 받았으므로 아바 아버지라 부르짖느니라. (롬 8:15)

> 너희가 아들인 고로 하나님이 그 아들의 영을 우리 마음 가운데 보내사 아바 아버지라 부르게 하셨느니라. (갈 4:6)

우리는 유대인이셨던 예수님이 "너희는 먼저 그의 나라(하늘 나라)와 그의 의를 구하라 그리하면 이 모든 것을 너희에게 더하시리라"(마 6:33)라고 말씀하신 이유를 항상 기억해야 한다. 성숙한 성도는 자신의 욕구를 먼저 구하는 것이 아니라 하나님의 나라와 그의 의를 먼저 구해야 한다. 먼저 하나님과 화목하면 땅의 것은 저절로 해결된다. 하나님과 화목하는 방법은 하나님과 맺은 언약을 지켜 행하는 길밖에 없다.

유대인은 왜 하루에 '아침'과 '밤' 두 번씩 쉐마를 음송하는가?
"…… 누웠을 때에든지 일어날 때에든지 이 말씀을 강론할 것이며"(신 6:7b)라는
말씀에서 '누웠을 때'는 '밤에 잠자리에 들 때'로,
'일어날 때'는 '아침에 일어나서'로 해석하기 때문이다.

랍비의 유머

하나님이 기뻐하시는 것

예배를 볼 때 남달리 큰 소리로 기도를 드리는 유대인 빵가게 주인을 향해서 이웃집 유대인이 말했다.

"여보시오, 좀 더 목소리를 적게 하는 대신, 빵의 크기를 크게 하는 것을 하나님께서는 기특하게 여기실 거요."

_Tokayer, 탈무드 6: 탈무드의 웃음, 동아일보, 2009, p. 153.

2) 유대인의 새벽기도 방법
  a. 새벽기도 준비

  한국 목회자들이 정통파 유대인의 새벽기도에 참석하면 그 광경을 보고 깜짝 놀란다. 머리에는 조그만 모자를 쓰고, 이마와 팔목에 무엇을 매고 보자기 같은 것을 두르고 몸을 흔들며 기도하기 때문이다. 그것도 하나 둘이 아니라 그룹으로 아이들과 함께 기도하기 때문이다.

  저자가 간간히 기도에 관해 설명했지만 여기에 종합적으로 다시 정리해 보고자 한다. 먼저 왜 그들은 머리에 '키파'란 모자를 쓰는가? ('키파'를 '야마카'라고도 부른다. 유대인이 머리 위에 쓰는 빵떡 모양의 작은 모자다.) 그것은 내 위에 거룩하신 하나님이 계시기 때문에 나는 나의 몸을 낮추어 그분을 섬겨야 된다는 의미다. 천주교의 교황이나 추기경들도 그런 모자를 쓴다. 천주교는 그 예식들이 구약의 유대인의 것들과 유사한 것들이 많다. 정통파 유대인 남자들은 일상시에도 항상 키파를 쓰고 생활한다.

  이스라엘에선 모든 거룩한 장소에 들어갈 때는 이방인이라 할지라도 반드시 키파를 써야만 입장이 가능하다. 그리고 세계 어디에서나 정통파 유대인 회당에 들어갈 때는 누구를 막론하고 그 키파를 써야 들어 갈 수 있다. 그래서 회당 입구에는 혹시 잊고 키파를 쓰고 오지 않은 사람들을 위해 여분의 키파가 박스에 준비되어 있다.

  유대인이 새벽기도(샤하릿, Shacharit)를 드리기 위해 회당에 도착하면 일단 조그만 가방을 열고 두 개의 테필린과 기도복을 꺼낸다. 그 가방은 집에서 갖고 오기도 하고 어떤 이는 아예 회당에 보관해 두었다가 매일 아침 사용하곤 한다(회당에 보관 장소가 따로 있다.).

먼저 꺼낸 두 개의 테필린을 이마와 손목에 맨다. 그 방법 역시 매우 까다롭다. 팔목에 맬 때는 가슴을 향하도록 맨다. 하나님의 율법이 마음(가슴)에 붙게 하기 위함이다.

유대인이 새벽기도를 할 때는 꼭 세 가지를 준비해야 한다.

1. 기도복(탈릿), 2. 이마와 손목에 매는 두 개의 테필린 그리고 3. 기도서다. 특히 탈릿과 테필린은 하나님의 거룩한 성물로 매우 귀중하게 여긴다.

쉐마지도자클리닉 때에는 미국 LA에서 정통파 유대인 랍비들과 함께 유대인의 종교생활을 체험하는 시간을 갖는다. 특히 서기관 랍비가 양피지에 하나님의 말씀을 쓰는 두루마리 성경 필사 체험은 어느 곳에서도 볼 수 없는 귀한 체험이다.

한번은 서기관 랍비가 강의하는 동안 어느 목사님이 한 개의 테필린을 손으로 들고 살피다가 실수로 바닥에 떨어뜨린 적이 있었다. 그 때 서기관 랍비가 그에게 이렇게 말했다.

"당신은 하루 동안 금식해야 합니다."

하나님의 거룩한 말씀을 경솔하게 다룬 죄가를 치루라는 뜻이다. 유대인은 실제로 그렇게 실천하고 있다. 그만큼 하나님의 말씀을 소중하게 여긴다.

여기에서 개신교인과 유대인과의 차이를 발견할 수 있다. 개신교인은 잘못을 저질렀을 때 하나님에게만 회개를 하면 되지만, 유대인은 회개에 합당한 죄가를 치루어야 한다는 점이다(천주교에도 회개에 합당한 죄가를 치루는 방법으로 보석이란 제도가 있다).

성년식을 치른 유대인 소년은 하루에 세 번 기도해야 할 특권과 의무가 있다. (사진: 성년식을 치른 유대인 소년이 새벽기도를 준비하기 위해 이마와 팔에 경문을 매고 있다.)

교육학적인 측면에서 이것은 대단히 좋은 방법이다. 신약성경에도 유대인 기독교인들이 자신들의 조상의 율례와 법도를 따라 여러 번 회개에 합당한 열매를 맺으라고 가르친다(마 3:8; 눅 3:8; 행 26:20).

> 요한이 세례받으러 나오는 무리에게 이르되 독사의 자식들아 누가 너희를 가르쳐 장차 올 진노를 피하라 하더냐 그러므로 회개에 합당한 열매를 맺고 속으로 아브라함이 우리 조상이라 말하지 말라 내가 너희에게 이르노니 하나님이 능히 이 돌들로도 아브라함의 자손이 되게 하시리라 (눅 3:7~8)

제2장 유대민족이 받은 지상명령, 쉐마의 내용 275

> 먼저 다메섹에와 또 예루살렘에 있는 사람과 유대 온 땅과 이방
> 인에게까지 회개하고 하나님께로 돌아가서 회개에 합당한 일을
> 행하라. (행 26:20)

기도 시간에 쉐마를 소리 내어 음송할 때에는 우선, 마음 자세가 중요하다. 두렵고 떨리는 마음을 가져야 한다. 그리고 그 말씀의 모든 명령을 수행하겠다는 각오로 음송해야 한다. 만약 그렇지 않으면 다시 반복하여 음송해야 한다. 또한 만약 음송하다가 다른 생각들이 들어가 방해가 되었을 때에는 처음부터 다시 음송해야 한다(Scherman & Zlotowitz, The Complete Art Scroll Siddur, 1992, pp. 982~983).

쉐마를 음송하는 사람은 다른 사람의 소리를 들으려고 하면 안된다. '음송하는 것' 자체가 율법을 따르는 것이기 때문에 다른 것에 관심을 두면 안 된다. 쉐마를 읽을 때에는 한 글자 한 글자를 분명하고 또렷하게 읽어야 한다. 읽다가 실수를 하면 그곳에서부터 다시 읽어야 한다. 구절이 틀리면 그 구절을, 문장이 틀리면 그 문장을 다시 읽어야 한다.

유대인이 새벽기도를 할 때는 꼭 세 가지를 준비해야 한다.
1. 기도복(탈릿),
2. 이마와 손목에 매는 두 개의 테필린 그리고
3. 기도서다.

b. 새벽기도의 시작

유대인은 자신들의 기도서에 의해 새벽기도를 드린다. 독자들에게 이해를 돕기 위하여 정통파 유대인의 기도서(Scherman & Zlotowitz, The Complete Art Scroll Siddur, 1992, pp. 3~5)의 첫 부분을 요약하여 소개한다.

기도하기 전에 시편 104편 1~2절 말씀을 음송한 후 탈릿(기도복 쇼올)으로 온 몸을 3번 앉았다 일어서면서 3번 감싼다. 모든 613개의 거룩한 율법으로 온 몸을 온전히 성결하게 하기 위함이다. 3은 완전수다.

> 내 영혼아 여호와를 송축하라. 여호와 나의 하나님이여 주는 심히 광대하시며 존귀와 권위를 입으셨나이다. 주께서 옷을 입음 같이 빛을 입으시며 하늘을 휘장같이 치시도다. (시 104:1~2)

그리고 탈릿을 다시 두르기 전 앞으로 활짝 펼치며 다음과 같이 음송한다.

> 복되신 이여, 여호와, 우리의 하나님이시여, 우주의 왕이시여, 당신의 계명으로 우리를 성별하신이여, 우리에게 명하시기를 우리를 (탈릿의) 찌찌트로 감싸라 하신이시여.

그 다음 탈릿을 뒤로 돌려 머리부터 덮어씌운다. 기도자는 다음과 같이 음송한다.

유대인은 다양한 방법으로 기도한다.

▲ 처음 기도 시작 전에 온 몸을 성결하게 하기 위해 기도복으로 온 몸을 감싼 모습.

▲ 기도하다 조용히 하나님의 음성을 듣는 모습.

유대인은 하나님에게 기도만 하는 것이 아니라, 하나님의 율법을 실천할 의무가 있다. 따라서 기도회 시간에 불우이웃을 위한 자선헌금도 드린다.

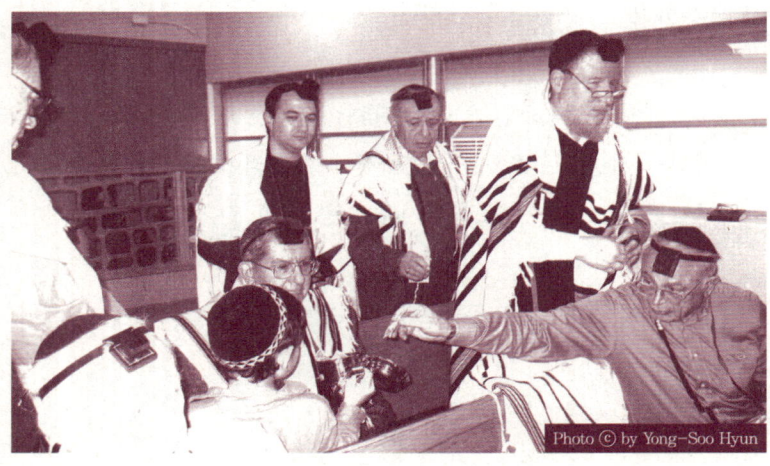

유대인은 하나님께서 주신 모세의 율법(토라)을 경외하고 사랑한다. 예배나 기도회 때 토라를 펴면 모든 회중이 환호하며 일어나 말씀에 키스한다. (사진: 정통파 유대인들이 부림절 새벽기도 시간에 토라를 높이 들고 호 중 사이를 한 바퀴 돌고 있다.)

하나님이여, 주의 인자하심이 어찌 그리 보배로우신지요. 인생이 주의 날개 그늘 아래 피하나이다. 저희가 주의 집의 살진 것으로 풍족할 것이라 주께서 주의 복락의 강수로 마시우시리이다. 대저 생명의 원천이 주께 있사오니 주의 광명중에 우리가 광명을 보리이다. 주를 아는 자에게 주의 인자하심을 계속하시며 마음이 정직한 자에게 주의 의를 베푸소서. (시 36:8~11)

이와 같이 음송한 후 비로서 탈릿을 어깨에 두르고 온몸을 감싼다. 그리고 온몸과 온 맘으로 기도 준비를 마치고 기도하기 시작한다. 유대인은 쉐마를 낭송할 때 찌찌트가 언급될 때마다 하나님의 말씀에 입을 맞추듯이 찌찌트에 입을 맞추는 전통이 있다. 어떤 이들은 찌찌트란 단어가 음송될 때마다 네 번씩 입을 맞춘다. 하나님의 이름(여호와)이 네 개의 자음으로 이루어져 있기 때문이다. 쉐마의 마지막 문구를 낭송할 때 모든 회중은 자기의 찌찌트에 네 번 입을 맞춘다. 이것은 유대인이 항상 계명을 주신 하나님에게 감사하게 생각하며, 그 계명을 굳게 지키며 살겠다는 믿음의 표시다.

기도 중에는 몸을 흔들 때도 있고, 조용할 때도 있고, 찬양할 때도 있고, 찌찌트에 입을 맞출 때도 있다. 아침 기도시간은 기도서를 따라 약 40분 동안 진행된다. 자세한 내용은 너무 복잡하고 길기 때문에 정통파 유대인의 기도서(Scherman & Zlotowitz, The Complete Art Scroll Siddur, 1992.)를 참조 바란다.

기도하기 전에 시편 104편 1~2절 말씀을 음송한 후
탈릿으로 온 몸을 3번 앉았다 일어서면서 3번 감싼다.
모든 613개의 거룩한 율법으로 온 몸을 온전히 성결하게 하기 위함이다.

3) 유대인과 기독교인의 기도 목적의 차이

기도는 유일하게 인간만이 할 수 있는 것이다. 그것도 종교를 갖고 있는 인간만이 할 수 있다. 여기에서 유대인의 기도와 기독교인의 기도의 차이를 살펴볼 필요가 있다. 기도에 대한 하나님의 의도를 파악하기 위함이다.

먼저 영어와 히브리어의 '기도'란 단어의 차이를 보자. 영어로 하나님께 기도하는 것을 '투 프레이(to pray)'라고 하고, 유대교에

서는 히브리어로 '히드 팔렐'이라고 한다. 영어의 '프레이'란 말은 그리스어로 '하나님께 소원합니다(euchomai, to wish)', '하나님께 요청합니다(erotao, to ask)'란 뜻이다(Vine, An Expository Dictionary of Biblical Words, 1985). 히브리어의 '히드 팔렐'이란 말은 '스스로를 평가한다', '자신을 달아보거나 측정(測定)해 본다'란 뜻이다(Solomon, 옷을 팔아 책을 사라, p. 82).

랍비 솔로몬은 그 차이를 이렇게 설명한다. 유대인이 하나님에게 기도하는 것은 은총의 부탁만이 아니라 기도할 때마다 자신의 행위가 하나님의 율법에 비추어 올바른가를 스스로 평가하는 일이다. 따라서 유대인은 기도할 때마다 율법에 맞도록 자신의 정체성을 확립하고 자신의 삶을 살피어 죄에서 멀게 한다(Solomon, 옷을 팔아 책을 사라, p. 82).

이 말은 물론 기도할 때에 하나님의 도움을 청하는 것도 중요하지만 그 전에 먼저 하나님과의 화목을 살피는 것이 더 중요하다는 뜻이다. **하나님과의 화목은 바로 나의 죄를 살피는 것이다.** 그리고 탈무드는 "스스로 할 수 있는 일을 하나님에게 기도해서는 안 된다"(Tokayer, 탈무드 3; 유대인의 처세술, 2009, p 202)고 경계하고 있다.

유대교에서는 죄의 종류를 두 가지로 분류하고 있다. 수직적으로 하나님에 대한 죄와 수평적으로 인간에 대한 죄다. 하나님에 대한 죄는 랍비의 중개 없이 직접 하나님에게 회개하며 용서를 빌면 된다. 또 사람에 대한 죄는 죄를 범한 상대에게 직접 용서를 빈다(Tokayer, 탈무드 3; 유대인의 처세술, 2009, p. 217). 따라서 나 자신이 하나님에게 지은 죄는 없는가? 그리고 인간관계에서 남에게 아픔을 준 적은 없었는가를 살펴야 한다.

이것은 무엇을 뜻하는가? 하나님에게 지은 죄의 회개도 중요하지만, 인간관계에서 지은 죄의 회개와 형제간의 용서와 화해도 중요하다는 점이다. 예수님도 "예물을 제단에 드리다가 거기서 네 형제에게 원망 들을 만한 일이 있는 줄 생각나거든 예물을 제단 앞에 두고 먼저 가서 형제와 화목하고 그 후에 와서 예물을 드리라"(마 5:23~24)고 말씀하셨다. 인간관계에서의 화목은 바로 하나님과의 화목이 된다. "땅에서 매면 하늘에서도 매이고, 무엇이든지 땅에서 풀면 하늘에서도 풀린다"(마 18:18).

우리는 기도할 때 일상적으로 너무 이기적으로 하나님께 무엇을 달라고만 매달리지 않는가? 대학 입시, 사업, 진급 등등. 그전에 하나님의 율법(말씀)에 비추어 자신의 죄를 먼저 살펴야 한다. 그리고 하나님께 지은 죄를 회개하여 용서함을 받은 후에 내가 원하는 것을 청해야 한다. 이것이 구약(유대인)과 신약의 기도를 함께 하는 균형과 조화를 이루는 방법이다. 그리고 나의 육신의 것을 요청하는 것과 함께 하나님을 위하여 무엇을 해드릴까도 기도해야 한다. 이것이 성숙한 기독교인의 기도가 될 것이다.

**기독교인은 하나님께 무엇을 요청하기 위해 기도드리지만,
유대인은 자신의 행위가 하나님의 율법에 비추어
올바른가를 스스로 평가하기 위해 기도한다.**

랍비의 유머

신을 독차지하는 사람

시나고그(유대인 회당)에서 어떤 사나이가 큰 소리로 떠들고 있었다.

"오오, 하나님. 단돈 10실링이라도 좋으니 은혜를 베풀어 주십시오. 배고파 우는 아이들에게 빵이라도 사주고 싶습니다. 단 10실링이라도 좋으니 하나님 간청합니다."

그때 옆에서 기도를 드리고 있던 돈 많은 유대인이 주머니에서 10실링을 꺼내 사나이에게 주면서 말했다.

"이봐요, 10실링을 줄 테니 하나님의 신경을 그런 데 쓰시지 않게 해주게나."

_Tokayer, 탈무드 6: 탈무드의 웃음, 동아일보, 2009, p. 192.

제4부 제2장 Ⅱ. '교육학적으로 본 쉐마교육 방법의 우수성'부터는
제3권에 이어집니다.

부록 1

쉐마지도자클리닉 참석자들의 증언

> 편집자 주: 쉐마지도자클리닉을 수료하신 분들 중 훌륭한 간증문들이 많으나, 지면상 네 분의 간증문만을 싣게 되어 나머지 분들께 죄송한 마음을 전합니다.

구약신학적 입장
- 구약학 박사학위 논문을 쓰던 중 두 가지 질문에 대한 해답을 얻었다
  - 이희성 박사(총신대원 구약학 강사, Ph.D.)

기독교교육학적 입장
- 논리적인 대안 제시에 모두 입을 벌리고 놀라움을 금할 수 없었습니다
  - 손성호 교수(미국 크리스챤바이블 신학교 교수, Ph.D. 과정 수료, 기독교교육학)

목회신학적 입장
- 제2의 종교개혁인 쉐마에 눈 뜨게 해주신 현용수 박사님께 감사를
  - 안병만 박사(열방교회, Ph.D., 설교학)

가정과 교회목회 적용
- 일파만파의 파문을 생각하면 가슴이 벅차다
  - 소화춘 목사(충주제일감리교회, D.Min., 목회학)

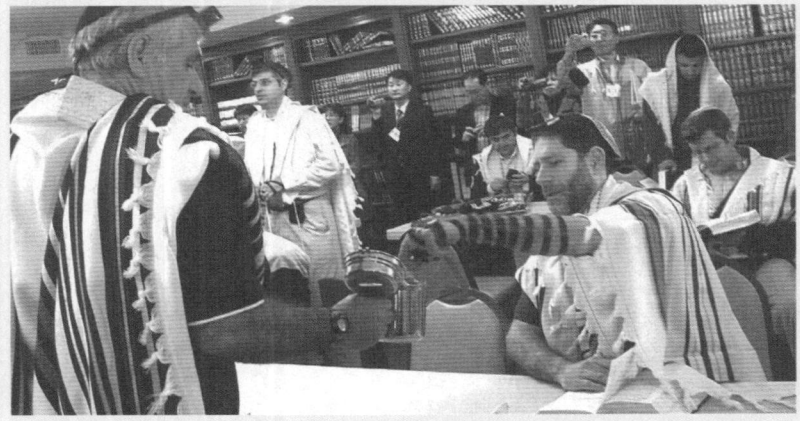

미국 LA 쉐마지도자클리닉에서 쉐마지도자들이 정통파 유대인의 새벽기도회에 참관한 모습.

쉐마클리닉 참석자들의 증언!

구약신학적 입장

구약학 박사학위 논문을 쓰던 중 두 가지 질문에 대한 해답을 얻었다

이희성 박사(Ph.D., 구약학)

- 총신대학교 신학대학원 구약학 강사
- Trinity Evangelical Divinity School (Ph.D.)
- Reformed Presbyterian Theological Seminary (M.Div.)
- 총신대학교 신학대학원 (M.Dv.)

　제가 미국 시카고 트리니티 신학대학원에서 구약학으로 박사학위 논문을 쓰고 있을 때 현 박사님의 쉐마목회자클리닉에 참석하였습니다. 두 가지 질문을 항상 마음에 품고 있었기 때문입니다.
　하나는 제가 미주 한인 교회에서 교육 목사로 섬기고 있으면서 어떻게 미주 한인 2세들에게 하나님의 말씀을 교육시켜야 하는지에 대한 의문이 있었습니다. 또 다른 질문은 구약에 나타난 자녀신학에 대한 것이었습니다. 저의 박사 학위 논문 주제 가운데 하나인 이사야서에 나타난 자녀들의 회복의 문제를 다루면서 구약성경에서 하나님의 언약 백성들의 자녀의 위치에 대해 연구하고 있었습니다.
　특히 이사야 54장 13절에서 "네 모든 자녀는 여호와의 교훈을 받을 것이니 네 자녀에게는 큰 평안이 있을 것이며"라는 구절을 연구하면서 자녀들이 하나님의 율법의 가르침을 받는 모습이 회복의 중요한 주제였고, 이 말씀의 의미를 묵상하고 있었습니다.
　저는 현 박사님의 쉐마목회자클리닉을 통하여 신선한 충격과 함께 두 가지 질문에 대한 해답을 얻을 수 있었습니다. 제가 품고 있었던 두 질문의 핵심은 결국 자녀교육의 문제였다는 것을 깨닫게 되었습니다. 어떻게 하나님의 언약 백성들을 가르치고 양육해야 하는가에 대한 문제였습니다.

쉐마교육의 원리와 필요성의 근거로
역사적인 증거와 성경적인 증거를 제시

현 박사님은 현 시대의 자녀교육에 대한 문제점들을 인성교육적인 측면에서 수직문화와 수평문화로 분류하시고, 이에 대한 교육학적인 탁월한 대안들을 제시해 주셨습니다. 또한 성경신학적 측면에서 쉐마교육은 교회와 가정교육의 문제에 대해 'how(어떻게)' 뿐만 아니라 'what(무엇)'에 대한 설득력 있는 대안들을 명쾌하게 제시해 주셨습니다.

현 박사님은 쉐마교육의 원리와 필요성의 근거로 역사적인 증거와 성경적인 증거를 제시합니다. 첫째, 쉐마교육에 대한 역사적인 증거로 약 4,000년 동안 자신들의 신앙과 정체성을 유지해 온 정통파 유대인 가정을 소개하셨습니다. 3대가 말씀을 함께 배우고 그 말씀을 전수하는 정통 유대인 가정교육의 역사와 현장에서 그 원리를 찾았습니다. 쉐마교육은 오늘날 많은 목회자들과 성도들이 쉽게 놓치고 있는 부분인 가정에서의 말씀 교육의 원리를 회복시키는 참으로 중요한 교육신학의 원리입니다.

둘째, 교육신학자이신 현 박사님은 유대인의 쉐마교육의 필요성을 논증하기 위해 철저하게 성경에서 그 증거를 제시했습니다. 특히 현 박사님의 최근 저서《잃어버린 지상 명령 쉐마 1, 2》는 쉐마교육을 성경신학적인 입장에서 잘 정리한 책입니다. 하나님께서 아브라함에게 명령하신 창세기 18장 19절이 바로 구약의 지상명령이라는 것을 제시합니다.

이스라엘 백성은 쉐마교육을 실천함으로 자녀들에게 부지런히 하나님의 말씀을 가르쳐 자손 대대로 자녀들을 제자 삼습니다. 마태복음 28장 19~20절에서 모든 족속을 제자 삼으라는 예수님의 명령이 신약의 지상 명령이라면 창세기 18장 19절에서 자녀들을 제자 삼으라는 하나님의 명령(쉐마교육)은 구약의 지상 명령입니다. 이 둘이 조화를 이루어 실천될 때 민족복음화와 세계복음화의 길이 열리게 되는 것입니다. 현 박사님의 발견은 참으로 탁월합니다.

구약 전체에 흐르는 언약 사상을
교육학적인 관점으로 엮어내었다

이것은 구약 전체에 흐르는 언약 사상을 교육학적인 관점으로 엮어내어 이 시대에 급속도로 붕괴해 가는 가정과 교육을 세우는 데 탁월한 제안임에 틀림없습니다. 현 박사님은 구약을 교육신학적 관점으로 보았기에 이와 같은 탁월한 통찰력이 나올 수 있었습니다. 그리고 동시에 그 동안 간과해 왔던 가정신학(아버지신학, 어머니신학, 자녀신학, 효신학, 고난의 역사신학 등)에 대한 신학적 이론을 구약에서 찾을 수 있었습니다. 현 교수님은 이 시대의 화두인 가정과 교육의 문제점을 바로 진단하였고, 그에 대한 성경적 대안의 모판을 제시하셨습니다.

이제 남은 과업은 쉐마교육 이론들을 더욱더 깊고 폭 넓게 발전시켜 가정과 세계 교회에 공헌하는 일입니다. 또한 쉐마교육 이론을 가정과 교회의 현장에 효과적으로 적용 할 수 있는 실천적 지침들을 더욱더 개발하는 것입니다. 쉐마교육을 통하여 이 시대에 기근 상태에 있는 하나님의 말씀이 다시 회복되어 온 가정과 교회와 사회가 변할 수 있기를 소원합니다. 하나님의 말씀으로 돌아가 그 말씀을 사랑하고 순종하는 시대적인 운동들이 온 민족과 전 세계에 펴지기를 소원합니다.

쉐마클리닉 참석자들의 증언!

기독교교육학적 입장
논리적인 대안 제시에 모두 입을 벌리고 놀라움을 금할 수 없었습니다

손성호 교수(기독교교육학)

- 선한목자 장로교회 담임목사
- 달라스 크리스챤바이블 신학교 교수 및 전 글로벌 신학교 교수
- Southwestern Baptist Theological Seminary, 교육학 박사(Ph.D.) 과정수료
- Reformed Theological Seminary 교육학 및 신학석사(MA, Th.M.)
- 총신대학 및 신학부 졸업(BA, M.Div.)

성경을 보는 눈이 달라졌습니다

달라스에서 처음으로 쉐마교육을 들은 후 새롭게 성경을, 특히 구약성경을 보는 눈이 달라지게 되었습니다. 쉐마에 대한 강의가 시작되면서 그 동안의 기존 개념과 많이 달라 구약을 율법으로 신약을 복음으로 강하게 구분되는 것이 이해가 되지 않았습니다.

아무튼 의견 차이로 시작한 쉐마교육이 두 번째 인성교육 강의를 들으면서 상당히 완화되었습니다. 현 교수님의 날카로운 현대교육의 실상을 고발하는 말씀과 이를 해결하기 위하여 제안으로 세상 문화들을 수직문화와 수평문화로 구별지어 설명하는 해결책 제시에는 모두가 입을 벌리고 놀라움을 금할 수가 없었습니다.

이제 마지막 3차는 우리를 더욱 쉐마의 깊은 심연으로 빠져들게 하였습니다. 처음에는 많은 견학이 있다고 해서 마지막은 좀 여유 있게 진행될까 생각했는데 그게 아니었습니다. 현 교수님이 말씀하신 것처럼 "교육은 반복이다"라는 말씀이 처음 강의들에서 다시 나타나기 시작하였습니다.

그 동안 잊어버리고 약화되었던 부분을 다시 상기시키시며 서서히 수업이 진행되었습니다. 둘째 날(화요일) 우리는 버스를 타고 야곱의 집에 드대인 회당의 새벽기도회에 참석한 것입니다. 여자분들을 따로 격리하는 회당, 그리고 별로 정숙하지 못한 분위기 속에서 진행되는 기도회에서 오히려 우리가 빠진 부분들을 보게 되었습니다.

함께 교독하거나 아멘하거나 기도문에 따라 진행하면서 설교 위주나 개인기도 위주, 혹은 금요 기도회처럼 공동기도의 위주가 아닌 새로운 형식의 기도회를 도입할 수 있다는 생각이 들었습니다. 함께 일어서기도 하고 함께 '아멘'을 하기도 하고 서로 성경을 교독하기도 하고, 함께 조용히 하나님의 응답을 기다리기도 하고, 짧은 강론을 넣기도 하고, 무엇보다 교육의 형식을 보게 되었습니다.

그들은 기도복을 머리부터 온 몸에 감고 먼저 자신의 몸과 마음을 돌아보면서 정결케 하였는데 이는 하나님의 임재를 개인적으로 경험할 수 있는 공간을 만드는데도 좋은 것 같습니다. 그리고 완전히 기독복으로 온 몸을 뒤집어 씀으로서 주변과 격리하여 오직 하나님과 나만의 공간을 확보하게 하는 것은 아주 좋은 방법이라고 생각이 됩니다. 기도가 대화라면 하나님이 말씀하실 때는 내가 듣고 내가 말씀을 드릴 때는 하나님이 들으시는 쌍방대화가 되어야 하겠다는 생각이 듭니다.

유대인은 토라와 탈무드 그리고 Jewish code까지 유산으로 물려받은 부유한 집안입니다

유대인 중·고등학교의 방문은 상당히 유익했습니다. 남녀 공학을 하지 않는 것은 서로 섞지 말아야 한다는 것을 지키는 것이라는 생각이 들고, 성교육에도 좋은 시스템이라고 생각됩니다. 수업 참관을 통해 책임성에 대한 탈무드의 수업을 상당히 재미있고 이미 법에 대한 성경과 일반법에서의 정의를 서로 비교할 수 있는 살아 있는 교육이라는 것을 보게 되었습니다.

탈무드에서 유대인 학생들은 법의 정신, 원리, 윤리, 도덕성, 그리고 유머와 지혜, 그리고 전통을 모두 배울 수 있는 백과사전이라는 생각이 듭니다. 그들은 사실, 토라를 받고, 탈무드와 그리고 Jewish code까지 유산으로 물려받은 부유한 집안이라는 생각이 듭니다.

그들이 이런 유산을 잘 살려 대대로 전수하여 온다는 사실에는 상당한 교육적 교훈이 들어 있습니다. 대학살 박물관에 가서는 하나님께서는 유산을 물려주실 뿐 아니라 고난을 통하여서도 유대인들을 교육하시고 계신다는 교훈을 얻게 됩니다. 이들은 위기를 통하여 생존을 항상 연구해 온 민족입니다. 어떻게 보면 유산을 지킴으로 생존을 한 게 아니라, 생존을 위하여 유산을 더욱 지키게 되었다고 말할 수 있습니다. 유대인은 나치의 주변 국가들 그리고 미국조차도 그들의 만행에 입을 다물었던 것을 박물관을 통하여 세계에 대대로 고발하고 자신들의 문화와 역사를 온 세계에 알리고 있습니다.

우리는 지난날의 고난을 부끄러워합니다. 개인적으로도 가난했던 지난 과거를 자녀들에게 말하기를 꺼려하고 있습니다. 그러나 유대인은 부끄러운 역사를 도리어 교훈으로 삼는 지혜, 더욱이 고난은 최고의 가르침이라는 것을 놓치지 않고 있습니다.

랍비 에들러스테인의 Holiness에 대한 강의는 대단한 식견을 보여주었습니다. 우리 모든 성도의 최대의 숙제는 성화이고, 하나님께서 우리는 만세 전에 정하시고 부르시는 목적이 그의 아들의 형상을 본받게 하는 것인데(롬 8:28~30), 이들이 어떻게 거룩을 자녀에게 가르치고 있는가 하는 것은 우리에게 부모의 역할을 일깨워 주었습니다.

수요일 방문한 유대인 책방과 자유주의 경향을 가진 University of Judaism의 방문은 새로운 견해를 보게 했습니다. 서로 다른

미국 LA 쉐가지도자클리닉을 마치고 랍비 에들러스터 인과 대화하는 손성호 교수.

견해를 용납할 뿐 아니라, 랍비에게 물어본 개인적인 질문을 통하여 우리 유대인은 인종이나 피부의 색깔이 중요한 것이 아니라, 이들이 가지는 교육의 내용, 즉 신앙을 같이 한다면 그들 가운에서도 랍비가 나올 수 있다고 하면서 자신들이 역사상 처음으로 가진 여자 랍비를 자랑스럽게 말하는 것을 보게 됩니다.

Skirball Museum에서는 정말 자유를 테가로 잡고 유대인과 미국을 잘 조화했고, 어떻게 유대인들이 미국으로 이민을 와서 새로운 가나안에 정착하였으며 진정한 자유를 얻게 되었는가를 보여주는 것은 재미가 있었습니다.

목요일에 만난 랍비 Krafts는 정말 재능, crafts가 많은 분이라는 생각이 듭니다. 토라 한 권을 쓰는데 60마리 소의 양피지가 필요하고, 하나님의 말씀을 받아 먹어야 하기 때문에 다른 동물의 양피지가 아니라 먹을 수 있는 정결한 동물의 양피지를 사용한다는 것입니다. 거기에 쓰는 잉크의 재료조차도 먹을 수 있다는 말에 정말 유대인의 깊은 정신을 배울 수 있었습니다.

현 교수님이 말씀하신 것처럼 정신과 형식(양피지나 잉크 재료)이 분리하지 않는 이들의 철저한 모습을 보게 됩니다. 요즘 우리는 내용(혹은 정신)이 중요하지 형식이 중요하지 않다는 말을 합니다. 물론 내용이 없는 형식은 형식주의에 빠지지만 그러나 형식이 없는 내용도 결국은 방임주의에 빠져서 결국은 내용까지도 잊어버리게 된다는 것을 알게 됩니다. 현 교수님이 교육의 내용과 형식을 동시에 강조하는 것은 대단한 통찰이라고 생각됩니다.

김치남 목사님의 많은 사례 발표는 많은 도움을 주었습니다

그리고 토론토에서 오신 김치남 목사님의 많은 사례 발표는 여러 면에서 도움이 되었습니다. 현 교수님은 쉐마의 신학과 철학을 그리고 김 목사님은 실제 가정과 교회에서 어떻게 실천할 것인가 하는 좋은 본을 보여주었고, 특별히 쉘목회나 제자훈련 같은 유행하는 프로그램과 쉐마교육을 비교하는 것은 쉐마를 더욱 잘 이해할 수 있게 해 주고 쉐마가 무엇인가를 선명하게 보여주는 중요한 강의였습니다.

영광스러운 졸업장을 받고 마지막 우리의 행선지는 안식일을 어떻게 지키는가를 보기 위하여 회당과 유대인의 가정을 방문하게 되었습니다. 회당에는 여자들의 방이 따로 있어서 예루살렘 성전에 여자의 뜰이 따로 있다는 것을 실감하게 되었고, 기도하던 유대인 회중들은 문 쪽을 향하여 큰 절을 하면서 안식일의 여왕으로 오시는 하나님을 맞이하는 것은 이들이 얼마나 안식일을 사모하는가를 보여주었습니다.

우리는 어두워지면서 유대인의 한 집을 방문하게 되었습니다. 집주인은 젊은 부부였는데 아들과 두 딸을 두고 있었습니다. 유대인들은 안식일에 오기 전에 집안에 전등을 모두 켜 놓아 안식일을 환영하는 것을 느끼게 되었습니다. 이것은 마치 성막 안에 밤새

불을 켜놓으라는 출애굽기에 나오는 말씀이 연상이 되었습니다.
  집안의 남자들, 즉 남편과 아들이 어머니에게 감사의 노래를 불러 주었고, 이어서 식사시간이 되어 테이블이 있는 쪽으로 옮겨 가 식사를 할 때 집주인의 설명이 식사 테이블을 제단으로 생각한다는 말에서 유대인들은 집을 성막으로 생각한다는 교수님의 가르침이 생생하게 느껴왔습니다. 집은 성막이고, 그래서 집안에서 이루어지는 모든 일에는 옛날 성막에서 행하여 진 것을 생각나게 하는 교육, 이것은 가르침과 생활이 분리되지 않는 산 교육의 현장을 둘러보면서 쉐마의 명령처럼 자녀들에게 집안에서든 길을 행할 때에든지, 누웠을 때에든지 말씀을 가르치는 이들을 보게 되었습니다.
  일주일 동안 랍비들의 강의나 박물관, 회당, 그리고 유대인의 집을 방문하였을 때 중간 중간 우리가 놓친 부분들에 대해 설명과 논평을 해주시는 현 교수님의 말씀은 상대한 엑기스를 주는 것이었습니다.
  현 교수님이 주변의 큰 도움도 받지 못하면서 혼자서 준비한 3차 강의를 참석하면서 저희에게 책임감과 부끄러움을 느끼게 만들었습니다. 하나님, 좋은 협조자가 나오게 하옵소서! 저는 지금 이야기를 하지 못하지만 마음에 몇 가지 헌신의 소리가 들리고 있습니다. 현 교스님 사랑합니다. 힘을 내세요.

쉐마클리닉 참석자들의 증언!

목회신학적 입장

제2의 종교개혁인 쉐마에 눈 뜨게 해주신 현용수박사님께 감사를

안병만 박사(Ph.D., 설교학)

- 열방교회 담임
- 고려신학대학원 강사
- 건강한교회연구소 초빙교수
- 영국 위클리프 선교학
- 남아공 포체프스트룸대학 설교학 전공(Ph.D.)
- 고신대 및 고신대학원졸업

쉐마의 깊은 의미와 무게를
쉽게 평가할 수 없을 우려 때문에…

현용수 교수님의 쉐마목회자클리닉 1, 2차까지는 간증문을 의도적으로 길게 쓰지 않고 3차 Field trip을 받을 때까지 미루어 왔다. 그 이유는 1차 인성교육과 2차 쉐마에 대한 말씀을 들으면서 쉽게 어떤 느낌을 글로 표현한다는 것이 쉐마가 가지고 있는 깊은 의미와 무게를 쉽게 평가할 수 없을 것이라는 우려 때문이었다.

사실 현 박사님의 여러 권의 책을 읽을 때의 감동과 특히 '자녀를 제자 삼으라'는 책의 내용은 지금까지 제자 훈련에 미쳐 진작 내 자녀를 말씀으로 잘 훈련시키지 못한 죄책감으로 다가 왔다. 3차례 쉐마목회자클리닉에 참석하여 받은 충격은 말과 글로서 다 표현할 수 없다. 마치 장님들이 코의 일부분을 만지고 나서 코끼리를 정의 하는 것과 같은 오류를 범할 수 있기 때문이다.

실제 들으면서 느꼈던 말씀들이 제3차 학기에 유대인들의 삶의 현장에서 어떻게 이루어지고 있는가를 확인하고 난 후에 마음에 담아 두었던 것을 표현하고 싶었다. 1997년 유학을 마치고 한국에 들어 왔을 때 유럽이나 남아공에서 진행되는 학교교육과 아이들의 인성교육이 한국에는 거의 전무하다는 사실을 깨닫게 되었고 교회교육이 위험 수위에 와 있다는 위기 의식을 가지게 되었다.

"아 이것이구나!"
대안 없는 허송세월에 쉐마는 가뭄에 한줄기의 소낙비였다

 귀국 후 목회 현장에서 그리고 고신신대원에서 학생들을 지도하면서 나름대로 배웠고 경험했던 여러 가지 목회 툴(tool)을 사용했지만 확실한 해결책이 되지 못하여 10년이라는 세월을 허송하게 되었다. 분명한 대안을 제시하지 못하고 지나는 중에 쉐마를 접하면서 가뭄에 한줄기의 소낙비를 두들겨 맞는 느낌이었다.
 "아 이것이구나!" 하는 마음에 확신을 가질 수 있게 되었다. 2008년 일년 동안 오후 예배 시간에 쉐마에 대한 강론을 하게 되었고 교회에서 한 달에 한 번씩 온 가족 예배를 일년 동안 드리게 되었다. 그리고 올해부터는 온 열방의 식구들이 가정예배를 드리도록 하였다. 사랑방(구역모임)모임에서도 가정예배 드린 것을 함께 자녀들과 나누고 기도하는 시간으로 활용하도록 하고 있다.
 현재 위기의식을 느끼는 많은 부모들과 교회 특히 목회자들이 자녀 신앙교육에 대해서 현장에서 어떻게(How) 해야 할지에 대해서는 대안을 찾지 못하여 손을 놓고 있는 실정이다. 그러나 1차 쉐마목회자클리닉에서 배우는 인성교육은 수직문화를 통하여 하나님의 형상을 회복하는 새 피조물의 상을 정립하게 되었고, 2차 쉐마교육에서는 유대인들의 자손대대로 내려온 구약의 지상명령을 배우므로 우리 자녀들이 어떻게 실천하며, 교회에 어떻게 접목해야 할 것인가를 확실하게 붙잡게 되었다.
 금번 3차 목회자클리닉을 통해서 실제 유대인들의 고난의 역사와 회당에서의 새벽기도 그리고 자녀들의 학교 현장을 경험하면서 그들이 말씀 맡은 자로 살아 올 수 밖에 없었던 저력을 파악할 수 있었다. 관용의 박물관에서 느낀 바는 그들이 나치에 의해서 6백 6십만명이 학살 당하고 비참한 삶을 살았지만 보복하지 않고 전 세계에 나치의 만행을 알리고 그들을 관용하는 태도(The museum of tolerance)는 하나님의 용서하심을 경험하지 못한 사람들에게는 불가능한 일인데 그것을 실천하고 있는 유대인들의 모습에서 말씀의 위력을 알게 되었다. "고난의 역사를 기억할 때 희망이 살아난다"는 구호(Hope lives, when people remember)는 나의 가슴을 뭉클하게 했다.

한국의 독립기념관에 가 보아도 우리 민족은 그것을 오랫동안 기억하지 못하고 쉽게 일본인들의 만행을 잊어 버리고 현실에 안주하고 타협하는 모습을 보면서 대조가 되었다. 그리고 역사박물관에서는 그들이 디아스포라가 되어 있으면서 그들의 정신과 하나님 경외와 말씀 보존의 형식은 다양하면서 수천 년 동안 지속되어 오는 역사를 보게 되었다. 다양한 다른 문화들 속에 수천 년 동안 살아오면서도 하나님 섬김과 토라와 탈무드의 보존은 인간의 한계를 뛰어 넘는 것이었다. 본인에게는 콜롬버스가 신대륙을 발견한 것과 비교할 수 없는 영적인 통찰력을 갖는 기회가 되었다.

마지막 날 안식일이 시작되는 회당에서의 기도회와 가정의 안식일 준수 의식은 너무나 경건하고 엄숙하면서도 자유로웠다. 특히 한 가정(Paul)의 안식일 의식은 나의 주일 예배를 위한 준비와 비교해 볼 때 너무나 큰 괴리를 느꼈다. 금요일 안식일이 시작되는 그 밤에 그 가정에 임재하시는 하나님 앞에서의 의식은 너무나 평화로웠고 가정천국을 맛보는 시간이었다.

아버지가 자녀들의 머리에 손을 얹고 기도하는 모습은 구약의 아브라함과 이삭과 야곱이 자녀들을 축복하는 모습을 실재로 맛볼 수 있는 기회였다. 온 가족이 여호와 하나님으로 인하여 하나 되는 시간이었고 가정의 제사장으로서의 아버지의 역할이 얼마

미국에서 쉐마지도자클리닉을 마치고
수료증을 받는 안병민 박사.

나 중요한지를 깨닫는 시간이었다.

　글로 다 표현할 수 없는 가정의 평안과 참 안식이 그 날에 기름 붓듯 충만해 지는 광경을 보면서 기독교 교인으로서 성령과 그리스도가 임재하는 나의 가정에 그 모습이 어떤 의미가 있는 가를 깊이 생각하게 되었다. 별 의식이 없이 가정예배를 드리고 가정생활을 하는 나에게 그 시간 이후부터 하나님이 우리 가정의 주인되심과 예배 시마다 임재하시는 하나님을 느끼며 감사할 수 있게 되었다. 유대인들은 안식일이 그들을 지키는 것이 아니라 안식일이 그들을 지켜오고 있다는 강한 믿음을 가지고 있다. 정말 오늘날의 교인들은 이런 의식을 가지고 주일을 지키고 있는 것일까? 그리스도인들이 지키고 있는 주일의 바른 개념에 대한 본질을 반추해 볼 수 있는 좋은 기회였다.

신학생들과 동료 목회자들에게 최선을 다해 알릴 것을 다짐

종말의 시대에 가정의 회복뿐 아니라 우리 한국교회와 민족의 동질성을 회복하여 하나님께 쓰임 받을 수 있는 공동체가 되기 위해서는 구약의 지상명령인 쉐마를 실천하는 길 밖에는 없다는 것을 깨닫게 되었다. 가정과 교회로 돌아와서 공동체 예배와 더불어 가정성전을 어떻게 회복해야 할 것인가를 고민하면서 하나씩 실천해 나가고자 한다. 민족과 교회 그리고 건강한 가정을 세우는 비법은 바로 구약의 지상 명령과 신약의 지상명령을 함께 균형 있게 수행하는 길이다. 제2의 종교개혁이라고 할 수 있는 쉐마에 눈 뜨게 해주신 현용수 박사님께 감사를 드리고 함께 이 거룩한 역사를 이어가기 위해 함께 훈련받은 여러 지역에 흩어져 있는 동역자들에게 감사를 드리고 싶다.

끝으로 한국교회 목회자들과 지도자들이 쉐마교육연구원에서 실시하는 '목회자클리닉'에 많이 참여하도록 독려하는 일에 최선을 다할 것이다. 그리고 본인이 몸담고 있는 고신교단과 가르치고 있는 고려신학 대학원에서 후배 신학생들에게도 쉐마의 중요성을 알리고 여러 동역자들과 함께 네트웍(Network)을 만들어 가도록 노력하겠다. 특히 제 8차 목회자클리닉에서 결의된 '쉐마교육학회' 한국측 준비위원장으로 최선을 다하겠다.

쉐마클리닉 참석자들의 증언!

가정과 교호목회 적용

일파만파의 파문을 생각하면 가슴이 벅차다

소화춘 목사(D.Min., 목회학)

- 충주제일감리교회 담임
- 연세대학교 재단이사
- 미국 유니온신학대학원 목회학 박사(D.Min.)
- 목원대학교(석사)
- 연세대학교 졸

쉐마교육을 신학교 필수과목으로 하자(제1학기)

성경을 이해하는 데 풍성한 소득이 되었다

'쉐마'라는 말은 일찍이 알고 설교에도 많이 인용했지만 이처럼 자세하게는 알지 못했다. 제1차 쉐마목회자클리닉에 참석하여 성경적인 바탕에서 전개되는 비밀스런 내용들을 듣고 나니 성경을 이해하는 데 풍성한 소득이 되었다. 현용수 교수님께서 시대적인 큰 공헌을 했다고 생각한다.

이미 현용수 교수님께서 여러 권의 저서를 내셨지만 세미나를 통하여 유대인의 생존 비밀은 물론 교육의 비밀을 알게 된 것은 충격적이었다. 우리 감리교회의 모든 교역자들이 이 비밀을 깨닫고 실시한다면 자녀를 살리고 교회를 살리며 가정을 살리는 해답이 되리라고 확신한다. 그리고 더 나아가 나라를 살리는 기회가 될 것도 확신한다.

쉐마교육! 신학교에서도 기독교교육학이나 구약학에 필수교과

목으로 채택한다면 좋은 내용이 될 것을 확신한다. 지금까지는 유대인에 대해 장님 코끼리 말하듯 부분적으로 말하여 왔으나 현용수 교수님을 통하여 그 실체를 알게 됐다.

현 교수님이 랍비 신학교에서 학문적으로 접근하는 데 그치지 않고 정통파 유대인의 탈무드 학교와 정통파 유대인 가정에서 함께 생활까지 하면서 그들의 교육의 비밀을 캐낸 결과다. 이런 사실이 신뢰와 확신을 갖게 했고, 세미나를 통하여 좋은 지도자도 될 수 있는 기회가 될 것이며 널리 보급하고 확산시킬 수 있는 쉐마교육운동이 되리라고 믿게 됐다.

쉐마운동은 성경운동 · 예수운동 · 복음운동이다(제2학기)

만사 제쳐놓고 우리 내외가 참석하게 됐다

"사람은 죽을 때까지 배워야 산다"라는 말의 중요성을 이번 쉐마목회자클리닉에 참가하면서 다시 깨닫고 고백하게 됐다. 또, "가정이 살아야 교회가 살고, 교회가 살아야 민족이 산다"라는 말의 중요성은 오래 전부터 깨닫고 강조도 많이 해온 것이지만 구체적으로 그리고 근원적으로 분명하지가 않았는데, 이번 쉐마목회자클리닉에 참가하여 성경과 유대인의 쉐마자녀교육을 통하여 확실히 알게 됐다.

나는 만사 제쳐놓고 제1차에 참석한 뒤 이번 제2차에도 다른 계획들을 앞으로 뒤로 비켜놓고 내외가 참석하게 됐다. 목회자로서 1차, 2차에 쉐마목회자클리닉 참석하면서 참으로 좋다고 느끼는 것은 성경을 기초로 하여 모든 내용이 정리되고 진행되기 때문에 성경이 더욱 정리되고 메시지에 대한 큰 확신을 갖게 되어 일차적으로 설교가 힘이 있게 될 것이라는 점이다.

결국 쉐마교육은 성경교육이기 때문에 성경 말씀 회복을 통하여 모든 것이 회복되는 운동이라고 할 수 있다. 다시 말해 쉐마운동은 성경운동이요, 예수운동이요, 복음운동인 것이다. 나는 이

미국 쉐마지도자클리닉에서 소화춘 목사(중앙)가 딸과 사위 목사와 함께 성경을 안고 찍은 기념 사진. 쉐마교육은 가족 전체가 함께 받는 것이 가장 바람직하다.

운동이 복음의 맥을 찾고 뿌리를 찾아서 바로 세우는 수직신앙과 수직문화 운동으로 수평문화에 정복당하지 않고 오히려 수평문화까지도 축복의 기회로 만들 수 있는 본질 회복 운동이라고 확신한다.

나의 설교와 부흥회 메시지도 업그레이드 되는 축복을 받았다
구약의 쉐마를 신약의 예수님, 복음운동으로 정리하면서 증거하고 교육하고 전파한다면 능력 있게 복이 증가될 것이다. 나는 부흥회도 인도하고 있는데 이제 부흥회 메시지도 업그레이드 되는 축복을 받았음에 하나님께 영광 돌리며 현용수 교수님에게 감사한 마음을 갖게 됐다.

앞으로 내 목회의 패러다임이 바뀔 것이다

앞으로 내 목회의 패러다임이 바뀔 것이며 목회의 내실과 풍성함이 목회에 유익과 축복이 될 것임을 확신한다. 예를 들어 주일 저녁 찬양예배에서 2부 새벽기도회, 절기예배, 속회예배는 제일교회 쉐마 3대운동으로 진행이 될 것이다. 어떻게 하면 3대를 묶어서 수직적인 신앙과 문화를 세울 것인가에 대하여 집중적이고 반복적으로 교육하여 본질적인 문제들을 회복시킬 것이다. 그럼으로써 가정이 회복되고 교회가 회복되고 민족이 회복되는 거대한 파장이 사람 죽이는 해일이 아니라 사람을 살리고 가정을 살리고 교회를 살리며 민족을 살리는 해일이 될 것으로 소망한다.

차근차근히 구체적으로 나의 목회에 적용을 시켜서 일파만파의 파문이 일어날 것을 생각하면 가슴이 벅차오른다. 그동안 이 쉐마운동을 위하여 시간과 돈과 체력을 아끼지 않고 헌신하신 현용수 교수님께 감사드리며 하나님께 영광을 돌린다.

에스더를 쓰신 하나님께서 '이때를 위하여' 현용수 교수님을 쓰시는 줄로 믿고 있다. 앞으로 많은 계획과 하시는 일이 성령의 인도하심을 따라 하나님의 계획대로 이루어지기를 믿고 기도하겠다.

"유대인 생존의 비밀은 이 식탁에 있습니다"
<제3학기 유대인의 교육 현장 견학 후>

물적 자원보다 인적 자원이 더 중요하다는 것은 이미 결론이 난 명제다. 유대인에 대하여 알면 알수록 인적 자원을 중시하여 일꾼을 세우고 지도자를 세우고 있음을 절실히 느낀다. 미국에서 제3차 쉐마교사대학 수업을 받는 동안 특별히 현용수 교수님의 이론을 듣고 유대인 교육 현장을 견학하면서 큰 충격을 받았다. 유대인 박물관과 새벽기도회, 저녁기도회와 유대인 정통파 랍비 집의 안식일 절기에 참석한 시간들을 통하여 많은 것을 느꼈다. 또, 서기관 랍비의 두루마리 성경필사 현장 참관은 이스라엘에서도 할 수 없는 경험으로 일생의 행운이라고 생각한다. 그 감동을 3가지로 정리해 보았다.

첫째, L.A.에서 두 군데 유대인 역사박물관을 참관할 때 인상 깊었던 것은 뼈저린 고난의 역사를 담고 있으면서도 박물관의 이름이 '관용의 박물관(Museum of Tolerance)'이라는 점이었다. 미움과 복수심을 갖기보다 고난을 통하여 준비하게 하고, 유비무환의 정신을 갖게 하며, 고난을 이기게 하신 하나님께 감사하고 미래와 희망을 바라보는 유대인들의 넓은 마음을 느낄 수 있었다. 그곳에는 슬픔과 고난의 역사가 감동적으로 정리돼 있었다. 어린 학생들은 방명록에 'Sad' 'Never forget' 'Very touch' 등이라고 써서 감동을 다음에 새겼음을 나타냈다.

한국이 부끄러운 고난의 역사를 지워버리려고 노력한 것과 달리 유대인들은 고난의 역사를 자녀와 국민을 위한 교육의 장으로 만들고 국제 여론을 환기시키는 현장으로 남기는 놀라운 지혜를 보여줬다.

둘째, 유대인은 구제헌금을 할 때마다 어린이들을 헌금위원으로 해서 어려서부터 이웃을 돌보는 마음을 갖게 한다고 한다. 후대를 바로 세우려면 이처럼 쉽고 작은 일에서부터 습관이 되도록 차근차근 교육해야 한다는 것을 배웠다.

셋째, 부림절에 정통파 유대인 랍비 집을 방문했을 때, 랍비가 "유대인이 오늘날까지 살아남을 수 있는 비밀은 이 식탁에 있다"라고 한 말이 수긍이 가고 공감이 됐다. 안식일 해질 무렵부터 시작하여 4~5시간 동안 식탁에 식구들이 모두 모여 성경을 중심으로 질문하고 답변하고 토론하는 모습을 볼 수 있었다. 그 집에는 TV가 없었다. 이런 식탁교육을 반복적으로 함으로써 자녀들에게 수직문화를 가르치고 있었다. 유대인들은 철저히 가정 중심의 교육을 했지만 자녀들은 부모를 두려워하는 것이 아니라 하나님을 두려워했다. 자녀에게 청결교육을 반복함으로써 성결 의식을 가르치는 것도 눈에 띄었다.

정숙교육의 예를 들어보면, 유대인 어머니는 〈뉴스위크〉 같은 건전한 잡지라도 자녀들이 보기 전에 먼저 살펴보고, 혹시 여성의 노출 사진이 있으면 뜯어낸 뒤에 보게 한다. 여자 아이는 긴팔 옷을 입게 하여 노출을 삼가고, 남녀가 구별하여 행동하도록 했다. 아주 작은 일부터 반복적으로 습관이 되도록 하는데, 이는 모든 일이 갑자기 좋아지는 것이 아니기 때문이다. 그 결과 유대인은 소수 민족이지만 세계 모든 분야에서 꼭대기까지 올라가 세계에 영향을 주는 민족이 됐다.

우리나라도 소수 민족이지만 유대인의 쉐마교육 원리를 깨닫고 배우게 된다면 세계를 지배할 수 있다고 생각한다. 개인과 가정, 교회를 통해 민족을 살리고 세계를 지배할 수 있는 날이 올 수 있다는 희망을 가지면서 좋은 기회를 허락하신 하나님께 영광을 돌리며 현용수 교수님께 다시 한 번 감사드린다.

쉐마 국악 찬양

부록 2

인성교육적 측면에서
왜 국악 찬양이 필요한가!

유대인의 성공은 어디에서 오는가? 그들은 어떻게 자손 대대로 하나님의 말씀을 전수하는 데 성공하였는가? 그들은 자녀를 깊이 생각하는 뿌리 깊은 인간으로 양육하기 때문이다. 그들은 어떻게 자녀를 깊이 생각하는 뿌리 깊은 인간으로 양육할 수 있는가?

저자는 유대인을 모델로 한 저자의 저서 《현용수의 인성교육 노하우》 제1권에 수직문화와 수평문화에 대한 이론을 개발하였다. 그들은 표면적인 수평문화보다는 깊이 있는 수직문화를 가르치기 때문이다. 수직문화 중 하나가 자기 민족의 역사의식과 전통을 귀하게 여기고 가르치는 것이다. 그런데 한국인 기독교인은 우리의 전통을 무시하고 서양 것에만 너무 익숙해져 있다. 한국인 기독교인의 인성교육적 측면에서 분명히 잘못된 것이다.

물론 그만한 이유도 있다. 한국인 기독교인이 한국 민족의 전통을 그대로 이어갈 수 없는 이유는 대부분 한국의 전통들이 그 내용이나 형식을 보면 우상을 섬기는 데서 나왔기 때문이다. 그렇다면, 한국인 기독교가 한국의 전통을 어떻게 사용할 수 있는가? 두 가지로 생각할 수 있다.

첫째, 기독교에서 한국의 전통을 잇기 위해서는 그 전통의 내용을 신본주의 사상으로 바꾸어 일부 형식만 사용하는 방법이다. 예를 들면 조상들에게 추수에 대한 감사를 표시하는 한국의 추석을 하나님께 추수에 대한 감사를 표시하는 추수감사절로 바꾸어 사용하는 방법이다. 기도도 마찬가지다. 서양 사람들은 의자에 앉아서 혹은 서서 기도한다. 그러나 한국인은 옛날부터 무릎을 꿇고 조상신들에게 빌었다. 이런 기도하는 방법, 즉 무릎을 꿇고 하나님께 기도하면 얼마나 하나님 앞에 정성스런 기도가 될 것인가? 뿐만 아니라 찬양도 국악의 형식을 빌어 하나님을 찬양할 수 있다. 우리 민족의 고유 가락을 하나님 섬기는 도구로 사용하는 것이다.

둘째, 보편적 윤리나 도덕적 예의나 지혜는 그대로 사용할 수 있다. 예를 들면, 서양 사람들이 인사할 때는 고개를 그대로 들고 "하이(Hi!)" 한다. 그러나 한국 기독교인은 고개를 많이 숙이면서 "안녕하세요"라고 말한다. 뿐만 아니라 한국의 고사성어에는 동양의 지혜가 많이 배어 있다. 예를 들면, 토사구팽(兎死狗烹), 새옹지마(塞翁之馬), 결자해지(結者解之) 등이다. 식자우환(識字憂患)이란 고사성어는 전도서에 나오는 말씀이다(전 1:18). 이런 것들은 종교를 떠나 한국인 지식인이라면 마땅히 알고 평상시에 사용하여야 한다. 특히 성경의 잠언이나 전도서 같은 지혜서에 나오는 말씀들도 동양에 얼마든지 있다. 왜냐하면, 하나님께서 이방인에게도 성경이라는 특수계시를 주시기 전 하나님을 알 만한 보편적 진리(롬 1:19~20)를 주셨기 때문이다. [자세한 내용은 저자의 저서 《현용수의 인성교육 노하우》(전4권, 동아일보, 2008) 참조]

〈부록 2〉에는 부족한 종이 쉐마사역을 위하여 작사한 '쉐마 3대 찬양'과 '쉐마 효도 찬양' 그리고 박성희 목사가 작사한 '쉐마 이스라엘 들으라'를 싣는다. 곡은 모두 국악이다. 곡을 만드신 작곡가 류형선, 정세현, 조춘오 세 선생님에게도 감사를 드린다. 차제에 국악찬양이 많이 보급되어 전 세계에 흩어진 한국인 기독교인들이 우리의 것으로 하나님을 찬양하는 날이 속히 오기를 소원한다.

저자 현용수

참고자료 (References)

외국 자료

Abramov, Tehilla. (1988). *The Secret of Jewish Femininity*. Southfield, MI: Targum Press Inc.

Agron, David. (1992). *Soviet Jews: A Field God Has Plowed*. Fuller Theological Seminary School of World Mission, Th.M. Thesis. Pasadena, California.

Agus, J. B. (1941). *Modern Philosophies of Judaism*. New York, NY: Behrman's Jewish Book House.

Allis, O. T. (1982). *The Five Books of Moses*. Translated into Korean by Jung-Woo Kim. Seoul: Christian Literature Crusade.

An expository dictionary of Biblical Words. (1985). Edited by Vine, Unger & White. NY: Thomas Nelson Publishers.

Angoff, Charles. (1970). *American Jewish Literature*. New York, NY: Simon and Schuster.

Baeck, Leo. (1958). *Judaism and Christianity*. Philadelphia: Jewish Publication of America.

Ben-Sasson, H. H. Editor. (1976). *A History of the Jewish People*. Cambridge, MA: Harvard University Press.

Berenbaum, Michael. (1993). *The World Must Know, The History of the Holocaust As Told in the United States Holocaust Memorial Museum*. Boston, MA: Little, Brown and Company.

Birnbaum, Philip. (1991). *Encyclopedia of Jewish Concepts*. New York, NY: Hebrew Publishing Company.

Bloch, Avrohom Yechezkel. (   ). *Origin of Jewish Customs: The Jewish Child*. Brooklyn, N. Y: Z. Berman Books.

Botterweck & Ringgren, ed. (1977). *Theological Dictionary of the Old Testament, Vol. 1*. Grand Rapids, MI: Eerdman Publishing Company.

Bridger, David. ed. (1962, 1976). *The New Jewish Encyclopadia*. West Orange, NJ: Behrman House, Inc.

Brown, Collin, ed. (1975). *The New International Dictionary of New Testament Theology, Vol. 1*. Grand Rapids, MI; Regency Reference Library, Zondervan.

Brown, Driver & Briggs. (1979). *The New Brown-Driver-Briggs-Genesis*

Hebrew and English Lexicon. Peabody, Ma: Hendrickson Publishers.

Bryant, Alton. Editor. (1967). *The New Compact Bible Dictionary*. Grand Rapids, MI: Zondervan.

Calvin, John. (1980) 로마서 빌립보서 주석, 존칼빈성서주석출판위원회 번역. 서울: 성서교재간행사.

_____. (1981a). *Genesis, the Pentateuch, Vol. I*. Grand Rapid, MI: Baker Book House.

_____. (1981a). *Exodus, the Pentateuch, Vol. II*. Grand Rapid, MI: Baker Book House.

_____. (1981). *Institutes of the Christian Religion*. Translated by Moon Jae Kim, Seoul: Haemoon-sa.

Chait, Baruch. (1982). *The 39 Avoth Melacha of Shabbath*. Jerusalem, Israel: Feldheim Publishers, Ltd.

Cohen, Abraham. (1983). *Everyman's Talmud*. Translated in Korean by Ung-Soon Won Seoul: Macmillian

_____. (1995). *Everyman's Talmud*. New York, NY: Schocken Books.

Cohen, Nachman. (1988). *Bar Mitzvah and Beyond*. Yonkers, NY: Torah Lishmah Institute, Inc.

Cohen, Simcha Burim. (1993). *Children in Halachan*. Brooklyn, NY: Mesorah Publications, Ltd.

Cohen. (1992). *The Psalms*. Revised by Rabbi Oratz. New York, NY: The Soncino Press, Ltd.

Coleman, William L. (1987). *Environments and Customs of Bible Times*. Seoul: Seoul books.

Complete Word Study Dictionary(The). (1992). Complied and edited by Spiros Zodhiates. Chattanooga, TN: AMG Publishers.

Darmesteter, A. (1897). *The Talmud*. Philadephia: The Jewish Publication Society of America.

Debour, Rolang. (1982). *Social Customs in Old Testaments(I)*. Seoul: Kidok Jungmoon-sa.

_____. (1993). *Social Customs in Old Testaments(II)*. Seoul: Kidok Jungmoon-sa.

Derovan & Berliner. (1978). *The Passover Haggadah*. Los Angeles, CA: Jewish Community Enrichment Press.

Ditmont, Max I. (1979). *Jews, God and History(한국역: 이것이 유대인이다)*. Translated into Korean by Young Soo Kim, Seoul, Korea: 한국기독교

문학연구 출판부.

Donin, Hayim Halevy. (1972). *To Be A Jew: A Guide to Jewish Observance in Contemporary Life*. USA: Basic Books.

_____. (1977). *To Raise A Jewish Child: A Guide for Parents*. USA: Basic Books.

_____. (1980). *To Pray As A Jew: A Guide to the Prayer Book and the Synagogue Service*. USA: Basic Books.

Drazin, N. (1940). *History of Jewish Education*. Baltimore: The Johns Hopkins press.

Ebner, Eliezer. (1956). *Elementary Education in Ancient Israel*. New York: Bloch publishing Co.

Eisen, Robert. (2000). *The Education of Abraham: The Encounter between Abraham and God over the Fate of Sodom and Gomorrah*. Jewish Bible Quarterly. Vol. 28. No. 2, pp. 80~86.

Encyclopedia of Religion (The). (1987). New York. NY: Macmillan Publication Co.

Erikson, E. (1959a). *Identity and the Life Cycle, Psychological Issues*. Vol. 1. New York: International University Press.

_____. (1959b). *Dimensions of New Identity(1st Ed.)*. New York: W. W. Norton & Co.

_____. (1963). *Childhood and Society(2nd Ed.)*. New York: W. W. Norton & Co.

_____. (1968). *Identity Youth and Crisis*. New York: W. W. Norton & Co.

_____. (1982). *The Life Cycle Completed*. London: W. W. Norton & Co.

Feldman, Emanuel. (1994). *On Judaism*. Brooklyn, NY: Shaar Press.

Grayton, J. (1985). *Early Buddhism and Christianity in Korea*. Leiden: E. J. Brill.

Hamilton, Victor P. (1995). *The Book of Genesis*. Grand Rapid: MI: William B. Eerdmans Publishing Co.

Heller, A. M. (1965). *The Jew and His World*. New York, NY: Twayne Publishers, Inc.

Hirsch, Samson Raphael. (1988). *Collected Writings of Rabbi Samson Raphael Hirsch*. Jerusalem, Israel: Feldheim Publishers Ltd.

_____. (1989a). *Genesis, the Pentateuch*, Vol. I. Gateshead: Judaica Press Ltd.

_____. (1989b). *Exodus, the Pentateuch*, Vol. II. Gateshead: Judaica Press Ltd.

_____.(1988c). *Leviticus, the Pentateuch, Vol. III*. Gateshead: Judaica Press Ltd.

_____.(1988d). *Numbers, the Pentateuch, Vol. IV*. Gateshead: Judaica Press Ltd.

_____.(1988e). *Deuteronomy, the Pentateuch Vol. V*. Gateshead: Judaica Press Ltd.

_____.(1990). *The Pentateuch.* Edited by Ephraim Oratz, New York, NY: Judaica Press, Inc.

Hoffman, Joel E. (1997). *Jewish Education in Biblical Times: Joshua to 933 B.C.E. Jewish Bible Quarterly.* Vol. 25. No. 2. 1997, pp. 114~119.

Holy Bible. (NIV, KJV). (1985).

Hoon, Paul. (1971). *The Integrity of Worship.* Nashville: Abingdon Press.

Horton, Davis. (1957). *Christian Worship.* NY: Abingdon Press.

Hunt, E. (1980). *Protestant Pioneers in Korea.* Maryknoll: Orbis Books.

Hyun, Yong Soo. (1990). *The Relationship between Cultural Assimilation Models, Religiosity, and Spiritual Well-Being Among Korean-American College Students and Young Adults in Korean Churches in Southern California.* Doctoral dissertation, Biola University, Talbot School of Theology, La Mirada CA. Ann Arbor: University Microfilms International.

_____. (1993). *Culture and Religious Education.* Seoul: Qumran.

Jacobs, Louis. (1984) *The Book of Jewish Belief.* New York, NY: Behrman House Inc.

_____. (1987). *The Book of Jewish Practice.* West Orange, NJ: Behrman House, Inc.

Jensen, I. R. (1981a). *Genesis: A Self-Study Guide.* Translated into Korean by In-Chan Jung. Seoul: Agape Publishing House.

_____. (1981b). *Exodus: A Self-Study Guide.* Translated into Korean by In-Chan Jung. Seoul: Agape Publishing House.

Kahn, Pinchas. (2002). *The Mission of Abraham: Genesis 18:17~22:19, Jewish Bible Quarterly.* Vol. 30. No 3, 2002, pp. 155~163.

Kaiser, Walter. (2005). *Mission in the Old Testament,* 임윤택 번역, 서울: 기독교문서선교회.

Kaplan, Aryeh. (2005). *Tefillin.* New York, NY: CU/NCSY Publications.

_____. (2008). *Tzitzith, A Thread of Light.* New York, NY: OU/NCSY Publications.

Keach, Benjamin. (1991). 성경의 환유, 은유, 예표, 비유, 제유 해설 대사전. 서울: 겨운사.

Keil & Delitzsch. (1989a). *Genesis, the Pentateuch, Vol. I.* Grand Rapid, MI: Hendrickson.

―――――. (1989b). *Exodus, the Pentateuch, Vol. II.* Grand Rapid, MI: Hendrickson.

Kim Kwang Chung, Warner and Kwon Ho Young. (2001). *Korean American Religion in International Perspective.* In Korean Americans and Their Religions: Pilgrims and Missionaries from a Different Shore, 3-24, University Park, Pa: Pennsylvania State University Press.

Kling, Simcha. (1987). *Embracing Judaism.* New York, NY: The Rabbinical Assembly.

Kolatch, Alfred J. (1981). *The Jewish Book of Why.* Middle Village, NY: Jonathan David Publishers, Inc.

―――――. (1985). *The Second Jewish Book of Why.* Middle Village, NY: Jonathan David Publishers, Inc.

―――――. (1988). *This Is the Torah.* Middle Village, NY: Jonathan David Publishers, Inc.

Lamm, Maurice. (1969). *The Jewish Way in Death and Mourning.* New York: Jonathan David Publishers.

―――――. (1980). *The Jewish Way in Love and Marriage.* Middle Village, NY: Jonathan David Publishers, Inc.

―――――. (1991). *Becoming a Jew.* Middle Village, NY: Jonathan David Publishers, Inc.

―――――. (1993). *Living Torah in America.* West Orange, NJ: Behrman House, Inc.

Lamm, Norman. (2002). *The Shema: Spirituality and Law in Judaism.* Journal of Law and Religion. 17, 2002. Book Review.

Lampel, Zvi. trans. (1975). *MaimonidesO Introduction to the Talmud.* New York, NY: Judaica Press.

Lange, J. p. (1979). *The Book of Genesis I & II.* Translated into Korean by Jin-Hong Kim. Seoul: Packhap.

Lee, Helen. (1996). *Silent Exodus. Can the East Asian Church in America Reverse the Flight of Its Next Generation?* Christianity Today, no. August 12(1996): 50~53.

Lee, Sang-Keun. (1989). *Genesis, the Lee's Commentary.* Seoul: Sungdung-sa.

―――――. (1989). *Exodus, the Lee's Commentary.* Seoul: Sungdung-sa.

Leupold, H. C. (1942). *Exposition of Genesis. Vol. I.* Grand Rapids: Baker.

_____. (1974). *Exposition of the Psalms*. Grand Rapids: Baker.

Levi, Sonie B. & Kaplan, Sylvia R. (1978). *Guide for the Jewish Homemaker*. New York, NY: Schocken Books.

Lindgren, Alvin. (1983). *Foundations for Purposeful Church Administration*. Nashville, TN: Abingdon Press.

Luther, Martin. (1962). *On the Jews and Their Lies*. trans. Martin H. Bertram, in Martin Luther's Works, 47:268~72(1543). Philadelphia, Pa: Muhlenberg.

MacArthur, John. (2001). *Successful Christian Parenting*. Translated into Korean by Ma Young Rae, Seoul: Timothy Publishing House.

Mathews, Kenneth A. (2005). *The New American Commentary, Vol. 1B*. Nashville, TN: Broadman & Holman Publishers.

Matzner-Bekerman, Shoshana. (1984). *The Jewish Child: Halakhic Perspectives*. New York, NY: KTAV Publishing House, Inc.

McGavran, Donald. (1980). *Understanding Church Growth*. Grand Rapid, MI: Zondervan.

New Compact Bible Dictionary. (1967). Editor; Alton Bryant. Grand Rapids, MI: Zondervan.

New International Dictionary of New Testament Theology Vol. 1(The). Edited by Collin Brown, 1975, Grand Rapids, MI; Regency Reference Library, Zondervan.

Payne, J. B. (1954). *An Outline of Hebrew History*. Grand Rapid, MI: Baker Book House.

Pilkington, C. M. (1995). *Judaism*. Lincolnwood, Il: NTC Publishing Group.

Ramban, (1999). *Ramban Commentary on the Torah, Genesis*. Brooklyn, NY: Shilo Publishing House, Inc.

Rashi. (1994). *The Metsudah Chumash. Vol. V*. Hoboken, NJ: KTAV Publishing House.

_____. (2003a). *The Metsudah Chumash. Vol. V*. Hoboken, NJ: KTAV Publishing House.

_____. (2003b). *Commentary on the Torah Vol. 1. Genesis*, New York. NY: Mesorah Publication, Ltd.

Reuben, Steven Carr. (1992). *Raising Jewish Children In A Contemporary World*. Rocklin CA: Prima Publishing.

Sanders, E. P. (1995). *Paul, the Law, and the Jewish People*. Translated by Jin-Young Kim, Seoul: Christian Digest.

Scherman & Zlotowitz(Editors). (1992). *The Complete Art Scroll Siddur*. NY: Mesorah Publication, Ltd.

_____. (1994). *The Chumash*. Brooklyn, NY: Mesorah Publication, Ltd.

_____. (2004). *The Complete Art Scroll Siddur*. Brooklyn, NY: Mesorah Publication, Ltd.

_____. (2005). *The Chumash*. Brooklyn, NY: Mesorah Publication, Ltd.

Scherman, Nosson(Ed.) (1998). *Tanach, The Torah/Prophets/Writings*. Mesorah Publications, Ltd.

Seymour Sy Brody, Art Seiden(Illustrator), (1996). *Jewish Heroes and Heroines of America: 150 True Stories of American Jewish Heroism*. New York, NY: Lifetime Books.

Solomon, Victor M. (1992). *Jewish Life Style*. Translated into Korean by Myung-ja Kim, Seoul: Jong-ro Books.

Song, Min-Ho. (1997). *Constructing a Local Theology for a Second Generation Korean Ministry*. Urban Misson, no. December(1997): pp. 23~34.

Stott, John. (1996). *The Message of 1 Timothy & Titus*. 김현희 역, Leicester, England; InterVarsity Press.

_____. 디모데전서 · 디도서 강해. 김현희 역, 서울; 한국기독학생회(IVP).

Strassfeld, Michael. (1985). *The Jewish Holidays, A Guide & Commentary*. NY: Harper and Row.

Swift, Fletcher H. (1919). *Education in Acient Israel from Earliest Times to 70 A. D.* The Open Court Publishing Company.

Talmud. Babylonian Edition.

_____. Jerusalem Edition.

TANACH. (1998). *The Jewish Bible*. Brooklyn, NY: Mesorah Publication, Ltd.

TANAKH. (1985). *The Jewish Bible*. The Holy Scriptures by JPS.

Telushkin, Joseph. (1991). *Jewish Literacy*. New York, NY: William Morrow and Company, Inc.

_____. (1994). *Jewish Wisdom*. New York, NY: William Morrow and Company, Inc.

Theological Dictionary of the Old Testament Vol. 1. Edited by Botterweck & Ringgren, 1977, Grand Rapids, MI: Eerdman Publishing Company.

Tokayer, Marvin. (2007). *탈무드 1; 탈무드의 지혜*. 현용수 편역. 서울: 동아일보사.

_____. (2007). 탈무드 2; 탈무드와 모세오경. 현용수 편역. 서울: 동아일보사.

_____. (2009). 탈무드 3; 탈무드의 처세술. 현용수 편역. 서울: 동아일보사.

_____. (2009). 탈무드 4; 탈무드의 생명력. 현용수 편역. 서울: 동아일보사.

_____. (2009). 탈무드 5; 탈무드의 잠언집. 현용수 편역. 서울: 동아일보사.

_____. (2009). 탈무드 6; 탈무드의 웃음. 현용수 편역. 서울: 동아일보사.

Touger, Malka. (1988a). *Sefer HaMitzvot Vol. 1*. New York, NY: Moznaim Publishing Corporation.

_____. (1988b). *Sefer HaMitzvot Vol. 2*. New York, NY: Moznaim Publishing Corporation.

Unger, M. F. (1957). *Unger's Bible Dictionary*. Chicago: Moody Press.

Unterman, Isaac. (1973). *The Talmud*. New York, NY: Bloch Publishing Company.

US Today. *Working Mom to Home for Baby Nurturing*. May 4, 2004.

Vilnay, Zev. (1984) *Israel Guide*. Jerusalem: Daf-Chen.

Vine, W. E. (1985). *An Expository Dictionary of Biblical Words*. Nashville: Thomas Nelson Publishers.

Wagschal, S. (1985). *Successful Chinuch*. Jerusalem, Israel: Feldheim Publishers Ltd.

Walder, Chaim. (1992). *Kids Speak Children Talk About Themselves*. Jerusalem, Israel: Feldheim Publishers.

Waltke, Bruce K. (2001). *Genesis*. Grand Rapid: MI: Zondervan Publishing Co.

Webber, Robert. (1994). *Worship: Old and New*. trans. by Ji-Can Kim. Seoul: Wordd of Life.

Wenham, Gordon J. (1994). *World Biblical Commentary, Vol. 2*. Nashville, TN: Thomas Nelson Publishers.

Westermann, Claus. (1995). *A Continental Commentary, Genesis Chapter 12~36*. Minneapolis: Fortress Press.

Wilson, Marvin R. (1993). *Our Father Abraham, Jewish Roots of the Christian Faith*. Grand Rapid, MI: William B. Eerdmans Publishing Company.

Zlotowitz, Meir. (1989). *Pirkei Avos Ethic of the Fathers*. Brooklyn, NY: Mesorah Publications, Ltd.

인터넷 자료

http://auskec.org/bbs/zboard.php?id=resource03&page

http://leewongu.byus.net/spboard/board.cgi?id=lee_wongu_1&action=download&gul=143

http://www.aspire7.net/belief-2-15.html

http://www.christiantoday.co.kr/view.htm?id=172503

http://www.gmnnews.com/gcolumn/spview.asp?num=28&code=p015, 2007년 12월 23일)

http://www.hanhim.org/zeroboard/zboard.php?id

http://www.imdusa.org/for2007/aboutfor2007-2.html

한국 자료

국민일보. *교회학생 급감 '비상'*, 2001년 9월 28일.

김상룡. (1994). *동방의 등불 한국*. 서울: 행림출판

김종욱. (1998). 민족 번영을 위한 준비. 공군 정신교육원 횃불지 23호. 1998년.

김홍기, *40년의 한국교회 성장율*. http://www.churchgrowth21.com/decadalgrowth.html

김홍식, 동성애에 대하여. 미주중앙일보, 2008년 11월 13일.

데이비드 커. (2005). 영국 웨일즈 지역 신앙각성 운동: *17세기~20세기 사이에 일어난 부흥 운동에 대한 고찰*. 한국기독공보, 2005년 6월 4일.

데지마 유로. (1988). 유대인의 사고방식. 고계영, 이시준 역, 도서출판 남성.

동아 메이트 국어사전. (2002). 서울: 두산 동아.

동아일보. 타고르. 동방의 등불. 1929년 4월 2일.

dongponews.com, 2001, 제2호(1, 2월호), USA.

미주크리스천신문. 미국 내 한인교회 총 *3,437*. 2005년 1월 29일, p. 1.

_____. *아이들 TV 너무 많이 본다*. 1996년 12월 21일.

_____. 미국 내 한인 교회 수는 약 *3,402개*. 2006년 1월 14일.

미주크리스천월드. 한국교회, *1만7697명 선교사 파송*. 2008년 11월 17일.

민현식. (2005). *한류열풍의 정신문화적 가치*. 한국교육개발원의 교육정책 포럼. 2005년 12월 23일.

박미영. *아이 기르기를 즐기는 이스라엘식 육아법을 아세요?* 라벨르(labelle). 1995년 8월호, pp. 381~393.

_____. (1995). *유대인 부모는 이렇게 가르친다*. 서울: 생각하는 백성.

박용규. (2007). 알렉산더 피터스; 성경번역자, 찬송가작사자, 복음전도자, 논문집: 알렉산더 피터스 선교사 조명. 서울: 내곡교회한국교회사연구소.

박윤선. (1980). *성경주석, 창세기 출애굽기*. 서울: 영음사.

_____. (1980). *성경주석, 레위기 민수기 신명기*. 서울: 영음사.

박은규. (1991). *예배의 재발견*. 서울: 대한기독교출판사.

(현대인의) 성경. (1984). 생명의 말씀사.

성경: (1956). 한글판 개혁. 대한성서공회.

성경: (2001). 표준새번역. 대한성서공회.

쉐마교육을 아십니까? (2007). 서울: 쉐마교육연구원

안희수. (2007). *100년 전 8월 1일의 치욕을 잊었는가*. 국방일보, 2007년 8월 1일.

엣센스 국어사전. (1983). 서울: 민중서림.

이기준 칼럼. *집으로 돌아간 장관*. 중앙일보(미주판), 2004년 5월 5일.

이상근. (1989). *창세기 주석*. 서울: 성등사.

_____. (1990a). *갈 히브리 주석(8)*. 서울: 성등사.

_____. (1990b). *출애굽기 주석*. 서울: 성등사.

_____. (1990c). *레위기 주석(상)*. 서울: 성등사.

_____. (1991). *로마서 주해*. 서울: 성등사.

_____. (1992a). *살전-디도 주해*. 서울: 성동사.

_____. (1992b). *요한복음 주해*. 서울: 성동사.

_____. (1994). *잠언·전도·아가서 주석*. 서울: 성등사.

이은선. (2007). 초기 한국교회의 성경 번역과 교회 부흥, 논문집: 알렉산더 피터스 선교사 조명. 서울: 내곡교회한국교회사연구소.

조선일보 *미국 이민 100년과 한인교회*. 2002년 1월 26일.

조종남, *한국 교회갱신과 성령운동의 방향(웨슬리의 갱신운동의 조명)*. http://sgti.kehc.org/data/person/wesley/11.htm

중앙일보 *한인 신학생 2,500명*. 2000년 9월 11일. (미주판)

_____. 워킹 맘 '육아 위해 집으로'. 2004년 5월 5일. (미주판)

_____. 해외동포 663만 8,338명. 2005년 9월 9일.

_____. 해외동포 704만명, 북미주 223만여명… 중국 이어 두 번째. 2008년 8월 26일. LA중앙일보.

_____. 1948년… 해방 후 5년의 선택이 대한민국 운명 갈랐다. 2008년 7월 19일.

최찬영. 이민 목회와 21세기 기독교 선교의 방향. 크리스챤 헤럴드 USA. 1995년 9월 29일, pp. 10~11.

칼빈, 죤. (1993). 기독교 강요. 제4권, 편집부 역, 서울: 기독성문출판사.

크리스천투데이. 복음을 14세 전(5~13세)에 심어야. 1999년 12월 4일.

_____. 미국 목회자들 67%는 13세 이전에 예수 영접. 2000년 11월 4일.

_____. 미주한인교회 수 2924개로 줄어. 2001년 12월 12일.

_____. 한국 기독교인 1200만 아닌 862만. 2006년 6월 9일.

_____. 한인 선교사 1만4905명 사역. 2007년 9월 13일.

크리스챤투데이(한국). 풍전등화 유럽교회, 한국교회 밖에 답이 없다. 2006년 2월 23일.

크리스천월드(미주). 한국교회, 1만7697명 선교사 파송. 2008년 11월 17일.

한미준 · 한국갤럽 리서치. (2005). 한국 교회 미래 리포트. pp. 42~43. 서울: 두란노서원.

현용수. (1993). 문화와 종교교육. 서울: 쿰란출판사.

_____. (2005). IQ는 아버지 EQ는 어머니 몫이다. 제1권. 서울: 쉐마.

_____. (2005). IQ는 아버지 EQ는 어머니 몫이다. 제2권. 서울: 쉐마.

_____. (2005). IQ는 아버지 EQ는 어머니 몫이다. 제3권. 서울: 쉐마.

_____. (2005). 부모여 자녀를 제자 삼아라. 제1권. 서울: 쉐마.

_____. (2005). 부모여 자녀를 제자 삼아라. 제2권. 서울: 쉐마.

_____. (2006). 유대인 아버지의 4차원 영재교육. 서울: 동아일보사.

_____. (2007). 자녀들아 돈은 이렇게 벌고 이렇게 써라. 서울: 동아일보사.

_____. (2009). 현용수의 인성교육 노하우. 제1권. 서울: 동아일보사.

_____. (2009). 현용수의 인성교육 노하우. 제2권. 서울: 동아일보사.

_____. (2009). 현용수의 인성교육 노하우. 제3권. 서울: 동아일보사.

_____. (2009). 현용수의 인성교육 노하우. 제4권. 서울: 동아일보사.

홍은선. (2002). *선교대회로 첫발… 눈부신 성장*. 크리스천투데이, 2002, 5월 8일. p. 4.

홍인규. (1994). *바울은 율법을 잘못 전하고 있는가*. 목회와 신학. 12월호. 통권 66호. pp. 287~301. 서울: 두란노서원.

본서에 사용한 사진의 출처

Canon Institute 조한용 선생 제공, ⓒ 미국 Los Angeles, CA. Tel. (213) 382-9229 USA. (각 사진에 출처가 표기돼 있음).

Shema Education Institute, ⓒ Yong-Soo Hyun, 3446 Barry Ave Los Angeles, CA 90066 USA. (각 사진에 출처가 표기 안 된 모든 사진들)

Solomon, Victor M. ⓒ Secret of Jewish Survival(옷을 팔아 책을 사라). Translated into Korean by Yong Soo Hyun, Seoul: Shema Books. (각 사진에 출처가 표기돼 있음).

Wiesenthal Center Museum of Tolerance, ⓒ Jim Mendenhall, 9786 West Pico Blvd., Los Angeles, CA USA. 90035-4792 Tel. (310)553-8403 제공. (각 사진에 출처가 표기돼 있음)

Yad Vashem, P.O. Box 3477, Jerusalem, Israel. Tel. 751611. (각 사진에 출처가 표기돼 있음)

교육학 교과서(고등학교, 서울시 교육감 인정): 고학사(1998).

참고 사항

1. 본 책자에 사용된 사진의 불법 복사 및 사용을 금합니다.
2. 만약 독자가 본서에 포함된 사진을 사용하기를 원할 때에는 반드시 사진 작가의 허가를 받아야 합니다.
3. 본 책자의 저자 이외의 사진은 저자가 권한을 갖고 있지 않으므로 주소로 직접 연락하시기 바랍니다.
4. 본 책자에 사용한 랍비 토카이어의 탈무드의 내용들은 저자의 허락을 받은 것들입니다. 따라서 본 책자의 저자의 허락 없이 무단복제를 금합니다.

찾아보기(Index)

찾아보기는 제1권~제3권 모두를 포함한다.
제1권은 'I', 제2권은 'II', 제3권은 'III'으로 표기했다.

가

가나안 I-101, 104, 108, 112~116, 148, 157, 166, 169, 172, 174~180, 219, 220, 224 II-84, 85, 96, 143~145, 167, 182, 196~198, 200, 203, 239, 257, 258, 291 III-68, 73, 101, 102, 104~106, 108, 128, 134, 231, 233, 240, 265

가르쳐 지키게 하라(가르치는 것, 가르침, 강론) I-89, 121, 141, 187, 203, 208, 210, 211, 226, 231, 237 II-18, 26, 99, 179, 212, 213, 215, 216, 236, 238, 242, 243, 249~260, 269, 271, 285, 289, 293, 295 III-18, 19, 43, 80, 154, 161, 162, 236

가문(가문의 뿌리, 가문의 역사) I-149, 181, 196, 198~201 II-46, 49, 130, 136 III-141, 144, 173, 229~231

가인(가인과 아벨) I-86, 88, 166 II-122

가정목회철학 I-147, 149, 154, 157

가정 성전(가정은 성전, 가정교회) I-16, 51, 74, 121~125, 244, 253~257, 259, 261 II-16, 43, 60, 134, 223 III-16, 258, 262

가정과 교회 I-22, 43, 92, 229 II-50, 136, 208, 287, 292, 298 III-201, 252, 253, 274, 277

가정교육신학(-의 모델, -의 중요성) I-16, 77, 161, 162, 174, 175, 215, 216 II-16, 199 III-16

가정사역의 기본(-의 본질) I-32, 126 II-30, 42, 47 III-31

(건강한) 가정 II-123, 124, 298 III-173, 174, 206, 212, 222, 225, 226

(성공한) 가정교육 I-122, 124

(실패한) 가정교육 I-122, 124

가정과 국가의 우선 순위 II-116, 122

가정예배 I-124, 279 II-295, 297

가정의 제사장 I-255 II-297 III-258, 282

가정파괴 II-124, 125

가족 I-19, 22, 85, 101, 103, 125, 127, 141, 152, 157, 172, 174, 181, 183, 225, 233, 238~240, 244, 245, 248~250, 257~261, 269, 275, 279 II-20, 22, 50~53, 56, 60, 62, 122, 123, 125, 176, 185, 186, 215, 218, 239, 295, 297 III-113, 117, 134, 138, 155, 165, 181, 199, 205, 266, 286

가족을 경시 I-248

각성운동 I-71

감독의 자격 I-255

감람나무 I-32 II-30, 67, 69, 70, 74, 79, 82, 84, 89~91, 93,~97, 101, 102, 104~109, 115, 127, 132 III-31

돌-[기독교인은 가지, 가지(이방 기독교인)] I-32 II-30, 67, 74, 77, 79, 83, 89~91, 93~97, 102, 105, 106, 109, 115, 132 III-31

돌-의 모습 II-91

참-[유대인은 참-, 참-(유대인)] I-32, 67, 70 II-30, 69, 74, 79, 82, 89~91, 93~97, 102, 104, 106~108, 115, 127, 132 III-31

참- 뿌리의 진액 II-74, 79, 90, 127, 132

참-의 모습 II-91

참-의 뿌리와 가지의 원리 II-69

참-의 속성 II-91

참-의 역할 II-89, 91, 97

강령(두 강령) I-220, 223, 225 II-181, 221 III-58

개인주의(Individualism) III-111, 250, 251

개척교회(교회 개척) I-48 III-61, 119, 214, 277

거룩(거룩성) I-61, 65, 67, 108, 122, 173, 174, 180, 231, 240, 274 II-22, 77, 78, 80, 82~87, 89, 90, 92, 94, 104, 106, 146, 147, 152, 197, 214, 257, 260, 263, 273, 274, 277, 280, 290, 298 III-85, 86, 106, 119, 146, 173, 193, 211, 266, 269, 283, 283

-한 장소 II-22, 273

-해지는 과정 II-92

건국이념 III-182

건설자 III-118

게토 II-249

결혼 I-90, 101, 148, 200, 238, 239~242, 246,

251, 255, 261 II-60, 63, 267 III-77~82, 94, 99, 101, 112, 117, 119, 120, 125, 146, 155

경건한 자손 I-85 III-45, 149, 256

경문 I-27, 47, 276 II-212 229, 251, 252, 257, 260~263, 266, 275 III-51, 56, 59, 132, 146, 147, 151, 211, 245

경제신학 I-39, 275 II-37, 236 III-38, 219

계명(계율, 율법) (너무 많아 생략함)

계시록 I-45, 157, 160, 163, 218 II-41, 205 III-217, 277

계시와 응답 III-90

계약 조건 II-161

고난 I-27, 39, 180, 181, 194, 196, 197, 199, 202, 204, 211, 273, 275 II-16, 32, 37, 124, 127, 136, 172, 173, 177, 178, 180, 202, 217, 255, 269, 287, 290, 291, 295, 296 III-16, 33, 38, 70, 72, 112, 136, 180, 194, 219, 227, 256, 258, 279~281

고난의 역사(-교육) I-27, 39, 194, 196, 197, 199, 202, 211 II-37, 172, 177, 202, 217, 297 III-38, 219, 258

고난의 역사신학 I-39, 273 II-37, 136, 287 III-38, 219

고린도교회 II-114

곡식 가루(처음 익은 -) II-33, 84

공간과 시간 I-136

공동체 I-19, 30, 79, 122~127, 172, 175, 181, 196~201, 203, 205, 211, 244, 246, 258~260, 270, 275, 276, 280, 282 II-28, 43, 53, 60, 61, 64, 65, 74, 169, 185, 186, 197~199, 220, 224, 299 III-21, 22, 29, 123, 132, 145, 158, 288, 289,

- 교회 I-122~127, 175, 244, 246 II-43, 60, 61
- 지도자(-의 어른들, -의 지혜자) I-196, 198, 201
- -의 역사 I-198~201
- -의 정체성 I-198
- 3대 - I-172 II-53

과거의 역사와 연속성 I-203, 204, 207, 208

과학만능주의(Scientism) II-250

광야 40년 I-115, 144

광야생활 I-196, 198, 203

교사는 목사 I-126

교육 (너무 많아 생략함)

유대식 양반- II-197

예절- III-155

-부흥회 II-23, 187 III-205

-신학 I-15, 16, 17, 21, 27~30, 33, 37~40, 51, 52, 77, 121, 122, 146, 161~163, 167, 174, 175, 215, 216, 234, 273, 276, 281 II-15, 16, 22, 24, 25, 27, 28, 31, 35~38, 45, 47, 65, 141, 159, 200, 286, 287 III-15~17, 22~24, 26, 28, 29, 32, 36~39, 42, 44, 51, 219, 231, 255, 256

-의 내용(-과 형식) I-31, 38, 48, 65, 66, 74, 121, 163, 22~229, 234, 261, 263, 273 II-29, 36, 46, 47 291 III-30, 37, 42, 43, 47, 48, 51~53, 56 60, 82, 87, 128, 160, 162, 204, 252, 256, 258, 260

-의 대상 I-126

-의 목표(목적) III-45, 108, 139, 258, 259

-의 방법 II-21, 210, 250 III-23, 42, 53, 57, 58

-적 기능 II-173

교회 (너무 많아 생략함)

건강한 -(건전한 -) III-93, 99, 212, 222, 225, 226, 284

-목회의 본질(-의 본질) II-42

-교육 I-25 27, 46 II-20, 53, 55, 295 III-176, 218, 252, 277, 280, 285

- 론 I-16, 124, 246, 253, 254 II-16, 43, 147 III-16, 66~68, 84, 85, 88, 89, 94,

-성장(건강한 성장) I-22, 41, 45, 46, 48, 128, 244 II-39, 43, 50, 56 III-41, 119, 175, 212, 213, 228, 229, 252

-의 원형 I-254

-의 태동 I-44 III-86, 177, 216

40년의 한국- 성장률 I-46

일곱 - I-45 III-217, 277

한인- II-56, 57, 191, 285 III-174, 176, 200, 209

교회당(가시적인 교회당) I-126

구별(구별된 행위) I-67, 223, 278 II-44, 92, 155, 179, 197, 219, 237, 258, 269, 288 III-50, 78, 92, 94, 105, 123, 269, 272

구속사(구속 역사, 구속의 역사) I-18, 26, 49, 53, 61~63, 139, 149, 151, 158, 166, 172, 262 II-18, 43, 101, 118, 240 III-18, 29, 100, 109, 114, 121, 122, 124, 232, 246, 257, 259, 266

찾아보기 325

-적 의미 I-158
-적 입장(-적 측면) I-30, 31, 49, 138, 159, 160 II-24, 25, 28, 29, 69, 71, 126, 133, 189 III-30, 56, 259.
구속의 계획과 성취 II-104
구약과 신약의 지상명령의 차이 I-117, 146, 225, 238, 257 II-21
구약의 중심주제 I-247 II-200 III-204, 248, 254
구약의 지상명령 (너무 많아 생략함)
구원 (너무 많아 생략함)
  - 문제 II-116, 126
  - 계획(-하시려는 계획) I-31, 43, 49, 50, 53, 54, 58, 59, 62, 63, 75, 119, 217, 218 II-21, 29, 41, 76 III-30, 254, 263
  -론(-론적 입장) I-41, 218 II-39, 41, 179 III-40, 67, 68, 70, 275, 285
  -을 대물림 I-92
  -의 표 I-125, 127 II-46, 208 III-153,
구전 I-58
국가(-의 탄생, -적 재앙) I-25, 28, 45, 152, 156, 157, 169, 199, 269, 270, 283 II-23, 26, 48, 84, 85, 116~119, 122~125, 135, 146, 147, 157, 159, 166, 198, 200 III-68, 69, 81, 118, 177, 184, 187~190, 215, 216, 227, 235, 277
귀 있는 자(-에 담아 두라, -에 할례를 받은 자) II-205, 206, 208
규례 II-162, 168, 169, 196, 197, 199, 205, 258
균형(-과 조화) I-15, 23, 39, 74, 75, 77, 153, 217, 230, 233, 235, 243, 249, 260 II-15, 17, 23, 25, 37, 50, 282, 299 III-15, 38, 93, 95,
그릇(유대인은 그릇) I-57, 88, 239 II-86, 87, 105, 161, 162, 166 III-69, 112~114, 122, 183
그리스도 I-26, 28, 59, 67, 68, 70, 135, 159, 173, 175, 232, 245, 247, 254, 255, 269, 270, 278, 281 II-22, 76, 81, 90, 96, 112~115, 148, 178, 209, 225, 287 III-22, 27, 53, 70, 72, 90~92, 94, 120, 154, 204, 264
  - 예수의 좋은 군사 I-247
  -를 남편 I-254
  -의 형상 I-68, 232, 254 III-120
그리심 산 II-182~184, 187 III-89, 128
궁휼 I-131, 255 II-72, 78, 168, 172 III-247
기갈(기근) I-101 II-171, 288 III-271
기도 (너무 많아 생략함)

새벽- I-47, 279 II-55, 183, 266~268, 273~277, 279, 289, 296 III-81, 146, 147, 211, 212, 245, 281, 286, 288
  -드리는 장소 I-129
기도복(유대인의 -) II-229, 266~268, 273, 274, 276~289 III-42, 45, 46, 87, 132, 146
기도책 II-214, 266
기독교 (너무 많아 생략함)
  - 역사적 측면 III-177
  -교육(-교육학) I-15, 16, 19, 21, 24, 26, 29, 35, 36, 38~40, 43, 47, 48, 57, 61, 65, 77, 91, 217, 235, 266, 273, 274, 276, 279, 282 II-15~18, 20, 24, 27, 33, 34, 36~38, 47, 67~69, 134, 136, 179, 185, 194, 201, 210, 221, 284, 288 III-15~17, 21, 24, 25, 28, 34, 35, 37~39, 173, 202, 204, 219, 220, 258, 259, 262, 277, 290
  -교육의 근본 오류 분석 I-77, 217
  -의 뿌리 II-71
  -의 시조 I-237
  -의 역사 I-73 II-97, 133 III-177, 245, 248
  -인의 영적 시조 I-237
  -인의 오류 I-73 II-44
  -인의 정체성 II-71
  -인의 조상 II-96
기업(영원한 약속의 -) I-33, 114, 177, 179, 229, 253 II-21, 31, 166, 239 III-32, 68, 97~100, 101, 102, 104, 105, 108, 186, 265

나

나무 I-32, 106, 146, 188 II-30, 48, 67, 69, 70, 74, 79, 82, 84, 85, 89~91, 93~97, 101, 102, 104~109, 115~117, 127, 132, 134~136, 158, 166 III-31, 162
아브라함의 - II-48, 116, 117
무성한 가지(이스라엘 국가) I-156, 169 II-48, 84, 116, 117, 135, 157 III-68
남은 자들(remnants) I-247, 277 III-245~248
남자와 여자의 창조 I-166
노인대학 I-180, 181
느부갓네살 왕 II-228

다

다른 세대 I-33 II-31 III-32, 241
다윗의 자손 예수 I-259, 245
단일민족 III-213

달레트 Ⅱ-264
대물림 Ⅰ-24~26, 31, 32, 58, 59, 73, 84, 92, 131, 184, 248 Ⅱ-21, 29, 30, 47, 134, 200, 201, 260 Ⅲ-25, 30, 31, 232, 234, 235, 240, 252, 253, 256, 266
대속 Ⅰ-59 Ⅱ-258
대안 Ⅰ-15, 27, 35, 40, 41, 44, 48, 49, 62, 74, 246, 268~270, 279 Ⅱ-15, 20, 22, 24, 33, 38, 39, 41, 130, 134, 210, 284, 286, 288, 295 Ⅲ-15, 21, 34, 39, 40, 56, 202, 203, 214, 229, 240, 253, 261, 278, 284, 285, 289
도(justice) Ⅰ-85, 131
도덕과 윤리 Ⅲ-56
도덕법 Ⅱ-197
돌판 Ⅱ-154, 240 Ⅲ-106
돕는 배필 Ⅰ-164 Ⅲ-117, 120, 256, 258
동방의 등불 Ⅲ-184, 185
동성애(-자) Ⅰ-88 Ⅲ-98, 121~126
동양적인 사고방식 Ⅱ-120
동포 1세 Ⅲ-176, 227
동화(assimilation) Ⅰ-172, 203 Ⅲ-50, 180, 198, 210, 266
두루마리 성경 Ⅱ-224, 274 Ⅲ-77, 81, 87, 109, 136, 138, 141
들으라(Hear, 쉐마) Ⅰ-121 Ⅱ-203~206, 208~210, 212, 215, 222, 226, 259 Ⅲ-25, 26, 43, 58, 181, 207,
등불 Ⅰ-164 Ⅱ-113 Ⅲ-184, 185
디아스포라 Ⅰ-25, 27 Ⅱ-58, 99, 113, 297 Ⅲ-21, 174, 190, 202, 209~212, 214~217, 220~222, 224~228, 277
땅(약속의 -, 안식의 -) (너무 많아 생략함)
 - 끝 선교(- 선교사) Ⅰ-168 Ⅲ-174, 196, 198, 200, 201, 224, 228
 -에 충만하라 Ⅲ-111, 121, 265
 -을 유업 Ⅰ-178 Ⅲ-265
때(time) (너무 많아 생략함)
 집에 있을 - Ⅱ-234
 누웠을 - Ⅰ-121 Ⅱ-212, 213, 215, 242, 243, 259, 260, 269, 271, 293 Ⅲ-43, 161
 길을(에) 행할 - Ⅰ-121 Ⅱ-212, 213, 215, 234, 243, 259, 260, 293 Ⅲ-43, 161
 일어날 - Ⅰ-121 Ⅱ-212, 213, 215, 242, 243, 259, 269, 271 Ⅲ-43, 161
떡덩이와 가지 Ⅱ-84
떡반죽 그릇 Ⅱ-161, 162
떡을 떼며 Ⅱ-51

라

라쉬(Rashi) Ⅰ-81, 83, 137, 194, 196, 200, 201 Ⅱ-227, 230, 231, 236, 240, 243, 269
람반(Ramban) Ⅰ-101 Ⅱ-238
랍비 솔로몬 Ⅱ-76, 281
랍비신학교 Ⅲ-186
랠프 윈터의 4단계 전도 Ⅰ-27 Ⅲ-198, 199
로버츠(Evan Roberts) Ⅰ-70, 71
로마 교회 Ⅰ-45
로컬리즘 Ⅰ-218~220
롯의 아내 Ⅰ-80, 96
룻기 Ⅰ-221 Ⅲ-80, 81
리브가 Ⅰ-52, 149, 151

마

마가의 다락방 Ⅲ-88, 89
마음 (너무 많아 생략함)
 - 밭 Ⅲ-251, 252
 -을 다하고 Ⅰ-121, 274 Ⅱ-212, 213, 215, 222, 226, 227, 229, 230, 259 Ⅲ-43, 181
 -의 성전 Ⅲ-90
 -의 할례 Ⅱ-207, 208
 -판 Ⅱ-248
마이크로이즘(Microism) Ⅰ-139
마태복음의 족보 Ⅰ-263
막벨라 밭 굴 Ⅰ-115
만나 Ⅰ-98, 99 Ⅱ-197 Ⅲ-242
만민(goy) Ⅰ-80, 83, 91, 97, 109, 132, 136, 143, 145, 177, 281 Ⅱ-63, 83, 116, 122~125, 167, 264 Ⅲ-105, 186, 263
만방에 전파 Ⅰ-138, 220 Ⅱ-45, 50 Ⅲ-256, 263
말씀 (너무 많아 생략함)
 - 맡은 자(-을 맡은 백성) Ⅰ-33, 57, 69, 147, 281 Ⅱ-21, 31, 101, 108, 109, 191, 192, 211, 220, 237, 244, 245, 296 Ⅲ-32, 97, 98, 104, 106~111, 113, 117, 119, 124, 127, 137, 145, 146, 149, 150, 154, 155, 158, 161, 163, 169, 207, 228, 256, 257, 260, 261, 263~266, 269, 272, 273
 - 전수(-전수, -을 전수) (너무 많아 생략함)
 -을 담는 그릇 Ⅰ-57, 239 Ⅱ-87 Ⅲ-114

－의 세대차이 II-50
　　－의 연속성 I-263
　　－의 제자 I-23, 38, 51, 68, 69, 126, 132, 142, 144, 145, 147, 149, 152, 158, 226, 228, 246, 263 II-24, 36, 46, 55, 117, 211, 236, 260 III-37, 134, 144, 155, 203, 207, 208, 211, 221, 225, 237, 244, 257, 258, 277
메시아닉 주(Messianic Jew) II-101, 128
메주사 II-250, 253, 256, 264, 266 III-42, 45, 47
맥크로이즘(Macroism) I-188, 189
명령(command, הוָּצִ, 짜바) (너무 많아 생략함)
모리아산 I-105
모세 (너무 많아 생략함)
　　－오경 I-18, 54, 90, 99, 103, 129, 165, 169, 199 II-123, 141~143, 146, 158, 203, 212, 226, 242, 257, 265 III-67, 83, 101, 135, 141, 144
　　－의 수건 II-101
　　－의 율법 I-57, 116 II-165, 189, 279
모압 I-26, 80 II-144, 196
목회 I-22~24, 26, 28, 29, 32, 41, 52, 72, 117, 122, 126, 127, 146~149, 151, 153~155, 157, 216, 224, 225, 237, 242, 248, 250, 261, 268, 271, 272, 274, 276, 278, 279 II-22, 24, 26, 27, 30, 39, 42, 43, 46, 47, 55, 61, 134, 273, 284~286, 292, 294, 295, 298 III-28, 31, 40, 61, 62, 166, 278~280, 283, 284, 286, 288
　　가정-(가정 -) I-26, 32, 147, 149, 154, 157, 216, 274 II-30, 47 III-31
　　교회 - II-42
　　구약시대 -의 중심 I-126
　　평생 몇 명 - I-52, 117, 146, 148, 149, 153, 225 한 명 -철학(한 명 가정-철학) I-147~149, 154
　　－신학 I-52, 146, 149, 153 II-284, 294 III-278, 279, 284
무교병 II-257 III-71
무교절 II-165
문설주 I-121 II-212, 213, 215, 243, 250, 253, 259, 260, 264 III-43, 47, 55, 69, 70, 183
물으라 I-187, 195, 200, 201 III-247
물질주의(Materialism) III-251
미간(네 미간에 붙여 표를 삼고) I-121 II-212, 215, 243, 250, 251, 259
미국 선교사 I-71 II-107
미국 교회 I-48 III-253

민족 공동체 I-124 II-185
민족교회 I-74, 75 II-46, 49, 136, 119 III-216~228, 248
민족의식 II-57, 59
민족적 소속감(Belongness) II-62
믿음 I-18, 21, 38, 66~68, 97~99, 104, 105, 107, 108, 112~114, 124~128, 130, 134, 135, 142, 146~149, 152~154, 159, 160, 163, 164, 166, 172, 176, 179, 222, 242, 251, 255, 261, 263, 275, 278 II-21, 36, 46, 79, 80, 93, 96, 97, 117~119, 136, 156, 163, 179, 181, 194, 201, 204, 235, 280, 297 III-37, 56, 78, 106, 152, 154, 183, 189, 193, 240, 246, 248, 264, 265, 267
　　－의 가문 I-149 II-136
　　－의 선진들(-의 선조, -의 용장) I-66, 67 II-96, 97, 117~119, 194 III-248
　　－의 조상 I-21, 98, 99, 107, 124, 142, 147, 149, 153, 154, 159, 160, 163, 166, 222 II-46, 79
죽은 - I-163

바

바님 III-118
바닷가의 모래 I-132, 160 II-83
바로(-의 관헌, -의 속박) I-101 III-70, 72
바룩 II-205
바르게 함 III-63
바른 교육 I-203, 204
바른 행동(바른 행위) I-36 II-34, 197, 199, 200 III-35, 162
바리새인 II-232, 233 III-51, 52
바 미찌바(Bar Mirzvah) I-33 II-31 III-32, 129~133, 150, 257
바빌로니아 II-99, 167, 170, 189 III-193, 244, 266
바울의 세계선교 I-246 II-60
바울의 열정(바울처럼) I-172, 241~244, 261 II-61, 126, 127 III-276, 277
발달 과정 III-159
발달심리학 III-159
밤에서 아침 II-269
방법론적 접근 I-94
배움 I-185 II-249 III-65, 152, 160, 161
120문도 II-131
번성 I-109, 132, 154, 156, 157, 176~178, 242,

281 II-131, 136, 137, 164, 166, 168, 196, 200 III-98, 104, 111~114, 117, 119, 121, 189, 247, 265
자녀의 - III-114, 117, 265
말씀 맡은 자의 - III-117, 265
번제 I-97, 104~106, 108, 143, 163 II-156, 184
번창(말씀의 번창) I-200 III-114, 119
법률과 계명 II-165
법의 민족 I-90
베드로(-의 설교) I-237 II-91, 104, 105, 108, 112, 126, 148 III-272
벧엘 I-156, 177, 178
벳 미찌바(Bat Mirzvah) III-132
보님 III-118
보편적 윤리 I-87
복 I-24 II-159~161, 164, 166, 170, 173, 177, 179, 182~184, 187, 191, 192, 194, 203 III-120, 169, 263, 264, 266, 268, 274
-과 생명 II-160, 164, 173, 177, 179, 191, 192, 194, 203 III-266, 274
-과 저주 II-159, 160, 170, 182~184, 187, 191, 192 III-262
-의 4단계 III-273
-의 근원 I-132, 218 II-41, 42, 83 III-263, 267, 280
-의 조건 III-265
복음 (너무 많아 생략함)
- 전달 방법 II-115
-성가 I-241, 244
-으로 접붙임 II-127, 131
-을 전파(-전파) I-59, 152, 153, 220, 233, 248, 252, 261, 264 II-45, 46 62 III-177, 190, 211, 212, 221, 226, 253, 268
-의 빚진 자들 II-74
-적 토양 I-37 II-35 III-36, 164, 251
-주의자 I-47, 48 III-277
본성 I-87
본질과 원리 I-38, 162, 174, 181 II-36 III-37
영원한 본향의 표상 III-105
부모 (너무 많아 생략함)
-가 자녀를 말씀의 제자 삼는 교육 I-68, 185
-공경(네 부모를 공경하라) II-45, 46
-교육 I-182, 184 II-55 III-290
-는 교사 혹은 목회자 I-122
-에게 순종 I-110, 111, 13 III-160

-에게 질문 I-196, 198, 208, 210, 211 III-161
-의 4가지 유형 I-204
-의 권위 II-161
-의 임무 I-220, 221
-의 잘못된 교육관 I-203
부활 I-41, 50, 59, 62, 67, 159, 237 II-39, 53, 102, 114, 115 III-40, 86, 154, 204
부흥 운동 I-70, 71
북왕국 II-147, 168 III-244
불순종 I-124, 163, 222, 251 II-72, 75, 84, 145, 172, 177 III-160,
빚진 자 II-74 III-248, 254
빛 I-55, 134, 135, 221, 282 II-78, 174, 189, 190, 269, 277 III-25, 81, 184, 185, 194, 277, 278, 279, 280
이방의 - I-135, 221 II-189, 190
복음의 - I-190 III-185
뿌리 때문에 가지가 살아남는다 II-82
뿌리의 진액(뿌리 안의 진액은) II-74, 77, 79, 82, 86~90, 93, 94, 102, 104, 117, 127, 131, 132, 134~137
뿌리인 유대인이 거룩한 이유 II-86

사

사도 I-60, 63, 229, 282 II-76, 90, 91, 102, 104, 112, 114, 131, 132, 163 III-151, 183, 197
사라 I-32, 52, 79, 95, 96, 99, 101, 106, 122, 124, 125, 146~148, 151, 155, 224 II-30, 47, 60, 61, 84, 124 III-31, 117
사랑과 경외 II-251, 256
사마리아와 땅 끝 III-88, 197
사명감(사명의식) I-84, 167, 168, 173, 195, 196 III-282
사명자 I-143
사사시대 III-241, 243, 249, 251, 252
4차원 영재교육 I-162, 192 II-226, 236 III-134, 162, 239
사탄 II-124 III-183
사회 공동체 II-220 III-123
사회 규범 II-197
삭개오의 구원 I-228
산상수훈 III-267
산헤드린 회의 II-233
살렘왕(평화의 왕) III-183
살롬(평화) I-279 III-183

삶의 규범 III-78
삶의 철학 I-27, 43, 173 II-217, 269 III-54, 262
3대 가정교육신학 I-77, 161, 162, 174, 175, 215, 216 II-199
　-의 모델(모형) I-162, 215, 216
　-의 효시 I-77, 161, 162
　-의 원리 I-183
3대 공동체 I-172 II-53
3대 신앙교육(-의 열매) I-175, 176, 179, 181
3대 족장 I-52, 153, 162, 164, 170, 174~176, 178, 179, 181, 215, 216
　-의 가정교육 I-162
　-의 역할 I-164
상속받은 자녀 III-107
상속자 II-79 III-101, 102
생명과 사망 II-160, 184, 187, 192 III-262
생육하고 번성 III-111, 121, 265
생일 II-57 III-82, 94, 135, 157
　세속적 - III-157
　히브리적 - III-157
샤밧 II-267
선과 악(선과 죄) I-86, 88
선교(세계선교) (너무 많아 생략함)
선물 I-197 II-147, 148, 193 III-100, 101, 104, 288
선민교육 I-30, 31, 38, 39, 43, 48, 65~69, 73, 74, 118, 120, 178, 226~229, 233, 239, 246, 273 II-21, 28, 29, 36, 37, 44, 46, 47, 68, 69, 96, 106, 112 III-29, 30, 37, 38, 68, 82, 173, 203, 204, 207, 219, 248, 254, 259, 262, 272, 277
　-의 내용과 방법 I-48, 74 III-204
　-의 우수성 II-68
　두 가지 - I-43, 65
선민의 뿌리 II-137
선민의 언약 III-153
선민의 조상 I-32, 69, 108, 150, 162, 165, 215, 216, 218, 219 II-30, 41~43, 83, 211 III-31, 68, 85, 111, 233, 255, 263
선택된 민족(선택한 백성) I-99 III-184, 186
선한 유대인의 행위 II-91
선행 대조 I-78, 79
성결 I-15, 281 II-15, 147, 148, 196, 277, 278, 280 III-15, 17, 24, 46, 132, 219

성경적 교육 I-19, 27, 38, 65, 281 II-22, 36 III-23, 37, 220
성경적 교육 원리 III-220
성경적 자녀교육법 II-47
성공한 비밀 I-48, 74
성공한 역사 I-211
성년식(בר מצוה, Bar Mitzvah) I-33 II-21, 31, 252, 253, 260, 267, 268, 275 III-32, 97, 106, 127~129, 131~135, 138~140, 145~151, 154, 155, 157, 158, 165, 167, 169, 257, 265
성년식의 목적 III-157, 158
성도는 신부 III-79
성령 (너무 많아 생략함)
　- 강림(성령님의 임재) I-44, 60, 122, 125, 126 III-67, 85, 86, 88, 177, 216
　-님께서 지나간 흔적 II-134
　-받은 절기 II-141 III-66
　-의 능력 II-92, 93, 101, 109, 234, 247 III-94, 275, 276
　-의 열매 II-92, 93
　-의 촛대 I-44 III-177, 178, 196, 216, 224
성막 I-122, 124, 125, 156, 175 II-294 III-81, 85~88
성숙 I-38, 66~68, 256, 278 II-22, 36, 93, 94, 179, 271, 282 III-37, 56, 130, 131, 133, 152, 154, 155, 158, 163, 225
　-한 기독교인 II-282
　내면적 -(내적 -, 내적 성결, 내적 순결) I-66 II-147, 148, 172 III-154, 155, 225
　외면적 -(외적 -) I-67 III-154, 155
성적 및 육적 만행 I-80
성전(성막) I-16, 105, 121~127, 129, 156, 175, 215, 244, 246, 253~257, 259, 261, 278 II-16, 24, 42, 43, 46, 60, 96, 134, 172, 223, 255, 292, 293, 298 III-16, 18, 55, 81, 85~91, 204, 258, 285
　가정 - I-16, 121~125, 244, 253~257, 259, 261 II-16, 60
　최초의 - I-122, 124
　예루살렘 - I-16, 105, 122, 124~127, 215, 244, 246 II-16, 96, 172, 255, 292 III-16, 90, 91
성전 제사 III-86
성지순례 I-45
성품(-을 다하고) I-37, 121, 274 II-35, 91, 212~215, 226, 227, 229, 230, 259 III-36,

43, 163
성화 I-37~39, 227, 278 II-35~37, 44, 90, 92~94, 96, 97, 115, 155, 179, 292 III-36~38, 56, 154, 182, 248, 254
-의 과정 I-39 II-37, 44, 92~94, 96, 97, 179 III-38, 154
-의 도구 II-155
세겜(- 땅) I-26, 113, 114 II-183 III-128
세계 부흥 운동 I-71
세대 I-18, 33, 36, 47, 84, 128, 131, 138~141, 161, 164, 166, 173, 178~182, 187, 188, 189, 191, 193~195, 198, 202, 203, 205~211, 216, 235, 246, 260, 263, 272, 274, 279, 281, 282 II-22, 24, 26, 31, 34, 50~54, 56~59, 64, 134, 136, 144, 185~187, 193, 199, 206, 216, 265, 269 III-32, 35, 112, 113, 140, 198, 205, 222, 228, 236, 240~243, 249, 258~260, 266, 280, 286, 291
- 통합 II-54, 58
-차이(영원한 -차이) I-47, 131, 164, 173, 179, 181, 202~208, 210, 211, 216, 235, 281 II-50~54, 56~58, 186, 193, 199, 206, 216, 269 III-112, 113, 198, 205, 236, 241, 259, 280, 286
다른 - I-33 II-31 III-32, 241
다음 - I-33, 84, 173, 202~208, 246 II-31-32, 241, 242, 249, 258~260
세례 I-65, 67, 127, 128, 226, 228 II-43, 46, 107, 148, 208, 275 III-153, 154
세상의 빛 I-136
세상의 신적 행동의 배역(= role in the Divine conduct of the world) I-142, 145
세상의 화목 II-72
세속문화 I-69 II-62, 197 III-155
소금 기둥 I-80, 95, 96
소돔 I-50, 78~83, 85, 86, 88, 91~96, 98~100, 102, 119, 132, 173 II-43, 174 III-122
소돔과 고모라 I-50, 78~81, 83, 85, 86, 88, 91~96, 98~100, 119, 132, 173 II-43 III-122
소수민족 II-124 III-59
소아시아 교회 I-45 II-135
소유권 III-100
손목(-에 매어 기호를 삼으라) I-121 II-212, 213, 215, 243, 250, 251, 259, 260~265, 274, 276 III-43, 53, 146
손양원 II-228

손자 I-70, 72, 161, 162, 167, 168, 172, 174~176, 180~182, 184, 187, 216, 224, 231, 263 II-52, 83, 185, 196, 199 III-114, 137, 139
-교육(-의 모델) I-168, 174, 175
- 선교사 I-167, 168, 172, 175
솔로몬 성전(솔로몬의 예루살렘 성전) I-105, 124 III-90
쇼부트(오순절) III-76
쇠난탑 II-240
쇠사슬의 고리 I-141 III-233
수가성 II-112
수직문화 I-36, 174, 181, 193, 203, 206, 207, 278 II-34, 286, 288, 295 III-35, 218, 251, 252, 287, 289
수직적 가족의 개념 I-259
수직적 가족의 공동체 I-181
수직적 선민교육 I-31, 65, 68, 69, 118, 120, 226, 228 II-21, 29, 46 II-30, 259
수직전도 I-152, 158, 217, 219, 231~233, 235, 243, 246, 273 III-169, 208
수평문화 I-36, 41, 174, 181, 203, 206, 207, 235, 278 II-34, 39, 286, 288 III-35, 40, 167, 170, 200, 218, 242, 243, 250~252, 287
수평적 목회 I-248
수평적 선민교육 I-65~67, 226, 228
수평적 제자교육 I-66
수평전도 I-66, 69, 152, 217, 231,~233, 235, 238, 240, 242, 246 II-24 III-169, 208
순결 I-281 II-172, 207, 248 III-182, 183
순교 I-105, 180, 220, 240, 246 II-55, 118, 194, 228, 229, 230
순종 I-78, 97, 104~112, 116, 118, 124, 130, 131, 163, 164, 182, 184, 222, 251, 281 II-18, 47, 72, 156, 159, 160, 162, 184, 199, 202~204, 208, 209, 211, 230, 263, 287 III-57, 135, 160, 207, 208, 246, 274, 276,
-교육 I-105, 130
-의 제물 I-108
-의 조상 I-104, 107, 164
술 단 저고리 II-251, 254~256 III-42, 45, 49, 50
쉐다이 II-262, 263
쉐마(שְׁמַע, Shema) (너무 많아 생략함)
-교육 (너무 많아 생략함)
-교육부흥회 II-246

찾아보기 331

-교육선교 전략 I-27, 33, 265 II-31 III-32,
　　　97, 172, 202, 203, 208, 209, 212, 213, 216,
　　　217, 220, 222, 223, 225, 228, 229, 254
　　-목회자클리닉(-지도자클리닉) I-16, 267~269,
　　　271, 272, 277, 283 II-16, 64, 209, 262, 263,
　　　274, 284, 285, 290, 294~296 III-16, 71, 87,
　　　91, 109, 278, 280, 281, 283, 289
　　- 언약의 표식들 II-250, 256
　　-의 내용 II-141, 195, 211 III-41, 42
　　-의 실천 III-235, 237
　　-의 역사적 배경 II-143, 145
쉘 로스 II-262
쉘 야드 II-261
쉰 II-262, 264
스데반(-의 설교) II-104
시각의 종교 II-210, 211
시각적 II-255 III-45
시간적 I-219
시내광야(시내산 광야) I-156 II-144, 147
시내산 I-26, 32, 54, 57, 85, 92, 98, 99, 116,
　　　130, 281 II-30, 86, 142~149, 151, 155,
　　　157, 159, 164, 171, 173, 177, 182, 193,
　　　195, 196, 202, 203, 211, 214, 224, 231, 232
　　　III-31, 41, 57, 77, 78, 82, 85, 88, 89, 104,
　　　106, 107, 138, 144, 152, 154, 179, 232, 233,
　　　243, 249, 255, 256
　　- 강림 II-149
　　- 언약(-에서 유대 민족과 맺은 언약) I-57, 92,
　　　98, 281 II-142, 146, 157, 159, 164, 171, 173,
　　　177, 182, 193, 195, 196, 202, 203, 214, 224
　　　III-41, 57, 77, 243, 249, 255, 256
　　- 언약을 지키는 방법 I-98
　　- 언약의 원리 II-177 III-57
　　-에서 율법(오순절에 -에서 십계명) I-57, 98,
　　　99 II-143, 177, 231 III-85, 152, 154
시청각 교육 I-94 II-250, 263
시청각 성경교재 II-211
신령과 진정 III-90, 91, 93
신론 I-281 II-111 III-112
신본주의 I-274 II-79, 95, 118, 123, 146, 202,
　　　269 III-23, 54, 134, 163, 173, 188, 210, 236,
　　　250
신본주의적 교육 철학 II-202
신분(-의 변화) I-136, 137 II-77~79, 89, 90
　　　III-129, 130, 187

신비주의자 III-93
신앙 I-22, 24, 64, 71, 98, 109~111, 148, 164,
　　　169, 175, 176, 179~184, 231, 235, 262, 269,
　　　273, 274, 277, 278, 280, 281, 283 II-20, 22,
　　　48, 50, 51, 53~56, 58, 64, 67, 75, 111, 118,
　　　119, 130, 163, 179, 184, 187, 194, 199~201,
　　　228, 270, 286, 290, 295 III-23~25, 27,
　　　55, 79, 82, 107, 108, 140, 189, 195, 196,
　　　209~212, 214, 215, 217, 221, 222, 225~228,
　　　241, 242, 249, 253, 277, 281~283, 285, 286
　　-의 대물림 I-184 III-25
　　-의 세대차이 II-50
　　-의 연속성 I-262 II-51
　　-의 열매 II-200
　　-의 열조 III-108
　　-의 유산 III-195, 228, 253, 277
　　-적 뿌리 I-169
신약교회 I-30, 44, 47, 68, 71, 73, 121, 123,
　　　125, 153, 241~244, 247~249, 252~257, 259,
　　　261 II-24, 28, 53, 65, 131, 192 III-29, 67,
　　　84, 86, 88~90, 93, 95, 128, 177, 178, 216,
　　　253, 289, 290
　　-의 모델 I-125
　　-의 목적 I-247
신약시대 (너무 많아 생략함)
　　- 교육의 장 I-126
　　-의 교회 I-44, 49, 53, 230, 243 II-41, 43,
　　　48, 74 III-84, 88, 91, 196, 261
신약의 중심 주제 I-247 II-69 III-204
신약의 지상명령의 목적 I-138, 220
신의 성품 I-37 II-35, 91 III-36
신적 반응 I-80
신정정치 II-146
실천신학 III-17, 21~23, 26, 275, 279,
심판(심판의 채무) I-79, 91, 93, 95, 222 II-145,
　　　161, 168, 170, 172, 173, 181, 189 III-136, 139,
　　　148, 243, 244
십계명 I-89, 98, 99 II-95, 146, 150, 151, 154,
　　　214, 238, 239 III-67, 76, 77, 79, 106, 115,
　　　116
13세 I-33, 175 II-31, 253, 260, 267 III-32, 45,
　　　46, 127, 129~135, 145, 149, 155, 157~164,
　　　166~169, 265
십일조 I-146
십자가 I-59, 67, 107, 159, 237, 238, 259 II-76,

112, 114, 115, 225 III-70, 72, 88, 204
씨앗의 100배 I-110

아

아담 I-44, 54, 86, 89, 115, 122, 124~126, 150, 158, 250 II-41, 97, 120, 151, 190 III-232, 263
  첫 - I-44
  둘째 - I-44, 150
  -과 이브(-과 하와) I-89, 39, 119, 122, 124~126, 158 II-41 III-263
아들의 신분 II-78
아라우나의 타작마당 I-105
아람의 아버지 I-137
아랍인들의 조상 II-83
야마카(키파) II-273
아말렉 사건 II-204
아바 I-137, 136 II-177, 178, 270 III-181
  - 신학 I-127
  - 아버지 II-177, 178, 270
아버지 교육신학의 효시 I-163, 167
아버지 신학 I-162, 273 III-256
아버지의 역할 I-242 II-237
아버지의 4차원 영재교육 I-192 II-226, 236 III-134, 162, 239
아버지의 교육신학 I-163, 215, 216
아버지의 유업 II-79
아버지의 전통 I-164
아브라함 (너무 많아 생략함)
  -에게 주신 지상명령(-이 받은 지상명령) I-32, 69, 77~79, 92, 117, 118 II-30, 118 III-31, 256
  -에게 주신 10가지 시험 I-101
  -을 택하신 이유 I-142, 144, 145, 158
  -의 교육 I-104, 105, 108
  -의 신앙생활이 주는 교훈 I-148
  -의 씨 I-132, 170
  -의 아들 I-104, 169~171, 224 II-83
  -의 언약 I-80, 82, 97, 149 II-21
  -의 족보 I-134, 159 II-44, 83
  -의 집 I-82
  -의 품 I-159, 160
  하나님이 -을 사랑하시는 이유 I-128
  -처럼 바울처럼 I-243, 244
  그의 영적 위치와 역할 I-150

아브람 I-114, 122, 137, 138, 218
아비의 마음 I-262~264 II-51, 52
아스키나짐 II-267
아시아(아시다 교회) I-25, 44, 45 II-20, 135 III-177, 185, 196, 214, 216, 279
아침과 밤(아침에서 밤) II-269
아펜젤러(Henry Appenzeller) I-45 III-175
악을 행함(악한 행위) II-91, 180
안디옥 교회 I-45
안식 I-114, 123, 124, 127 II-50, 51, 53~55, 165, 194, 218, 267, 292, 297 III-103~105, 108, 135, 141, 282, 288
  -의 땅 I-114 III-104, 105, 108
안식일 I-123, 124, 127 II-50, 51, 53~55, 165, 194, 218, 267, 292, 297 III-103, 135, 141, 282, 288
  - 강단 II-51
  - 식탁 II-50
  - 절기 I-123, 124
알다(to know) I-142
암흑시대 I-56
아시리아 II-170 III-179, 189, 193, 244, 266
애굽 I-98, 101, 104, 108, 109, 112~116, 156, 166, 177, 211 II-143~146, 150, 163, 167, 175, 202, 204, 214, 257, 258 III-68, 69, 70, 72, 77, 79, 94, 136, 144, 179, 183, 185, 189, 193, 194, 233, 240, 242
  -에서 탈출(-을 탈출, 출-) I-33, 98, 104, 112, 113~116, 122, 124, 125, 156, 175, 192, 199, 211 II-21, 31, 43, 47, 48, 84, 118, 143~145, 147~149, 153, 155, 173, 211, 257, 258 III-32, 69, 128, 141, 143, 183, 233, 240
  -은 세상 I-109
야곱 I-21, 52, 54, 109, 112~115, 130, 131, 135, 149, 153~157, 162, 164~167, 169~181, 215, 216, 224, 245, 275 II-24, 43, 51, 76, 83, 84, 86, 94, 96, 117, 128, 132, 135, 146, 160, 190, 199, 207, 237~239, 289, 296 III-85, 101, 102, 111, 115, 117, 256, 257, 259
  -의 12아들 I-154, 156, 171
  -의 식구 70인 I-166
  -의 집 I-154, 169 II-237, 238, 290
약속 I-51, 114, 117~119, 132, 134, 137~140, 150, 156, 159, 160, 163, 170, 173, 176, 177, 179, 220, 222~225, 228, 281, 283 II-43, 86,

찾아보기 333

90, 143, 146, 163, 165, 167, 178, 196, 200, 239, 250, 260, 270 III-68, 88, 101, 102, 104, 108, 137, 144, 249, 263, 265, 267, 269
  -의 기업 I-114 II-239 III-68, 101, 108
  -의 땅 I-114 II-196 III-101, 102, 137, 265
  -의 자녀(-의 자손) I-156, 170
양식 I-56, 61, 227 II-104, 130~133, 175, 245, 267 III-92, 119, 139, 154, 271, 273
  육의 - II-245
  영적 - I-227 II-130, 131, 245
양의 피 III-69, 71
양자의 영 II-177, 270
양피지 I-116 II-252, 261~263, 274, 291, 292
어른세대 I-210, 211
어린양(하나님의 어린양, 잃어버린 양) III-70~72, 86, 88, 94
어머니 신학 I-39, 273, 275 II-37, 136, 287 III-38, 219, 256
언더우드(Horace Underwood) I-45 III-175
언약 (너무 많아 생략함)
  신적 - II-159
  - 체결(-을 체결) I-114, 130 II-147, 154, 155, 157, 159 III-77
  -의 아들(언약의 자식) I-153, 155
에덴동산 I-122, 124, 125 III-232
에릭슨(Erikson) III-159, 166
에발 산 II-182~184, 187
에브라임 I-182
에스라 I-38, 66, 67, 278 II-36, 96 III-37, 138, 252
에하드 II-223, 224, 226
여호수아 I-113, 114, 157, 169 II-114, 169, 182, 184, 185, 204 III-235, 240
여호와를 경외(여호와 하나님을 경외) II-50, 199, 201 III-83, 249
여호와의 도 I-81, 84, 85~88, 92, 94, 96, 99, 100, 131 III-232, 241, 244
여호와의 언약 II-158, 164, 264
여호와의 총회(여호와의 회의) I-83 III-137, 140
역대의 연대 I-187~189, 191, 194, 195
역사(실패의 -) (너무 많아 생략함)
  -와 연속성 I-203~205, 207, 208, 210
  -의식 I-173, 193, 202~209
연속성(continuity) I-203~205, 207, 208, 210, 262, 263 II-51 III-273, 274

열국의 아버지(열국의 아비) I-133, 137, 138, 159 II-44
12지파 I-21, 54, 156, 157, 169 II-146 III-85, 256
열매로 평가 I-146
영국교회 I-72
영상문화 I-174
영생 III-92, 153
영성 개발(영성 훈련) I-66, 228, 230
영성개발교육(Spiritual Development) I-67
영의 양식(영적 양식) I-56, 227 II-104, 130~133, 245 III-92, 139, 154, 273
영적 사망 II-168
영적 생명 II-165
영적 성숙(영적으로 성숙) I-38, 66~68, 256 II-36, 93, 94 III-37, 152
영적 아버지(영적으로 낳은 부모) I-232, 233, 235, 255
영적 유대인(영적 이스라엘) I-38, 61, 74, 134, 144, 246 II-36, 60, 69, 90, 93, 132, 155, 159, 177 III-37, 70, 72, 94, 107~109, 113, 118, 137, 183, 204, 208, 259
영적 자녀 I-232 III-120
영혼과 육 II-246
영혼의 빛 I-56
영혼의 양식 I-61
영화(-롭게, -롭고) I-88, 147 II-162 III-114
예다이티브 I-142
예레미야 I-66, 67 II-96, 171~175, 205 III-102
예루살렘 I-16, 44, 45, 105, 122, 124~127, 185, 186, 215, 244, 246, 273 II-16, 46, 96, 131, 135, 166, 167, 172, 255, 276, 292 III-16, 88~91, 138, 165, 177, 196, 197, 199, 216, 217, 266, 282, 288
  - 성전(-교회) I-16, 45, 105, 122, 124~127, 215, 244, 246 II-16, 96, 135, 172, 255, 292 III-16, 90, 91, 177
  - 전도 III-197, 199
예배(제사) I-72, 123~127, 129, 164, 213, 275, 279 II-51~54, 56~58, 86, 89, 96, 172, 186, 187, 267, 272, 279, 284, 295, 297, 298 III-67, 68, 84~87, 89~91, 93, 95, 103, 278, 286

절기 - II-267
　-론 III-68, 84, 89, 95
예수님 (너무 많아 생략함)
　-의 재림(오실 -) I-34, 43, 54, 58, 60, 73, 92, 160, 230, 246, 264, 265, 274, 275 II-21, 32, 42, 45, 46, 49 III-22, 23, 33, 256, 263, 274
　-의 족보 I-196
　-처럼 바울처럼 I-242, 244
예식(예식적) II-22, 257, 258, 273 III-71, 77, 79, 81, 85, 130, 131, 133, 135, 270, 283
예언 I-59, 119, 133, 135 159, 223, 273 II-172 III-246
예절교육 III-155
예표 I-157 II-148 III-70
옛 사람 I-157 II-148 III-70
5감의 문화 III-166
오네시모 I-255
오늘과 내일 II-148
오림 III-156
오멜 I-76, 80
오벳 III-81
오순절(שבועות, Shavout) I-44, 60, 98, 99, 125, 126, 258, 260 II-131, 141, 145, 147, 148, 154 III-26, 66~68, 76, 77~82, 84~89, 93~95, 177, 216, 268, 269
　- 성령강림(- 다락방) I-44 II-131 III-26, 177, 216
　-에 시내산에서 십계명 I-98, 99
옳고(charity, 옳은 일) I-118, 131
왕 같은 제사장 I-274 II-78, 80
외식적인 생활 III-52
요나의 니느웨 전도 I-154, 250
요드 II-264
요셉 I-66, 67, 104, 109, 112~116, 166, 178, 181, 182, 227, 264 II-96, 182, 184 III-102, 186
　-의 뼈(-의 해골) I-104, 112~114
요엘 선지자 I-183
우슬초 III-69
원주민 선교사 II-62
월삭 II-165
월키(Waltke) I-84
웨스터만(Westermann) I-83, 85
웨일즈 부흥과 쇠망 I-70
웬햄(Wenham) I-83

유니버설리즘(Universalism) I-218~220
유대 국가 II-198, 200 III-81, 118, 235
유대 민족(유대민족) I-32, 58, 69, 98, 99, 102, 113, 116, 121, 143, 169, 185, 209, 211, 219 II-30, 43, 47, 84~86, 98, 99, 124, 136, 141, 143, 145, 146, 157, 164, 193, 195, 211, 219, 238, 239, 241, 249 III-31, 41, 82, 89, 94, 104, 115, 208, 210, 233, 235, 236, 238, 245, 256, 262
유대계 기독교인 II-67, 100, 102, 104~108
유대교의 시작(유대교의 시조, 유대인의 조상) I-246 II-60
유대문화 I-98
유대의 전통 III-73
유대인 (너무 많아 생략함)
　- 공동체 I-15, 19, 30, 196, 199, 211, 280 II-28, 65, 74, 186, 189, 224 III-21, 29, 288, 289
　- 교회(Messianic congregation) II-78, 129
　-의 가정 I-26, 27, 32, 39, 154, 155, 273, 283 II-30, 37, 47, 60, 238, 292 III-31, 38, 219, 280
　-의 가정독회 I-154, 155 II-30, 47 III-31
　-의 삶의 철학(-의 생활 방식) I-43 II-269
　-의 생존 비밀 II-51 III-44
　-의 선민교육 I-30, 38, 39, 48, 227, 229, 273 II-28, 36, 37, 68, 96 III-29, 37, 38, 173, 204, 219
　-의 쉐마 I-39, 40, 43, 48, 57, 74, 98, 227, 276 II-37, 38, 44, 65, 96, 118, 135, 145, 161, 163, 177, 179, 194, 204, 214, 217, 222, 286 III-38, 39, 45, 51, 52, 57, 253, 259, 261, 286
　-의 예시바 I-185
　-의 유산(- 유업) I-84 II-90
　-의 자녀교육 II-67~69 136, 200 III-55, 128, 173, 204
　-의 전통 I-164, 175, 212, 270 II-242 III-73, 75, 81
유대전도 III-200
유대주의 I-174 II-122, 133, 231, 238 III-78, 145
유럽교회 I-72
유산 I-84 II-93, 97, 200, 216, 239, 289, 290 III-99~102, 107, 108, 110, 112, 114, 115, 195, 228, 253, 275, 277

찾아보기 335

유언 I-113, 115, 116 II-144, 203, 211, 215, 226, 269 III-115, 227
유업을 이을 자 I-159 II-77, 78, 79, 178
유업인 가나안 I-176
유월절(ΠΟΒ, Passover) I-98, 167, 183, 192, 245 II-51, 143 III-26, 67~73, 76~80, 82, 86, 94, 128, 268, 269
 - 어린양 III-70, 71, 72, 86, 94
유전적인 거룩 II-85
유황과 불 I-96
613개 율법(613개의 율법) I-88, 115 II-212, 254, 256, 266 III-49, 59, 85, 109, 181
육신의 아버지 I-232, 235
육신의 자녀 I-170
육신의 할례 II-207, 208 III-107
율례와 법도 I-165 II-93, 96, 161, 162, 167, 179, 180, 199, 250, 275 III-145, 149, 157, 236, 242, 244, 252
율법 (너무 많아 생략함)
 - 받은 날 III-76, 78, 80, 82, 86, 88
 구약의 - I-67, 264
 - 교육 II-68, 194
 - 맡은 자 I-33 II-31, 190, 192, 211
 -주의자 II-232
 -책 II-184, 264
음부 I-160
의(righteousness or charity) I-85~87
의식의 행위 III-46, 53
의와 공도 I-81, 84, 85, 87, 91~93, 95, 96, 222
의인 I-78~80, 86, 88, 89, 91, 93, 95, 99, 134, 150, 258 II-46, 180, 181, 233 III-82
 -의 기준 I-88
 -의 표상 I-79, 91
이반 로버츠(Evan Roberts) I-70, 71
이방 구원(-의 구원, -인의 구원) I-138, 157, 239 II-70, 71, 93, 94, 189
이방 기독교인(이방인 기독교인) I-32, 60, 134 II-30, 67, 70, 74~79, 82~84, 88, 90, 91, 93~95, 100~104, 106, 115, 130~134, 136 III-31, 257
이방 문화 I-172 III-242
이방 교회(이방인 교회) II-134
이방을 비추는 빛(이방의 빛) I-134~136, 221 II-189, 190
이사야 I-135, 183, 273, 282 II-235, 285 III-255, 272
이삭 I-21, 32, 52, 54, 97, 99, 101, 102, 104~112, 114, 115, 119, 130, 131, 143, 146, 147, 149~151, 153~157, 162~166, 169~179, 181, 215, 216, 224, 245, 275 II-24, 30, 43, 47, 51, 83, 84, 86, 94, 96, 117, 132, 135, 146, 160, 199, 207, 238, 239, 297 III-31, 85, 101, 102, 111, 256, 259
이삭의 순종 I-104, 105, 108, 130, 164
이새 III-81
2세교육 I-168 III-91, 155, 172, 174~178, 196, 200, 201, 224, 228, 229
이스라엘 국가 I-156, 169 II-48, 84, 116, 117, 135, 157 III-68
이스라엘아 들으라 I-121 II-203, 209, 212, 215, 222, 226, 259 III-26, 43, 58, 181, 207
이스라엘의 12지파 II-146
이스라엘의 아들 I-169~171 II-238
이스마엘 I-101, 155, 170 II-83, 84
이웃전도 I-23, 71, 126, 242 II-134 III-208, 228
이적과 표적 I-96, 98 III-241, 242, 244
이중문화 III-213, 214, 222
이집트(-의 노예) I-192 II-99, 167 III-73, 74, 143
인간론 II-112
인간의 타락 I-166
인류 구속의 역사 I-61, 63, 262 III-121, 124
인류 구원 I-31, 43, 49, 50, 53, 54, 56, 58, 59, 62, 95, 100, 119, 134, 138, 160, 220, 222, 225, 237, 262, 264 II-24, 29, 86, 151 III-22, 232, 264, 273, 274
인류의 조상(- 아담) I-158 II-71 III-232
인본주의 I-234 III-54, 250~252
인생의 의미 III-252
인생의 재미 III-252
인성교육 I-24, 35, 36~41, 174, 175, 181, 190, 201, 268, 269, 274, 278, 280 III-33~39, 50, 61, 210, 286, 288, 294, 295 III-24, 25, 34~40, 42, 44, 59, 157, 160, 164, 173, 175, 231, 249~253, 287, 290
일곱 가지 규범(일곱 개의 율법) I-88~90
일곱 교회 I-45 III-217, 277

자

자녀 (너무 많아 생략함)
　－교육(－양육) I-16, 19, 21, 22, 27, 29~31, 33, 35, 38, 40, 41, 57, 61, 105, 106, 110, 121, 122, 124, 125, 131, 143, 149, 167, 168, 175, 197, 202, 233~236, 239, 241, 246, 247, 261, 266, 281 II-16, 27~31, 33, 36, 38, 39, 46, 47, 55, 61~63, 67~69, 75, 134, 136, 183, 200, 202, 216, 220, 241, 250, 263, 286 III-16, 22, 28~32, 34, 37, 39, 40, 44, 55, 59, 108, 128, 144, 155, 159, 160, 167~170, 173, 203, 204, 207, 226, 228, 258~260, 262, 273, 278, 284, 286
　－신학 I-39, 239, 273 II-21, 37, 136, 285, 287 III-38, 97, 219, 265
　－의 복음화 III-197
　－의 유형 I-16, 161, 202, 208, 209 II-16 III-16
자손(자식) (너무 많아 생략함)
자식은 여호와의 주신 기업 II-31 III-97, 100, 102
장막 I-172, 174, 176, 179 II-146 III-77, 79, 143
장자 I-98, 101 II-258 III-69
재산 II-80, 166, 215, 213, 229 III-99, 100, 102, 115
10가지 재앙 I-98, 99
저주 I-100, 218, 221, 239, 246, 262, 264 II-51, 122, 159~164, 163, 170, 173, 177, 179, 182~184, 187, 191, 192, 194, 203, 241, 251, 270 III-92, 98, 119, 121, 124, 136, 137, 139, 140, 207, 249, 262, 264~266
전능자(전능하신 하나님) II-202, 262, 264 III-131, 196, 235
전도(evangelism) I-23, 25, 27, 31, 37, 39, 53, 66, 69, 71, 126, 150~152, 154, 158, 217, 219, 224, 231~235, 238, 240 242~247, 249~252, 258, 273 II-21, 24, 29 35, 37, 43, 46, 50, 62, 100, 107, 108, 111~113, 115, 128, 131, 132, 134, 192, 201, 240 III-30, 36, 38, 111, 119, 120, 155, 169, 173, 196~200, 208, 225, 228, 237, 248, 251, 252, 272
전도의 방향 I-231, 233
전수 (너무 많아 생략함)
전통(제도적인 －) I-27, 154, 164, 169, 174, 175, 180, 181, 183~185, 187, 210, 212, 216, 244, 263, 270 II-22, 53, 54, 61, 79, 95, 105, 240~242, 267, 279, 290 III-18, 19, 21, 25, 65, 73, 75, 77, 81, 97, 132, 157, 173, 188, 198, 200, 210~212, 241, 250, 256, 280, 281, 289
전통 문화 II-256
전통 및 역사 II-61 III-210
전통의 계승과 보존 I-164
전파 I-31, 44, 50, 56, 57, 59, 60, 62, 138, 152, 153, 165 219, 220, 231, 233, 248, 252, 261, 264, 268 II-21, 29, 44~46, 50, 62, 112, 124, 133, 136 137 III-22, 30, 111~114, 177, 190, 211, 212, 216, 221, 225, 226, 229, 253, 256, 263, 268, 271, 273, 274, 277
접붙임 받은 이방 기독교인(－을 받은 가지) II-70, 83, 84
정결 II-105, 147, 289, 291 III-80, 182, 283
정경 I-60, 87 III-54
정의 I-89, 131, 244, 247, 257 II-21, 95, 97, 202, 205, 207, 290, 294 III-84, 90, 100, 131, 150
정체성(Identity) I-36, 170, 181, 198 II-34, 62, 71, 84, 85, 286 III-22, 95, 98
정통파 유대인 I-19, 26, 27, 30, 33, 47, 67, 142, 234, 245, 249, 256, 276, 280, 283 II-25, 28, 31, 64, 65, 97, 106, 107, 128, 163, 183, 253, 256, 267, 273, 274, 277, 279, 280, 286 III-21, 29, 32, 70, 71, 111~124, 130, 132, 140, 146, 150, 205, 211, 214, 219, 220, 280, 288
젖과 꿀(－이 흐르는 땅) II-196, 257 III-105
제1대 족장 아브라함 I-146
제2대 족장 이삭 I-149, 164
제3대 족장 야곱 I-153,164
제3세계(－인) II-62 III-200, 213, 215~218
제단 I-101, 146 II-184, 282, 293 III-190, 215
제물(희생제물) I-97, 101, 102, 104, 107, 108, 125 II-84 III-85, 91
제사장(가정의 제사장) I-124, 125, 135, 156, 255, 274 II-78, 80, 146, 165, 166, 171, 178, 236, 297 III-85, 86, 90, 106, 128, 138, 201, 258, 282, 285
　－ 나라 I-135 II-146 III-152
제자 (너무 많아 생략함)
　－ 양육(discipleship, －로 양육) I-232 II-49 III-155
조기교육 III-162

조상 (너무 많아 생략함)
　선민의 - I-32, 69, 108, 150, 162, 165, 215, 216, 218, 219 II-30, 41~43, 83, 211 III-31, 68, 85, 111, 233, 255, 263
　순종의 - I-104, 107, 164
조선민족(조선사람) III-183, 184, 186
조직신학 I-28 III-275
족보 I-79, 134, 152, 159, 196, 198~200, 244~246, 250, 258, 263 II-44, 61, 71, 83 III-187, 190
　개인적인 - I-199, 200 II-61
족속(mishpawkhaw) I-50, 59, 62, 65, 74, 75, 120, 132, 134, 152, 175, 177, 218, 219~221, 226, 240, 246, 274 II-21, 41, 42, 45, 46, 78, 80, 83, 116, 122, 123, 125, 287 III-111, 173, 222, 227, 228, 263, 272
족장(- 아브라함,- 이삭, - 야곱) I-52, 146, 149, 153, 164, 176
족장시대 I-149, 170, 224 II-85
존재론 II-112
종교심리학 III-249
종교 행위(가식적 -) III-56
종말론 II-48
종의 신분 II-76, 79
종족 선교 III-202, 215, 222, 225, 227, 229
죄 값(죄의 삯) I-44
죄의 종살이 III-70
죄를 심판 II-170
죄에서 해방 III-72, 86
주기철 I-93, 228
주일 I-46, 111 II-52, 54, 194, 293, 297 III-61, 176, 196, 243, 277, 278, 284, 286
죽음의 재앙 III-69, 70, 71, 183
중보자 I-84 II-177 III-77
중심주제 I-81, 247 II-200 III-248
중재자 I-145, 147, 154
지도자 I-16, 39, 113, 196, 198, 199, 201, 247~257, 261, 267~269, 271, 272, 277, 284, 299 II-16, 18, 26, 37, 64, 143, 164, 209, 244, 262, 263, 274, 284, 296 III-16, 25, 38, 56, 69, 71, 73~75, 87, 91, 109, 143, 144, 278
지도자의 조건 I-253
지상명령 (너무 많아 생략함)
　구약의 - (너무 많아 생략함)
　두 가지 - I-31, 43, 44, 46, 48, 50, 52~64, 66, 68, 70, 72, 74, 152, 220 II-21, 29, 42 III-22, 30
　신약의 -(예수님의 -) (너무 많아 생략함)
　-의 내용 I-32, 77, 117 II-30, 118 III-31, 261
　-을 성취 I-31, 219, 239 II-29 III-30, 227
　하나님의 - I-21~23, 53, 54, 95, 100, 128, 139, 154 II-64 III-114, 207
지정학적 입장 III-198
지혜교육 II-177
지혜자 I-192, 196 II-227, 228
찌찌트 I-27 II-244, 250, 254~256, 266, 268, 277, 279, 280 III-42, 48, 49, 51, 59

차

창조론 II-112
창조물 II-150
창조자(-주, -주 하나님) I-119 II-114, 155, 223 III-131
책의 민족 II-242
영원한 천국 II-62 III-155
천국을 확장 I-232 II-239 III-112~114, 117, 120
천국의 그림자(천국의 예표, 천국의 표상) I-157, 114 III-101, 108
천지 창조 I-166
천하 만민(all nations on earth) I-80, 83, 97, 109, 119, 132, 143, 145, 177, 281 II-83, 116, 122, 123, 125 III-263
청각의 종교 II-211
청종 II-213, 223, 259
체험 학습(- 프로그램) II-182
초대교회 선교 I-45
초막절 I-51, 165 III-68, 71, 78, 141
초실절 III-76
축복 (너무 많아 생략함)
　-과 생명 II-179
　-과 저주 II-184 III-262
축제의 날(축제의 절기) III-69, 138
칠칠절 II-154, 165 III-76
침묵의 탈출 I-46

카

카이저(Walter Kaiser) I-133, 221, 222, 224, 225
칼빈 I-254 II-75, 85, 87 III-17, 21
칼타고 공의회 I-60
캐논 III-54
코리안 디아스포라(Korean Diaspora) III-174,

202, 209, 210, 212, 215, 224, 225
키파(야마카) II-273

타

타락 I-26, 31, 36, 44, 54, 56, 62, 78, 79, 85, 91~93, 100, 119, 133, 138, 158, 166, 218, 219, 238, 264 II-29, 34, 41, 42, 46, 76, 88, 118, 151, 170, 190, 240 III-30, 35, 104, 111, 218, 231~233, 240, 241, 243, 245, 247, 252, 253, 256, 259, 263
타민족 I-25, 44, 47, 49, 53, 230~232, 246 II-41, 62 III-178, 193, 200, 201, 261, 289
탈리트 카탄 II-254
탈무드 I-33, 34, 64, 90, 103, 129, 139, 141, 150, 165, 169, 185, 186, 192, 214, 231, 239, 266 II-31, 32, 81, 95, 110, 120, 121, 123, 139, 150, 158, 188, 218~220, 226, 230, 238~240, 242, 249, 254, 264, 272, 281, 283, 288, 289, 296 III-19, 32, 33, 65, 73~75, 83, 103, 112, 114, 116~118 120, 144, 156, 160, 162, 171, 192, 206, 236, 238, 239, 270, 281
탈출 I-46, 96, 98, 113, 115, 116 II-113, 144 III-21, 69, 78, 143, 183
태의 열매 III-97, 100
택하신 족속(택한 백성) I-274 II-78, 80, 196 III-70, 104, 154, 184
테필린 I-27 II-250, 251, 253, 256, 257, 260, 262~265, 267, 268, 273, 274, 276 III-42, 45, 46, 51
토라 I-18, 26, 27, 49, 53 54, 57~60, 62, 115, 142, 185, 191, 263, 264 II-23, 44, 86, 94, 95, 99, 144, 150, 151 153, 183, 220, 224, 231, 234, 238, 242, 252, 255, 260, 262, 263, 279, 289~291, 297 III-18, 22, 23, 67, 76, 77, 79, 81~83, 87, 93, 101, 104, 106~108, 131, 135,~139, 141, 142 156, 165, 204, 210, 232, 234, 240, 245, 258 259
토라교육 II-23, 220
토카이어(Tokayer) I-64, 90, 103, 129, 139, 141, 150, 165, 169, 186, 192, 214, 266 II-81, 99, 110, 121~123, 139, 158, 188, 219, 226, 239, 240, 242, 249, 272, 281, 283 III-65, 75, 83, 103, 112, 114, 116, 144, 146, 156, 160, 171, 192, 206, 236, 239, 270
특권 I-83 II-79, 80, 132, 177, 178, 195, 220,
275 III-18, 41, 127, 135, 140, 145~147, 149, 157, 244, 262, 288
특수계시 I-87
티샤바브 III-172

파

팔목 II-212, 252, 267, 274 III-245
펜트코스트 III-76
평양 대부흥 운동 I-71
평화와 번영 II-58, 164, 165, 173 III-195
포로생활 I-173
프로테스탄트 I-213
피장의 집 지붕 II-105
피조물 I-88, 237 II-150, 295 III-131
(알렉산더) 피터스(Alexander A. Pieters) II-107
(알버터스) 피터스(Albertus Pieters) II-107

하

하나를 귀히 여기는 자 I-151
하나님 (너무 많아 생략함)
 - 나라 I-165 II-124
 -과 원수 II-73, 76
 -은 오직 한 분 II-222
 -의 강림(-의 임재) II-147, 152, 154, 289 III-85, 86
 -의 계획(-의 원대한 계획) I-79, 83, 162, 215, 216 II-221
 -의 교육 방법 I-98, 212 III-50, 52, 53, 128
 -의 기업 II-166 III-104
 -의 벗 I-160
 -의 본체 I-237
 -의 상속자(-후사, -의 후사) II-79, 178
 -의 선물 III-100
 -의 소유(-의 유업) I-176 II-178
 -의 신부 III-77
 -의 언약 I-83, 182 II-177~179, 250, 285, 286 III-233
 -의 이름 I-223, 229, 262, 264 III-50
 -의 주권(하나님의 절대 주권) I-269 II-69, 71, 79, 129, 214, 223 III-68, 257
 -의 정체성 I-170
 -의 형상을 닮도록 교육 I-118
히드 팔렐 I-281
하림 III-156

하셈 에하드 II-223
하셈 엘로헤이누 II-223
하프토라 III-135, 137, 141
하와 I-86, 119, 122, 125, 158 II-41 III-99, 176, 263
학교교육 I-110, 283 II-295 III-164, 218, 252
한국 민족의 뿌리 II-58
한민족 동질성 II-50
할례의 유익 II-86, 88, 115, 150
할아버지 I-131, 162, 167, 168, 173~176, 182, 184, 187, 198, 200, 210, 215, 216, 231, 273 II-22, 52, 185, 186, 203, 215 III-136, 139, 205, 256
 - 교육신학 I-167, 175, 216
 - 신학 I-162, 168, 175, 273 III-256
 -의 역할 I-174 II-22
해산의 수고 I-232, 254
핵심단어(키워드) II-145
행함이 없는 믿음 I-68, 163
허쉬(Hirsch) I-82, 85 II-198
해밀턴(Hamilton) I-83, 84
혈기와 기질 I-256
혈통적 자녀(혈통적인 유대인) I-69 III-105, 107, 109, 113
형식주의(-자) II-292 III-52, 56
호렙산 II-193
호립 III-156
홈스쿨링(-의 성경적 기원) I-68, 118 III-258
홍해 I-98, 99, 113 II-143, 211 III-77, 233, 240, 268, 269
화목제 II-165, 184
횃불 언약을 체결 I-114
회개(죄의 -) I-70, 150, 183, 194, 269, 270 II-74, 112, 147, 148, 169, 172, 176, 198, 232, 235, 274~276, 281, 282 III-43, 50, 235, 250~252
 -에 합당한 죄가(-에 합당한 열매) II-274, 275
회당(유대인 회당) I-120, 126, 129, 197, 199, 213, 215, 279, 283 II-50, 51, 53, 54, 56, 58, 176, 242, 273, 283, 289, 292, 293, 296, 297 III-77, 79~81, 83, 132, 135, 138, 141, 145, 205, 210, 214, 270, 281, 282, 288
회복 I-274, 278, 279, 281 II-22, 129, 169, 186, 285~287, 295, 298 III-210, 212, 214, 217, 221, 222, 225, 226, 267, 271, 277, 280, 290
 복의 - III-271
 말씀 - III-271
효과 I-104, 211 II-210, 255, 287 III-42, 45~48, 51, 56, 128, 160, 162, 227, 228, 291
 시각적인 - III-45
 촉각적인 - II-255 III-46, 47
 청각적인 - III-46
 온몸 체험 - III-46, 48
효도교육 I-39, 131 II-37, 45 III-38, 182, 219, 258, 290
후사(후손) I-51, 59, 74, 83, 85, 91, 99, 119, 125~128, 138, 143, 145, 155, 156, 158, 160, 165, 173, 176~179, 181, 184, 196, 219, 223, 230, 238, 246, 263, 273, 281 II-20, 21, 42, 43, 45, 47, 48, 58, 60, 69, 83~85, 90, 118, 119, 143, 151, 178, 211 III-68, 105, 183, 204, 232, 233, 235, 237, 255, 257, 267, 283
후천적 교육 I-209
훗파 III-77, 79

ABC

EQ(마음, 사랑, 정서)의 학습방법 I-190
EQ의 사람 I-191, 193
IQ(두뇌, 머리, 지식)의 학습방법 I-190
IQ의 사람 I-191, 193
Know-How I-40 II-38, 98 III-39
Know-Why I-40 II-38 III-39
Pre-Evangelism I-35, 37, 39 II-33, 35, 37 III-34, 36, 38
Post-Evangelism I-37, 39 II-35, 37 III-36, 38

교육 혁명이 시작되었습니다!
- 가정교육 · 교회교육 · 교회성장 위기의 대안 -

자녀교육 + 교회성장 고민하지요?

Q1: 왜 현대 교육은 점점 발달하는 데 인성은 점점 더 파괴되는가?
Q2: 왜 자녀들이 부모와 코드가 맞지 않아 갈등을 빚는가?
Q3: 왜 대학을 졸업하면 10%만 교회에 남는가? 교회학교의 90% 실패 원인은?
Q4: 왜 해외 교포 자녀들이 남은 10%라도 부모교회를 섬기지 않는가?
Q5: 왜 현대인에게 전도하기가 힘든가?

근본 대안은 유대인의 인성교육과 쉐마교육에 있습니다

- 어떻게 유대인은 위의 문제를 4,000년간 지혜롭게 해결하고 세계를 지배하고 있는가?
- 어떻게 유대인은 아브라함 때부터 현재까지 세대차이 없이 자손 대대로 말씀을 전수하는데 성공했는가?

■ 쉐마교육연구원은 무슨 일을 하나?

1. 2세 종교교육 방향제시
혼돈 속에 있는 2세 종교교육의 방향을 성경적이고 과학적인 연구에 의해 옳은 방향으로 제시해 준다.

2. 성경적 기독교교육 재정립
유대인의 자녀교육과 기존 기독교교육 자료를 중심으로 백년대계를 세울 수 있도록 한국인에 맞는 기독교교육 방법을 재정립한다.

3. 한국인에 맞는 기독교교육 자료(내용) 개발
현 한국 및 전 세계 한국인 디아스포라를 위해 한국인의 자녀교육에 맞는 기독교교육 내용을 개발한다.

4. 해외 및 기독교교육 문제 연구
시대와 각 지역 문화의 변화에 대처하기 위해 계속 연구하고 대안을 제시한다.

5. 교회교육 지도자 연수교육
각 지교회에 새로운 교회교육 지도자를 양성 보충하며 기존 지도자의 필요를 충족시켜준다.

6. 청소년 선도 교육 실시
효과적인 청소년 교육 프로그램을 개발하여 선도교육을 실시한다.

7. 효과적 성서 연구 및 보급
성경을 교육학적으로 보다 깊이 연구하고 효과적인 전달 방법을 개발하여 이를 보급한다.

8. 세계 선교 교육
본 연구원의 교육 이념과 자료가 세계 선교로 이어지게 한다.

■ '쉐마지도자클리닉'이란 무엇인가?

쉐마교육연구원은 세계 최초로 현용수 교수에 의해 설립된, 인간의 인성과 성경적 쉐마교육을 가르치는 인성교육 전문 교육기관이다. 본 연구원에서 가르치는 핵심 교육의 내용 역시 현 교수가 하나님이 주신 지혜로 계발한 것들이며, 거의 모두가 세계 최초로 소개된 인성교육의 원리와 실제를 함께 가르치는 성경적 지혜교육이다. 본 연구원은 바른 인성교육 원리와 쉐마교육신학으로 가정교육 · 교회교육 · 교회성장 위기의 대안을 제시해 준다.

쉐마교육연구원에서 주관하는 '쉐마지도자클리닉'은 전체 3학기로 구성되어 있다. 1주 집중 강의로 3차에 걸쳐 제1학기는 '유대인을 모델로 한 인성교육 노하우', 제2학기는 '유대인의 쉐마교육'이 국내에서 진행된다. 제3학기는 '유대인의 인성 및 쉐마교육 미국 Field Trip'으로 미국에서 진행되며 현용수 교수의 강의는 물론 LA에 소재한 유대인 박물관, 정통파 유대인 회당 및 안식일 가정 절기 견학 등 그들의 성경적 삶의 현장을 견학하고, 정통파 유대인 랍비의 강의, 서기관 랍비의 양피지 토라 필사 현장 체험을 한 후 현지에서 졸업식으로 마친다.

3학기를 모두 마친 이수자에게는 졸업 후 쉐마를 가르칠 수 있는 'Teacher's Certificate'를 수여하여 자신이 섬기는 곳에서 쉐마교육을 가르칠 수 있도록 도와준다.

■ 누가 참석해야 하는가?

- 기존 교육에 한계를 느끼고 자녀교육과 교회학교 문제로 고민하시는 분.
- 한국 민족의 후대 교육을 고민하며 그 대안을 간절히 찾고자 하시는 분.
- 하나님의 말씀을 자손에게 물려줄 수 있는 비밀을 알고자 하시는 분.
- 유대인의 효도교육의 비밀과 천재교육+EQ교육의 방법을 알고자 하는 분.

미국: 3446 Barry Ave. Los Angeles, California 90066 USA
쉐마교육연구원 (310) 397-0067
한국: 02) 3662-6567, Fax. (02) 2659-6567
www.shemaIQEQ.org   shemaiqeq@hanmail.net

IQ·EQ 박사 현용수의
유대인 자녀교육 총서

	인성교육론 시리즈	쉐마교육론 시리즈	탈무드 시리즈
1	인성교육론 + 쉐마교육론의 총론: IQ는 아버지 EQ는 어머니 몫이다 전3권		탈무드 1 : 탈무드의 지혜 (원저 마빈 토카이어, 편저 현용수)
2	현용수의 인성교육 노하우 1 - 인성교육이란 무엇인가 -	부모여, 자녀를 제자삼아라 전2권 - 유대인 자녀교육이 필요한 이유 -	탈무드 2 : 탈무드와 모세오경 (이하 동)
3	현용수의 인성교육 노하우 2 - 인성교육의 본질과 원리 -	잃어버린 구약의 지상명령 쉐마 전3권 - 교육신학의 본질 -	탈무드 3 : 탈무드의 처세술 (이하 동)
4	현용수의 인성교육 노하우 3 - 인성교육과 EQ + 예절 교육 -	유대인 아버지의 4차원 영재교육 - 아버지 신학 -	탈무드 4 : 탈무드의 생명력 (이하 동)
5	현용수의 인성교육 노하우 4 - 다문화 속 인성·국가관 -	자녀들아, 돈은 이렇게 벌고 이렇게 써라 - 경제 신학 -	탈무드 5 : 탈무드 잠언집 (이하 동)
6	문화와 종교교육 - 박사 학위 논문을 편집한 책 -	자녀의 효도교육 이렇게 시켜라 전3권 - 효 신학 -	탈무드 6 : 탈무드의 웃음 (이하 동)
7	IQ·EQ박사 현용수의 쉐마교육 개척기 - 자서전 -	신앙명가 이렇게 시켜라 전2권 - 가정 신학 -	옷을 팔아 책을 사라 (원저 빅터 솔로몬, 편저 현용수, 쉐마)
8	가정해체로 인한 인성교육 실종 대재앙을 막는 길 - 논문 -	성경이 말하는 남과 여 한 몸의 비밀 - 부부·성 신학 -	
9	유대인이라면 박근혜의 위기, 어떻게 극복할까 - 논문 -	성경이 말하는 어머니의 EQ 교육 전2권 - 어머니신학 -	
10		한국형 주일가정식탁예배 예식서, 순서지 - 가정예배 -	
11		하나님의 독수리 자녀교육 - 고난교육신학 1 -	
12		유대인의 고난의 역사교육 - 고난교육신학 2-	
13		승리보다 패배를 더 기억하는 유대인 - 고난교육신학 3-	

이런 순서로 읽으세요 (전 38권)

인성교육론과 쉐마교육론

- 전체 유대인 자녀교육에 대한 개론을 알려면
  - 《IQ는 아버지 EQ는 어머니 몫이다》 (전3권)
- 유대인을 모델로 한 인성교육의 원리를 이해하려면
  - 《현용수의 인성교육 노하우》 (전4권)
- 인성교육론이 나오게 된 학문적 배경을 이해하려면
  - 《문화와 종교교육》 (현용수의 박사 학위 논문)
  - 《IQ · EQ 박사 현용수의 쉐마교육 개척기》 (현용수 박사의 자서전)
- 왜 기독교교육에 유대인의 선민교육이 필요한지를 알려면
  - 《부모여 자녀를 제자 삼아라》 (전2권)
- 쉐마교육론(교육신학)이 나오게 된 성경의 기본 원리를 알려면
  - 《잃어버린 구약의 지상명령 쉐마》 (전3권)
    (쉐마와 자녀신학이 포함됨)
- 가정 해체와 인성교육과의 관계를 알려면
  - 《가정 해체로 인한 인성교육 실종 대재앙을 막는 길》
- 대한민국 자녀의 이념교육 교재
  - 《유대인이라면 박근혜의 위기, 어떻게 극복할까》

각 쉐마교육론을 더 깊이 연구하려면 다음 책들을 읽으세요

- 아버지 신학 《유대인 아버지의 4차원 영재교육》
- 경제 신학 《자녀들아, 돈은 이렇게 벌고 이렇게 써라》
- 효 신학 《자녀의 효도교육 이렇게 시켜라》 (전3권)
- 가정 신학 《신앙명가 이렇게 세워라》 (전2권)
- 부부 · 성 신학 《성경이 말하는 남과 여 한 몸의 비밀》
- 어머니 신학 《성경이 말하는 어머니의 EQ 교육》 (전2권)
- 가정예배 《한국형 주일가정식탁예배 예식서》 (별책부록: 순서지)
- 고난교육신학 1 《하나님의 독수리 자녀교육》
- 고난교육신학 2 《유대인의 고난의 역사교육》
- 고난교육신학 3 《승리보다 패배를 더 기억하는 유대인》

앞으로 더 많은 교육 교재가 발간될 예정입니다. 계속 기도해 주세요.